# 现代企业管理创新与经济发展研究

孙杰　张姗姗　崔元刚◎著

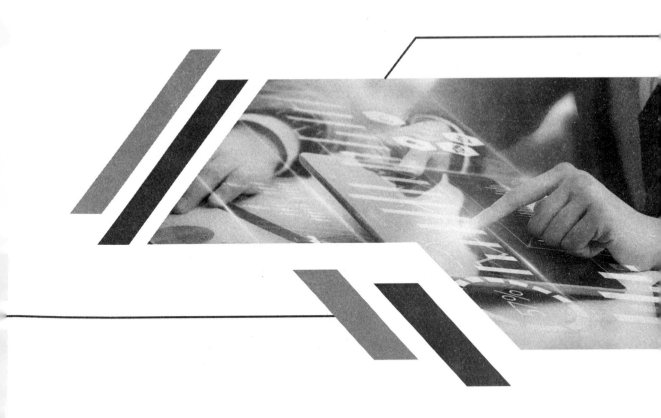

吉林出版集团股份有限公司
全国百佳图书出版单位

**图书在版编目（CIP）数据**

现代企业管理创新与经济发展研究 / 孙杰 , 张姗姗 ,
崔元刚著 . -- 长春 : 吉林出版集团股份有限公司 ,
2023.9

ISBN 978-7-5731-4258-0

Ⅰ.①现… Ⅱ.①孙… ②张… ③崔… Ⅲ.①企业管
理 – 创新管理 – 关系 – 经济发展 – 研究 – 中国 Ⅳ.
① F279.23 ② F124

中国国家版本馆 CIP 数据核字 (2023) 第 173292 号

# 现代企业管理创新与经济发展研究

XIANDAI QIYE GUANLI CHUANGXIN YU JINGJI FAZHAN YANJIU

著　者　孙　杰　张姗姗　崔元刚
责任编辑　马　刚
助理编辑　李滨成
开　本　787 mm × 1092 mm　1/16
印　张　13.5
字　数　275 千字
版　次　2023 年 9 月第 1 版
印　次　2023 年 9 月第 1 次印刷
出　版　吉林出版集团股份有限公司
发　行　吉林音像出版社有限责任公司
　　　　（吉林省长春市南关区福祉大路 5788 号）
电　话　0431-81629679
印　刷　吉林省信诚印刷有限公司
ISBN 978-7-5731-4258-0
定　价　68.00 元

如发现印装质量问题，影响阅读，请与出版社联系调换。

# 前　言

　　创新不仅是社会进步的动力，而且是企业管理的重要职能，更是企业生存与发展的重要保障。实施企业管理创新，在理论与实践上都已经被证明是企业发展的必由之路。管理创新和强化管理已经成为企业能够在激烈的竞争中立足并持续发展下去的根本保障。对经济管理进行创新的目的是提高企业的经济效益，增强企业自身的实力以及市场中的竞争力，为企业迎来更好的发展做准备。所以，对一个企业来说要最大限度地发挥自身已有的资源优势，为经济管理的创新提供优越的条件以及政策上的支持，这对于一个企业来说，也是一个基本的生存之道。

　　在经济全球化的背景下，复杂的经营环境和严峻的市场挑战对我国的企业来说既是一种挑战，又是一个发展的机遇。为了在激烈的市场竞争中立于不败之地，企业需要加快改革步伐，创新经济管理模式，以更好地适应新型的经济市场变革。

　　企业经济管理可以说是企业发展的重要基础。在市场化、全球化以及信息化持续深化的大背景下，企业要想得到持续性的发展，就一定要应用全新的管理理论来指导企业的经营。通过不断实施管理创新，积极探索更加优化的管理方法，以实现企业经济的稳定与协调发展。

　　本书主要研究现代企业管理创新与经济发展。从企业管理创新概述入手，针对现代企业管理创新与企业经济发展、互联网背景下企业经济管理模式的创新进行了分析研究；另外对现代企业战略管理、现代企业生产管理与质量管理、现代企业营销创新作了一定的介绍；还对企业文化与企业经济发展、新经济背景下现代企业经营管理工作创新、企业经济可持续发展提出了一些建议。旨在摸索出一条适合现代企业管理工作创新的科学道路，运用科学方法以提高效率。在撰写过程中，由于作者水平有限，书中难免会出现不足之处，希望各位读者能够提出宝贵意见，以待进一步修改，使之更加完善。

# 目 录

# 第一章 企业管理创新概述

## 第一节 企业管理相关概念

### 一、企业的概念与特征

#### （一）企业的概念

企业是集合土地、资本、劳动力、技术、信息等生产要素的经济组织，在追求利润和承担风险的环境中，以有计划、有组织、高效的方式开展某种事业。

企业是从事生产、流通、服务等经济活动，为满足社会需要和获取盈利，依照法定程序成立的具有法人资格，进行自主经营，享受权利和承担义务的经济组织。企业是一个与商品生产相联系的历史概念，它经历了家庭生产时期、手工业生产时期、工厂生产时期和现代企业时期等发展阶段。

综上所述，可将企业的含义归纳成如下要点：

第一，企业是个别经济单位，或为工业，或为商业，在一定时期内，自负盈亏。

第二，企业从事经济活动，集合土地、资本、劳动力、信息等生产要素，创造货物及劳务，以满足顾客需要。

第三，企业是一个营利组织，其生存的前提在于利润的创造和实现。

## （二）现代企业的特征

现代工业又称为"机器大工业"，是在自然经济条件下的"个体手工业"和资本主义"工场手工业"的基础上发展起来的，表现出鲜明的特征，具体包括以下几点：

第一，比较普遍地运用现代科学技术手段开展生产经营活动。采用现代机器体系和高技术含量的劳动手段开展生产经营活动，生产的社会化、机械化、自动化、计算机化程度较高，并比较系统地将科学知识应用于生产经营过程。

第二，生产组织日趋严密。内部分工协作的规模和细密程度极大提高，劳动效率呈现逐步提高的态势。

第三，经营活动的经济性和营利性。现代企业必须通过为消费者提供商品或服务来实现企业价值增值的目标。经济性是现代企业的显著特征。企业的基本功能就是从事商品生产、交换或提供服务，通过商品生产和交换将有限的资源转换为有用的商品和服务，以满足社会和顾客的需要。一切不具备经济性的组织不能称为现代企业。营利性是构成现代企业的根本标志，现代企业作为一个独立的追求利润的经济组织，它是为营利而开展商品生产、交换或从事服务活动的。盈利是企业生存和发展的基础条件，也是企业区别于其他组织的主要特征。

第四，环境适应性。现代企业同外部环境之间的关系日益密切，任何企业都不能孤立存在，企业的生存和发展离不开一定的环境条件。所以说，企业是一个开放系统，和外部环境存在着相互交换、相互渗透、相互影响的关系。企业必须从外部环境接受人力、资金、材料、技术、信息等因素的投入，然后通过企业内部的转换系统，把这些投入因素转换成产品、劳务以及企业成员所需的各种形式的报酬，作为产出离开企业系统，从而完成企业与外部环境之间的交换过程。

第五，对员工福利和社会责任的重视，形成特有的企业精神。现代企业具有公共性和社会性，要想谋求长远发展，必须得到股东、员工、顾客及社会公众的支持，因此，利润、员工福利和社会责任是构成企业存续的三个基本因素。企业的一切经营活动，尤其是扩展，必须通过足够的资金支持来实现，而资金最可靠的来源就是企业的盈余。企业的利润是企业存续的第一要素。企业是生产设备和员工组成的一种经济组织，而人是机器设备的主宰者，生产效率的高低受人为因素的影响最大，因此现代企业为求生存必须尊重员工的人性，重视员工的福利，以提高士气、建立互信。企业是构成整个社会的一部分，若不重视社会大众的利益，或剥夺其利益，或妨害社会安宁，或污染环境，则必然遭到社会大众的谴责和抵制，以致不能生存。因此，现代企业的管理者，无不重视社会责任。

现代企业是现代市场经济和社会生产力发展的必然产物，它较好地适应了现代市场经济和社会发展的客观要求，具有自己独有的特征。

## 二、管理与企业管理

### （一）管理

管理是一个过程，是一个组织或个人为了实现一定的目标所采取的最有效、最经济的行动，是对行动的计划、组织和控制。

管理是为了达到组织目标而对组织内的各种资源（人、财、物等）进行合理配置的综合性活动。

1. 管理的对象

（1）管理的主体

管理的主体即管理者。

（2）管理的客体

管理的客体是指管理者执行管理职能、实现管理目标时所作用于的人或事（管理对象）。

（3）管理对象的分类和结构

管理对象的分类和结构包括：①人——管理对象的核心要素；②财、物、时间、信息；③人和物质相结合而形成的各种活动（产、供、销等）。

管理是为组织设立目标，探求并选择达成此目标的策略及详细程序，并在达成目标的过程中，注意人员、金钱、物料、机器、方法等构成要素是否相互密切配合，若否，则采取矫正措施，以期顺利实现组织的目标，完成其任务。管理是一切有组织的集体活动所不可缺少的要素。管理者必须认识到管理是一种组织活动，它绝不等价于命令或权力。利用各种方法处理好各阶层的关系，才是管理的关键。

管理是人类共同劳动的产物，只要存在众多人的协同劳动，就需要有管理。管理活动具有普遍性。参加群体组织的个人都有各自的任务和目的，个人目的之间、个人与组织目的之间也常常产生矛盾和冲突。组织中成员的活动内容和目的的差异性与矛盾性，必然在客观上要求协调。没有协调，组织就会处于无序状态，单个人的力量便无法与集体形成合力，组织的目标便无法达成，组织便会解体，而对组织内不同人群或工作组之间的协调活动就是管理活动。

2. 管理的二重性

管理，从最基本的意义来看，一是组织劳动；二是指挥、监督劳动。管理的二重性是指管理的自然属性和社会属性。一方面，管理是由许多人进行协作劳动而产生的，是有效组织共同劳动所必需的，具有同生产力和社会化大生产相联系的自然属性；另一方面，管理又体现着生产资料所有者指挥劳动、监督劳动的意志，因此，它又有同生产关系和社会制度相联系的社会属性。从管理活动过程的要求来看，既要遵循管理过程客观规律的科学性要求，又要体现灵活协调的艺术性要求，这就是管理所具有的科学性和艺术性。

管理的二重性反映出管理的必要性和目的性。必要性，就是指管理是生产过程固有的属性，是有效地组织劳动所必需的；目的性，就是指管理直接或间接地同生产资料所有制有关，反映生产资料占有者组织劳动的基本目的。

（1）管理的自然属性

管理是由人类活动的特点产生的，人类的任何社会活动都必定具有各种管理职能。管理是人类社会活动的客观需要。

管理是由社会分工产生的社会劳动过程的一种特殊职能。但就管理职能本身而言，由于社会的进化和人类分工的发展，早在原始社会就已经有专门从事管理职能的人从一般社会劳动过程中分离出来，就如同有人专门从事围猎，有人专门从事进攻，有人专门从事农业一样。

管理是生产力。任何社会、任何企业，其生产力是否发达，都取决于它所拥有的各种经济资源或各种生产要素是否得到有效利用，取决于从事社会劳动的人的积极性是否得以充分发挥，而这两者都有赖于管理。在同样的社会制度下，企业外部环境基本相同，有不少企业其内部条件如资金、设备、能源、原材料、产品及人员素质和技术水平基本类似，但其经营结果以及所达到的生产力水平却相差悬殊。同一个企业有时只是更换了主要领导，就可能出现新的面貌。其他社会组织也有类似情况，其原因就在于管理。不同的领导采用了不同的管理思想、管理制度和管理方法，就会产生完全不同的效果。这样的事例不胜枚举，从而证明管理也是生产力。科学技术是生产力，但科学技术的发展本身需要有效地管理，并且也只有通过管理，科学技术才能转化为生产力。

管理的上述性质并不以人的意志为转移，也不因社会制度意识形态的不同而有所改变，这完全是一种客观存在，所以称之为管理的自然属性。

（2）管理的社会属性

管理是为了达到预期目的所进行的具有特殊职能的活动。在人类漫长的历史中，管理从来就是为统治阶级、为生产资料的拥有者服务的。管理也是一定社会生产关系的反映，企业的管理乃至各种社会组织的管理都不会排除在外。在我国，公有制的实现形式正向多样化方向发展，股份制、股份合作制及其他有效的资本组织形式正在被越来越多的企业所采用，所有权和经营权分离已成为国有企业改革的目标之一。企业管理的形式正在发生急剧的变化，但管理的社会属性并未发生根本性的改变。从总体上看，在社会主义社会中，社会主义国家的企业及其他社会组织的管理都是为人民服务的，管理的预期目的都是使人与人之间的关系以及国家、集体和个人之间的关系更加协调。所以在社会主义条件下，管理的社会属性与资本主义社会条件下根本不同。

## （二）企业管理

### 1. 企业管理的概念及目的

（1）企业管理的概念

企业涉及工业、商业等产业领域，是指为了人类的生存而产生的一种"社会机构"。企业管理是企业对生产经营活动进行计划、组织、指挥、协调和控制等一系列活动的总称，是社会化大生产的客观要求。企业管理的目的是尽可能地利用企业的人力、物力、财力、信息等资源，实现"多、快、好、省"的目标，取得最大的投入产出效率。随着生产精细化的发展，分工越来越细，生产专业化程度不断提高，生产经营规模不断扩大，企业管理也就越来越重要。科学化管理成为培育企业核心竞争力、实现企业可持续发展的重要途径。

构成企业的要素，有人员、金钱、方法、机器、物料、市场及工作精神。各要素中又包含若干个管理项目，如人员方面有工作评价、职位分类、人事及工资管理等；金钱方面有预算控制、成本分析、财务管理等；方法有生产计划及控制、动作和时间研究、质量控制、作业研究管理等；机器有设备布置、机器保养及安全生产管理等；物料方面有物料采购及搬运、存库控制管理等；市场方面有市场研究、销售管理等；工作精神方面有办公室关系、人群关系、工作效率管理等。

（2）企业管理的目的

企业管理的基本目的在于提高工作效率。工作效率可以表述为：

$$工作效率 = 工作成果 \div 工作标准$$

工作成果，是指完成某项工作的实际数量、实际品质、实际速度及实际成本；工作标准，是指从事某项工作前所预定的具体化目标，是将目标以数量或其他方式表示出来。

为提高工作效率，必须提高工作成果；想提高工作成果，则必须达成下列要求：

第一，达成预定的产品数量。事先确定一个合理的数量标准，使全体员工以此为目标，并奋力实现。企业要据此严格考核员工的工作效率，并采取有效的矫正措施。

第二，达成预定的产品品质。依据科学方法，事先制定工作所应达成的品质标准，使员工以此为目标努力实现。若不能达成此目标，则应采取矫正措施。

第三，如期完成任务。对每项工作，应事先安排其进度表，使员工以此为目标，在工作中采取一切有效措施，切实按此进度如期完成任务。

第四，减少费用支出。为降低成本，应减少费用支出。但减少费用支出并非仅从表面数字着眼，也不可不顾实际需要硬性核减各种支出，而应考虑此项支出是否确有必要。

## 2. 企业管理的基本特征

企业管理不同于一般的管理，有其自身的特征。

（1）企业管理是一种文化现象和社会现象

企业管理是一种文化现象和社会现象，这种现象的存在必须具备两个条件：两个人以上的集体活动和一致认可的目标。在人类的社会生产活动中，多人组织起来进行分工，会达到单独活动所不能达到的效果。只要是多人共同活动，都需要通过制订计划、确定目标等活动来达到协作的好处，这就需要管理。因此，管理活动存在于组织活动中，或者说管理的载体是组织。

组织的类型、形式和规模可能千差万别，但其内部都含有五个基本要素，即人（管理的主体和客体）、物（管理的客体、手段和条件）、信息（管理的客体、媒介和依据）、机构（反映了管理上下、左右分工关系和管理方式）、目的（表明为什么要有这个组织）。外部环境对组织的效果与效率有很大影响，外部环境一般包含：行业、原材料供应、财政资源、产品市场、技术、经济形势、社会文化等要素。一般认为，组织内部要素是可以控制的；组织外部要素是部分可以控制（如产品市场）、部分不可以控制的（如国家政策）。

（2）企业管理的主体是管理者

管理的目的是让别人和自己一同去实现既定的目标，管理者就要对管理的效果负重要责任。企业管理者的第一个责任是管理一个组织，第二个责任是管理下级管理者，第三个责任是管理工作和工人。

企业管理者在企业生产活动中处于领导地位，具有特别重要的作用。他们独立于企业的资本所有者，自主地从事企业经营活动，是企业的最高决策者和各项经营活动的统一领导者，其职能如下：

①确立企业的目标与计划。企业管理都有其既定的最终目标。在一定时期内，为了实现企业的目标，就要使之具体化，形成企业经营目标。企业经营目标可分为长期目标与短期目标，总体目标与部门目标。企业经营者通过确立企业的目标和计划来统一企业全体成员的思想和行动，引导企业通过最有利的途径来实现其既定目标。

作为企业经营者来说，要正确制订企业的目标和计划，必须正确分析和判断企业的各种环境因素，善于估量市场的需求趋势、竞争企业的特点和企业自身的优势和劣势，能及时抓住有利的投资机会，巧妙地回避可能出现的风险，并善于利用企业各级主管人员的经验和智慧，作出最佳决策。

②建立和健全企业的组织机构。建立和健全企业的组织机构，充分发挥其各自作用，并保证企业整体发挥最大的效率，是实现企业目标的手段。因此，任何企业的组织机构都必须适应企业目标或任务的需要，而且需要不断地健全和完善。

③配备重要的企业主管人员。企业经营者必须充分重视人才的质量，所以，首先要重视人才的选拔；其次，必须重视人才的考核与评价，因为它是人才的选拔、提升、确定报酬和奖励的依据，否则容易挫伤员工的工作积极性，此项工作必须经常化；最后，必须充分重视人才的培训，它是人才选拔、提升的可靠基础。

④实现对企业全局的有效领导。一个优秀的经营者必须同时是一个优秀的领导者，这就要求经营者学会运用诱因去激励下属人员的行为动机，使其心甘情愿、满腔热情地为企业的共同目标而努力。

⑤实现对企业经营全局的有效控制。企业经营者在确定企业的目标和计划后，就要发动和指挥企业全体成员去执行这些既定的目标和计划。其控制的职能就在于保证人们的执行活动始终不会偏离目标和计划的要求，从而保证目标和计划得以顺利实现。

⑥实现对企业整体经营的有效协调。企业的经营活动是由众多相互联系的部门、环节和因素构成的统一体，客观上存在着一定的相互制约关系。在经营过程中，有可能出现这样或那样的矛盾，使这种相互关系出现不协调的现象。作为经营者来说，其协调职

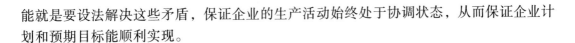

能就是要设法解决这些矛盾，保证企业的生产活动始终处于协调状态，从而保证企业计划和预期目标能顺利实现。

## 三、企业的目标与责任

### （一）企业的目标

企业的目标，是企业在一定时期内要达到的目的和要求，一般用概括的语言或数量指标加以表示，如发展生产、扩大市场、革新技术、增加盈利、提高职工收入和培训职工等方面的要求，都要用目标表示出来。一个企业要实现一定的目的和追求，通常是将这些目的和追求转化为在一定时期内要达到的规定性成果目标，并通过达到这些成果去实现企业的目的。

目标对于人们开展活动具有引导和激励作用。它可以统一和协调人们的行为，使人们的活动有明确的方向；可以激发人们的努力；可以衡量人们的工作成绩。对于一个企业来说，如果没有明确的目标，企业的生产经营活动就会没有方向，管理就会杂乱无章，企业就不能获得良好的收益。

企业目标一般通过一定的规定性项目和标准来表达，既可以定性描述，也可以定量描述。任何目标都是质和量的统一体。对目标进行定性描述，可以阐明目标的性质与范围；对目标进行定量性描述，可以阐明目标的数量标准。企业的目标往往是一个目标体系，其目标内容是多元的，是以一定的结构形式存在的。从目标的结构看，企业目标可分为主要目标和次要目标，长期目标和短期目标，定性目标和定量目标。企业在一定时期内所要达到的目标习惯上划分为企业对社会的贡献目标、市场目标、利益与发展目标、成本目标和人员培训目标等方面，具体表现为产品品种、产量、质量、固定资产规模、市场占有率、利润额、上缴税金和福利基金等方面的目标。

企业目标主要包括五点：

1. 社会贡献目标

社会贡献目标是现代企业的首要目标。企业能否生存，取决于它能否取得较好的经济效益，并对社会有所贡献。企业能否发展，取决于企业生产的产品能否满足社会需要。企业对社会的贡献是通过它为社会创造的实物量和价值量来表现的。因为企业之所以能够存在和发展，是由于它能够为社会作出某种贡献，否则，它就失去了存在的价值。所以，每个企业在制订目标时，必须根据自己在社会经济中的地位，确定其对社会的贡献目标。企业对社会的贡献，是通过为社会创造的使用价值来表现的。因此，贡献目标可以表现为产品品种、质量、产量和缴纳税金等。

2. 市场目标

市场是企业的生存空间。企业的生产经营活动与市场紧密联系，确定市场目标是企业经营活动的重要方面。广阔的市场和较高的市场占有率，是企业进行生产经营活动和稳定发展的必要条件。因此，企业要千方百计地扩大市场销售领域，提高市场占有率。

市场目标可用销售收入总额来表示。为了保证销售总额的实现，企业还可以以制订某些产品在地区的市场占有率作为辅助目标。企业经营能力的大小，要看其占有市场的广度和深度以及市场范围和市场占有率的大小。市场目标既包括新市场的开发和传统市场的纵向渗透，也包括市场占有份额的增加。对具备条件的企业，应把走向国际市场、提高产品在国外市场的竞争能力列为一项重要目标。

3. 利益与发展目标

利益目标是企业生产经营活动的内在动力。利益目标直接表现为利润总额、利润率和由此所决定的公益金的多少。利润是销售收入扣除成本和税金后的差额。无论是企业的传统产品还是新产品，其竞争能力都受到价格的影响。企业为了自身的发展和提高职工的物质利益，必须预测出未来各个时期的目标利润。企业要实现既定的目标利润，应通过两个基本途径：一是开发新产品，充分采用先进技术，创名牌产品，取得高于社会平均水平的利润；二是改善经营管理，薄利多销，把成本降到社会平均水平之下。对于企业来说，前者需要较高的技术，难度较大，而后者能够保持较高的市场占有率和长期稳定的利润率，并给消费者带来直接利益。所以目标利润是带有综合性的指标，它是企业综合效益的表现。

4. 成本目标

成本目标是指企业在一定时期内，为达到目标利润，在产品成本上达到的水平。它是用数字表示的一种产品成本的发展趋势，是根据对所生产产品的品种数量、质量、价格的预测和目标利润等资料来确定的，是成本管理的奋斗目标。确定目标成本时，要对市场的需要、产品的售价、原材料、能源、包装物等价格的变动情况和新材料、新工艺、新设备的发展情况进行分析，结合企业今后一定时期内在品种、产量、利润等方面的目标，以及生产技术、经营管理上的重要技术组织措施，从中找出过去和当前与成本有关的因素，取得必要的数据，根据这些数据和企业本身将要采取的降低成本的措施，制订出近期和远期的目标成本。

5. 人员培训目标

提高企业素质的一个重要方面是提高员工的业务、技术、文化素养。要使员工具有专业技术的开发能力，就要在员工培训上下功夫。企业的经营方针和目标明确以后，需要有相应素质的人来实施完成。所以，企业一定时期的员工培养目标是保证各项新技术和其他各个经营目标实现的根本条件。

企业目标落实到具体项目和标准的确定，要考虑企业自身的状况和企业的外部环境，处理好企业内外部的各种关系。企业制订目标时，必须让员工知道他们的目标是什么，什么样的活动有助于目标的实现，以及什么时候完成这些目标，而且目标应该是可考核的。

## （二）企业的责任

### 1. 企业责任的概念

企业责任是指企业在争取自身的生存发展的过程中，面对社会的需要和各种社会问题，为维护国家、社会和人类的利益所应该履行的义务。

企业作为一个商品生产者和经营者，它的义务就是为社会经济的发展提供各种需要的商品和劳务。企业的类型和社会经济地位决定了在国民经济体系中它必须对国家和社会各方面承担相应的责任。

### 2. 企业责任的主要内容

（1）企业对员工的责任

企业作为用人单位，在生产经营活动中要肩负起保护劳动者人身安全，培养和提高员工文化、技术，保护劳动者合法权益等多方面责任。

（2）企业对社区的责任

企业有维护所在社区正常环境，支持社区公益事业等责任。

（3）企业对生态环境的责任

在生态环境问题上，企业应当为所在的社区、区域、国家或社会，乃至全人类的长远利益负责任。要维护人类的生态环境，适应经济社会的可持续发展。企业作为自然资源（能源、水源、矿产资源）的主要消费者，应当承担起节约自然资源、开发资源、保护资源的责任。企业应当防止对环境造成污染和破坏，整治被污染和破坏的生态环境。

（4）企业对国家的责任

企业对国家的责任涉及社会生活经济、文化等各个领域，包括企业对国家大政方针、法律政策的遵守；遵守国家关于财务、劳动工资、物价管理等方面的规定，接受财税、审计部门的监督；自觉照章纳税；管好、用好国有资产，使其保值增值等。

（5）企业对消费者和社会的责任

企业向消费者提供的产品和服务，应能使消费者满意，并重视消费者及社会的长远利益，致力于社会效益的提高，增进社会福利。如向消费者提供商品、服务信息，注意消费品安全，强调广告责任，维护社会公德等。

# 第二节　企业管理基本原理

## 一、系统原理和分工原理

### （一）系统原理

系统是由两个或两个以上相互区别又相互联系、相互作用的要素组成的，具有特定功能的有机整体。一般来说，系统具有整体性、相关性、目的性、层次性、环境适应性等特点。系统本身又是它从属的一个更大系统的组成部分。从管理的角度看，系统具备以下基本特征：

## 1. 目的性

任何系统的存在,都是为了一定的目的,为达到这一目的,必有其特定的结构与功能。

## 2. 整体性

任何系统都不是各个要素的简单集合,而是各个要素按照总体系统的同一目的,遵循一定规则组成的有机整体。只有依据总体要求协调各要素之间的相互联系,才能使系统整体功能达到最优。

## 3. 层次性

任何系统都是由分系统构成的,而分系统又由子系统构成。最下层的子系统是由组成该系统基础单元的各个部分组成的。

## 4. 独立性

任何系统都不能脱离环境而孤立存在,只能适应环境。只有既受环境影响,又不受环境左右而独立存在的系统,才是具有充分活力的系统。

## 5. 开放性

管理过程中必须不断地与外部社会环境交换能量与信息。

## 6. 交换性

管理过程中各种因素都不是固定不变的,组织本身也存在变革。

## 7. 相互依存性

管理的各要素之间是相互依存的,而且管理活动与社会相关活动之间也是相互依存的。

## 8. 控制性

有效的管理系统必须有畅通的信息与反馈机制,使各项工作能够及时有效地得到控制。

## (二)分工原理

分工原理产生于系统原理之前,但其基本思想却是在承认企业及企业管理是一个可分工的有机系统的前提下,对企业管理的各项职能与业务按照一定标准进行适当分类,并由相应的单位或人员来承担各类工作,这就是管理的分工原理。

分工是生产力发展的要求,分工的主要好处如下:

## 1. 分工可以提高劳动生产率

劳动分工使工人重复完成单项操作,从而提高劳动的熟练程度和劳动生产率。

## 2. 分工可以减少工作损失时间

劳动分工使工人长时间从事单一的工作项目,中间不用或减少变换工作,从而减少工作损失时间。

## 3. 分工有利于技术革新

劳动分工可以简化劳动,使劳动者的注意力集中在一种特定的对象上,有利于劳动者创造新工具和改进设备。

### 4. 分工有利于加强管理，提高管理工作效率

在将管理业务从生产现场分离出来之后，随着现代科学技术和生产的不断发展，管理业务也得到了进一步的划分，并成立相应的职能部门，配备有关的专业人员，从而提高了管理工作效率。

分工原理适用范围广泛。从整个国民经济来说，可分为工业、农业、交通运输、邮电、商业等部门。从工业部门来说，可按产品标志进行分工，设立产品专业化车间；也可按工艺标志进行分工，设立工艺专业化车间。在工业企业内部还可按管理职能不同，将企业管理业务分解为不同的类型，分别由相应的职能部门去从事，从而提高管理工作效率，使企业处于正常的、不断运转的良好状态。

分工要讲究实效，要根据实际情况进行认真分析，实事求是。一般企业内部分工既要职责分明，又要团结协作，在分工协作的同时还要注意建立必要的制约关系。分工不宜过细，但界面必须清楚，才能避免推诿等现象的出现。在专业分工的前提下，按岗位要求配备相应技术人员，是企业产品质量和工作质量得到保证的重要措施。在做好劳动分工的同时，还要注意加强对职工的技术培训，以适应新技术、新方法不断发展的新要求。

## 二、弹性原理和效益原理

### （一）弹性原理

弹性原理，是指企业为了达到一定的经营目标，在企业外部环境或内部条件发生变化时，有能力适应这种变化，并在管理上所表现出的灵活的可调节性。现代企业是国民经济巨系统中的一个系统，它的投入与生产都离不开国民经济这个大系统。其所需要的生产要素由国民经济各个部门向其投入，所生产的产品又需要向其他部门输出。可见，国民经济巨系统乃是企业系统的外部环境，是企业不可控制的因素，而企业内部条件则是企业本身可以控制的因素。当企业外部环境发生变化时，企业可以通过改变内部条件来适应这种变化，以保证达到既定的经营目标。

### （二）效益原理

效益原理，是指企业通过加强管理工作，以尽量少的劳动消耗和资金占用，生产出尽可能多的符合社会需要的产品，不断提高企业的经济效益和社会效益。

提高经济效益是社会主义经济发展规律的客观要求，是每个企业的基本职责。企业在生产经营管理过程中，一方面要努力降低消耗、节约成本；另一方面要努力生产适销对路的产品，保证质量，增加附加值。从节约和增产两个方面提高经济效益，以求得企业的生存与发展。

企业在提高经济效益的同时，也要注意提高社会效益。经济效益与社会效益是一致的，但有时也会发生矛盾。一般情况下，企业应从大局出发，满足社会效益，在保证社会效益的前提下，最大限度地追求经济效益。

## 三、激励原理和动态原理

### （一）激励原理

激励原理，是指通过科学的管理方法激励人的内在潜力，使每个人都能在组织中尽其所能、展其所长，为完成组织规定的目标而自觉、努力、勤奋地工作。

人是生产力要素中最活跃的因素，创造团结和谐的工作环境，满足职工不同层次的需求，正确运用奖惩办法，实行合理的按劳分配制度，开展不同形式的劳动竞赛等，都是激励原理的具体应用，都能较好地调动人的劳动热情，激发人的工作积极性，从而达到提高工作效率的目的。

激励理论主要有需要层次理论、期望理论等。严格地说，激励有两种模式，即正激励和负激励。对工作业绩有贡献的个人实行奖励，在更大程度上调动其积极性，使其完成更艰巨的任务，属于正激励；对因个人原因而使工作失误且造成一定损失的人实行惩罚，迫使其吸取经验教训，做好工作，完成任务，属于负激励。在管理实践中，按照公平、公正、公开、合理的原则，正确运用这两种激励模式，可以较好地调动人的积极性，激发人的工作热情，充分挖掘人的潜力，从而使他们把工作做得更好。

### （二）动态原理

动态原理，是指企业管理系统随着企业内外环境的变化而不断更新自己的经营观念、经营方针和经营目标，为达到此目的，必须相应地改变有关的管理方法和手段，使其与企业的经营目标相适应。要想企业发展，事业进步，管理跟得上，其关键在于更新。运动是绝对的，不动是相对的，因此企业既要随着经营环境的变化，适时地变更自己的经营方法，又要保持管理业务上的适当稳定。没有相对稳定的企业管理秩序，也就失去了高质量的管理基础。

在企业管理中与此相关的理论还有矛盾论、辩证法，好与坏、多与少、质与量、新与老、利与弊等都是一对矛盾的两个方面，在实际操作过程中，要运用辩证的方法，正确、恰当地处理矛盾，使其向有利于实现企业经营目标的方向转化。

## 四、创新原理和可持续发展原理

### （一）创新原理

创新原理，是指企业为实现总体战略目标，在生产经营过程中，根据内外环境变化的实际，按照科学态度，不断否定自己，创造具有自身特色的新思想、新思路、新经验、新方法、新技术，并加以组织实施。

企业创新，一般包括产品创新、技术创新、市场创新、组织创新和管理方法创新等。产品创新主要是提高质量，扩大规模，创立名牌；技术创新主要是加强科学技术研究，不断开发新产品，提高设备技术水平和职工队伍素质；市场创新主要是加强市场调查研究，提高产品市场占有率，努力开拓新市场；组织创新主要是企业组织结构的调整要切

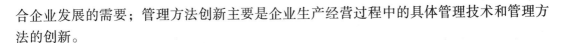

合企业发展的需要；管理方法创新主要是企业生产经营过程中的具体管理技术和管理方法的创新。

### （二）可持续发展原理

可持续发展原理，是指企业在整个生命周期内，随时注意调整自己的经营战略，以适应变化的外界环境，从而使企业始终处于兴旺发达的发展阶段。现代企业追求的目标，不是企业一时的兴盛，而是长盛不衰。这就需要按可持续发展的原理，站在历史和未来的高度，全盘考虑企业资源的合理安排，既要保证近期利益的获取，又要保证后续事业得到蓬勃发展。

# 第三节　管理创新在企业发展中的作用

## 一、管理创新的概念界定

管理的基本认识包括：计划、组织、领导和控制四个主要方面。所谓管理就是人们将计划、组织、领导和控制等基本活动作为手段，对所掌握的资源进行合理的利用和分配，从而达到组织目标的一个实践过程。

为了进一步理解这一实践过程，首先，应认识到管理是在一定的组织架构下实施和实现的，不存在没有组织的管理；其次，对组织进行管理是为了实现组织目标，在实现组织目标的过程中，要做到充分地利用组织资源，实现组织资源的最大化利用；最后，在组织内进行管理的整个过程中要运用必要的手段，这些手段包括计划、组织、领导和控制四种。对于管理过程中的四种手段的运用并非完全孤立和程序化的，而是相互交叉的，同时这四种手段的运用也是一个不断循环的过程。在管理实施过程中首先要跟随环境的变化做出新的计划，并依据计划组织资源实施，其次要通过领导手段来引领组织资源配置，最后通过控制手段组织资源向组织目标流动，并通过对结果的反馈进一步对计划做出新的调整。在领导和控制过程中根据需要不断地对计划进行完善和调整，并进行相应的组织安排。同样，在计划和组织过程中也要做好计划制作的领导并对计划中的变量和方向进行一定的控制。

管理还应有第五个重要职能 —— 创新！创新的主要功能是促使企业更为有效地持续运行、健康发展。创新职能更像是管理中的一个动力之源，但只有与其他四个职能进行结合才具有其价值。管理的创新职能与其他四个职能紧密相连，在不同的时期，通过创新职能，管理的其他四个职能也会相应地随之变化。

企业的管理过程本质上是一个运用各种有效手段对各种内部可控资源进行有效的配置，从而实现企业目标的过程。管理创新是对管理的一种创新，其着眼点有三个方面：

管理思想的创新，资源配置、活动秩序和企业氛围的创新，控制手段的创新。管理理念的创新主要是对管理目标进行创新性的改进，从而使得整个管理得到创新。资源配置、活动秩序和企业氛围的创新，主要是指以硬件、软件分类的视角，来看待企业的管理创新。其中对资源配置的创新属于硬件创新，而针对活动秩序和企业氛围的创新为软件的创新。控制手段的创新，则主要是对四种基本手段进行创新以改进整个管理的流程，使管理流程更加高效。本文以前两个着眼点来进行探讨分析，因为控制手段的创新更类似于一种视角，而这个视角与思想观念、资源配置、活动秩序和企业氛围等内容密不可分，而学界对"管理是不是控制"已有很多反思和争论，因此这里不再单独讨论。

## 二、管理创新体系

管理创新以管理思想、企业战略、组织架构、企业文化、管控手段和企业制度等不同视角和创新为切入点，构成了完整的管理创新体系。其中管理观念创新属于管理思想的创新，战略管理创新、组织机构创新、制度创新、产品及服务创新属于资源配置、活动秩序的创新，关系创新属于企业氛围创新的一个具体应用。

### （一）管理观念创新

管理观念是整个企业管理过程中的灵魂，是对企业实施各种管理措施的基本指导思想。管理观念的确定是一个复杂的过程，它涉及对企业经营外部环境的把握、对企业所拥有的资源和能力的细致分析和对企业战略目标的确定，经过对各个方面的协调和整合最终确定出企业的基本指导思想。企业的管理观念具有相对稳定性，一旦确定就不易改变。企业的管理观念和具体经营过程相互影响和相互促进。管理观念创新是提出一种崭新的不同于以往的经营思路，这种经营思路既可以对企业所有经营活动来说是新颖的，也可以仅对某一企业经营活动来说是新颖的。只要这种经营思路被证明是切实可行的，那么这就是一种管理创新。管理观念的创新是整个企业管理创新的出发点，是思想创新。现代企业经营管理过程中经营管理理念正在发生巨大的变化，由注重物的管理向注重人的管理方向转变，由注重有形资产的管理向注重无形资产的管理转变，由企业间的绝对竞争关系向企业将竞争与合作并存并逐步寻求共赢转变，所有的这些都体现出企业的管理理念在发生巨大而深刻的变动。这些企业管理理念的变动无疑极大地促进了企业管理效率的提高。所以，在企业进行管理创新的过程中，最重要的就是进行一场深刻的管理理念的创新，这需要不断地学习和探索，需要不断地对内自省并引进外来先进的管理人才和管理经验。人的一切活动均源于思想，管理思想、观念的创新居于整个管理创新的灵魂位置。

### （二）战略管理创新

战略管理对于企业的生存和发展有着举足轻重的作用，它是企业进行管理创新的灵魂，因而也构成企业管理创新的一部分。企业在进行管理创新的过程中，应当把握好战略创新的节奏，着眼于全球竞争的大视角。企业进行战略的创新应当把握好自身的核心

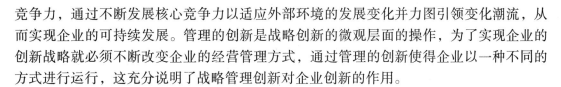

竞争力，通过不断发展核心竞争力以适应外部环境的发展变化并力图引领变化潮流，从而实现企业的可持续发展。管理的创新是战略创新的微观层面的操作，为了实现企业的创新战略就必须不断改变企业的经营管理方式，通过管理的创新使得企业以一种不同的方式进行运行，这充分说明了战略管理创新对企业创新的作用。

### （三）组织机构创新

组织管理创新即通过创立一个崭新的组织或者对原有的组织架构进行整合得到一个更有效率的组织架构，这种新形成的组织能够在企业的目标实现过程中正常地运行并起到促进作用。

在管理过程中，其对象必然是指向某一组织，因此，对组织进行创新就成为进行管理创新的基础。在现代企业中，企业组织再也不是一个固定不变的工作单位，而是一个能够通过不断的学习以适应变化和促进变化的有机体。随着知识经济时代的到来，组织正在发生着十分深刻的变革，组织间的共享性和虚拟性正在逐步增强，组织之间正在构建一种超高共享性的网络，而管理层级的扁平化也导致人际关系更加平等。在新型组织体系中，知识和专业技术更加占据重要影响地位，逐渐形成以技术和知识为基础的业务单元，这是组织的一大创新。业务单元的组织形式具有极强的适应性和工作弹性，因而能够产生诸多创意性的业务解决方案。同时，这种不同的组织状态需要企业在管理过程中采用与以往不同的方法进行管理，否则将会阻碍组织效能的发挥。可见正是组织机构的创新，影响着管理在不断地进步。

企业在组织机构创新的过程中要特别注意结合内外环境，遵循组织运行的基本规律，以组织运行的实际效果作为最可靠的检验指标。为了能够成功地实现组织机构创新，企业一方面必须做到组织机构内部的决策分散化，即要根据市场的变化和企业自身经营状况，制订出有针对性的应对措施；另一方面要建立平行流程网络下的组织结构，这不仅有利于企业内部高效的信息传递和交流机制的建立，也能确保企业内部各部门之间的有效沟通，还能促进企业决策的高效传达和运行。

### （四）制度创新

制度的改变或创新即设计一种新的管理方法或标准，这种管理方法或标准如果有效，就会为企业的整体管理或者部分管理带来最直接的影响，这就是一种管理创新。通过对企业的管理制度进行不断的改进，企业的制度会不断促进企业的发展，企业的整个资源整合利用过程会更加合理，最终，整个企业运转会更加流畅。

### （五）产品及服务创新

产品及服务模式的管理创新主要包括生产、品牌、技术工艺、营销及客户服务等方面的管理创新。主要是基于市场的变化，企业应主动调整生产的产品本身、产品的生产方式、产品的品牌定位与组合、产品的生产工艺、产品的销售方式、产品的售后服务等一系列的生产经营活动而进行的管理创新，其核心宗旨在于使持续整合、改良、优化的管理活动适应企业产品发展战略的需求，进而满足消费者需要，使企业创新价值实现最大化。以上的各个管理活动中，营销模式的管理创新尤为关键。这是因为，对于任何企业而言，其生存的关键首先来自市场，只有拥有广阔市场的企业才能够不断发展，而一旦市场逐步萎缩，则会导致企业岌岌可危。在营销的整个过程中，市场信息由一线销售人员向企业进行传播，信息传播速度的延迟严重地影响着销售的质量和数量。所以，必须建立起网络化的信息传递模式，从而提高营销过程的信息传递和反馈速度。从另一方面讲，通过构建网络化的销售平台能改变过去过于传统的一对一的销售方式，从而减少企业的成本和负担，进而为企业带来额外的利润，提高企业竞争力。对于销售模式的管理创新，利用网络平台将是很重要的一个方面，但是销售的管理创新也不限于此。销售的管理创新应当注重采用一切可以迅速传递信息的手段和方式，并拉近客户与企业的沟通方式，以便客户的诉求能够在最短的时间内进入企业的供给规划之中。销售模式创新实质上是管理创新的一大动力，在涉及企业生死存亡的领域总能激起企业的深思熟虑和深刻改革，这也为研究管理创新提供了一个新的视角。

### （六）关系创新

关系创新是在关系管理过程中提出一种新的方法或者对原有的方法进行合理的改进，使企业运行效率提高，员工关系更加和睦。这也是一种管理创新，它的效果在于通过人员关系的改变促进整个企业氛围的改善，从而增强整个企业的凝聚力。

## 三、管理创新的特点

无论是从管理的内涵出发还是从企业经营中面临的各种情况来分析，都可以看到管理的创新具有多个层面和多个维度。由于管理的多层次性和多维度性，管理创新显现出诸多的特点。

一方面，管理创新是以现代法人治理结构为基础的。有限责任公司和股份有限公司是现代法人治理结构的两种主要表现形式，也是现代经济社会使用最广泛的两种企业制度，这种治理结构通过所有权和经营权的分离，有利于企业不断地进行管理上的创新和改进。法人治理结构的出现使得经理人市场迅速发展，经理人要提高自己在市场上的竞争力就要不断地进行管理上的创新，不仅有利于企业效益的发展，同时有利于管理的不断创新。而作为股东，为了使得自己的投资获得较高的回报率，也会敦促经理人不断进行管理创新以更加有效地利用资源，同时股东也会不时地进行相应的改革以促进公司的顺畅运营。法人治理结构的建立要做到因地制宜，不可盲目照搬，这样才能够在具体的土壤中进行适合当地、当时文化和政策的管理创新。

另一方面，企业的管理创新应当以现代化的管理流程为前提。首先要做的就是实施现代企业制度，这标志着我国在企业管理中开始运用现代化的流程管理体系。流程化的管理体系促进了企业的组织运行效率，并为组织的不断创新提供了条件。流程管理本身就是在强调对企业资源进行计划、控制和指挥，突出企业管理的重点环节，明确企业发展的方向，强调统筹计划、指挥、控制，着力解决影响企业发展的障碍，在加强企业各部门内部协作和决策沟通的基础上，实现企业经济利益和社会效益的最大化。这一过程本身就是一个企业管理不断创新的过程。

再者，管理创新具有多个层次和多个目标。其首先是提高管理效率，提高整个企业资源配置的能力，其次在于完善组织内部各个成员之间的相互关系，使得组织内成员在一个稳定而平和的环境中实施组织的计划，最后管理创新还要服务于组织的不断自我进步与完善，使组织更具凝聚力和创造力。

## 四、管理创新实施原则

管理创新是企业的一种资源整合创新，这种创新并非随机产生的，而是在企业全体员工思维的碰撞和摸索中产生的。所以，要实现企业管理创新是有迹可循的。

在企业的管理创新过程中，要确立相应的原则作为对整个创新过程的引导和约束，具体的创新过程不能超越原则的制约，否则将会导致管理创新走向歧路。这些具体的管理创新原则包括与市场变动相接轨、与本企业实际状况和发展阶段相契合和坚持以人为本的企业管理创新根本策略。

### （一）紧随市场变动

企业进行管理创新的根本动力来自对不断变化的市场状况的适应，为此，企业管理创新就必须紧随市场变动的步伐。企业在创新过程中要紧紧地把握市场的脉搏，完善市场竞争机制，及时掌握各种涉及本行业的相关信息和动态，并据此做出相应的调整。这样不仅能够实现企业发展的目标，还能够走在行业的前列，不断提高经济效益。

### （二）契合本企业状况

管理创新的根本目的在于提高本企业的管理水平，促进本企业效益的提高，所以企业管理创新不可尽搬所谓的经典模式，应当对其做出适当的适合自我状况的改进。在管理创新过程中，要时刻把自我发展的阶段和实际状况作为出发点，只有把握这个出发点才能确定出合理的目标，制订合理的计划，而不是好高骛远，邯郸学步。

### （三）坚持以人为本

在管理创新过程中，最重要的资源莫过于人，所以坚持以人为本具有非常重要的意义。这里所讲到的人不仅是高层管理者，还包括所有与企业经营相关的人员，包括一线的业务人员、工作人员和技术人员。因为他们能够更真切地了解到什么样的改进能够更好地促进企业运行的效率。同时，以人为本，尊重企业中的每一个个人的观点和建议，能够在无形中促使每个人将自己当作公司的一部分，尽心尽力地为改进公司运行中的不足献计献策，为企业管理创新提供思路和创意。

# 第四节　管理理论的发展与创新

## 一、古典管理理论

19世纪中叶至19世纪末的几十年，是以股份公司制度为代表的现代企业制度确立与普及的时期。股份公司制度的出现和确立，从根本上克服了传统企业制度对企业持续成长的人为界限，比如企业的发展开始较少为创业者个人的去留和能力所限，企业发展的重要资源如资金和经理人才也可以从较大范围内筹措与选拔了。因此股份公司为后来企业的发展提供了一个坚实的制度平台。

在这一时期，活跃着具有奠基人地位的管理大师，即"科学管理之父"——泰罗、"管理理论之父"——法约尔以及"组织理论之父"——马克斯·韦伯。

### （一）泰罗及科学管理理论

科学管理理论的要点是：

1.科学管理的中心问题是提高劳动生产率。泰罗为此提出了工作定额原理，要制订"合理的日工作量"。

2.为了提高劳动生产率，必须为工作配备"第一流的工人"，而将工人培训成为"第一流的工人"是企业管理当局的责任。

3.使工人掌握标准化的操作方法，使用标准化的工具、机器和材料，并使作业环境标准化，这是企业管理的首要职责。

4.实行有差别的计件工资制。以此来督促和鼓励工人完成或超过定额。

5.工人和雇主双方都必须来一次"心理革命"。劳资双方必须变相互指责、怀疑、对抗为互相信任，共同为提高劳动生产率而努力。

6.把计划职能同执行职能分开，变原来的经验工作方法为科学工作方法。计划职能归企业管理当局，并设立专门的计划部门来承担；而现场的工人，则从事执行职能。

7.实行职能工长制。细分管理工作，使每个工长只承担一种职能。这种思想为以后职能部门的建立和管理专业化提供了基础。

8.在管理控制上实行例外原则。上级管理者把一般的日常事务授权给下级管理者去处理，而自己只保留对例外事项的决策和监督权。

### （二）法约尔与管理过程理论

管理过程理论的要点是：

1. 企业职能不同于管理职能

任何企业都有六种基本活动或职能，管理活动只是其中之一。在各类企业中，下属人员的主要能力是具有企业特点的职业能力；而较上层人员的主要能力是管理能力，并且随着地位的上升，管理能力越重要。

2. 管理教育的必要性和可能性

企业对管理知识的需要是普遍的，而单一的技术教育适应不了企业的一般需要。因此，应尽快建立管理理论，并在学校中进行管理教育。

3. 管理的 14 项原则

管理的原则包括劳动分工、权力与责任、纪律、统一指挥、统一领导、个人利益服从整体利益、合理的报酬、适当的集权与分权、等级链、秩序、公平公正、保持人员稳定、首创精神、集体精神等。这些原则，在管理工作中不是死板和绝对的东西，有个尺度问题。

4. 管理要素

管理这一职能活动是由五个管理职能组成的：计划、组织、指挥、协调和控制。计划是管理职能中一个重要的要素。

## （三）韦伯与理想行政组织体系

理想行政组织体系的要点是：

1. 明确的分工

每个职位的权力和责任都应有明确的规定。

2. 自上而下的等级系统

组织内的每个职位，按照等级原则进行法定安排，形成自上而下的等级系统。

3. 人员的考评和教育

人员的任用完全根据职务的要求，通过正式考评和教育训练来进行。

4. 职业管理人员

管理者有固定的薪金和明文规定的升迁制度，是一种职业管理人员。

5. 遵守规则和纪律

管理者必须严格遵守组织中规定的规则和纪律。

6. 组织中人员之间的关系

组织中人员之间的关系完全以理性准则为指导，不能受个人情感的影响。

古典管理理论的研究侧重于从管理职能、组织方式等方面研究效率问题，但是他们把人当作机器、功利主义的"经济人"来看待，忽视了人的社会心理需要。

## 二、行为科学理论阶段

行为科学理论阶段重视研究人的心理、行为等对高效率地实现组织目标（效果）的影响作用。第一，工人是"社会人"，是复杂的社会系统的成员。所以，工人不只单纯追求金钱收入，他们还有社会、心理方面的需求，即追求人与人之间的友情、安全感、归属感和受到尊重等。因此，必须从社会、心理方面来鼓励工人提高生产率。第二，企业中除了"正式组织"之外，还存在着"非正式组织"。这种非正式组织是企业成员在共同工作的过程中，由于抱有共同的社会感情而形成的非正式团体。这些团体有自然形成的规范或惯例，其成员必须服从。第三，新型的领导能力在于通过提高员工满足度而激励员工的"士气"，从而达到提高生产效率的目的。工人所要需要的满足中，金钱只是一部分，更多的是感情、安全感、归属感等。所谓满足度就是工人的这些需要得到满足的程度。所以，新型的领导能力就是要在正式组织的经济需求和工人的非正式组织的社会需求之间保持平衡。

## 三、现代管理阶段

随着现代科学技术日新月异，生产和组织规模急剧扩大，生产力迅速发展，生产社会化程度不断提高，管理理论引起了人们的普遍重视。其主要有管理过程学派、社会系统学派、决策理论学派、系统管理学派、经验主义学派、权变理论学派、管理科学学派等。这些学派之所以产生，是同科学技术的进步、生产力的巨大发展、生产社会化的程度日益提高相联系的。

### （一）管理过程学派

管理过程学派又叫作管理职能学派、经营管理学派。他们把管理看作在组织中通过别人或同别人一起完成工作的过程，管理应该分析这一过程，从理论上加以概括，确定一些基础性的原理，并由此形成一种管理理论。有了管理理论，就可以通过研究、实验、传授管理过程中包含的基本原则，改进管理的实践。这个学派把它的管理理论建立在以下七条基本信念的基础上：

1.管理是一个过程，可以对管理人员的职能理性地加以剖析。

2.可以从管理经验中总结出一些基本道理或规律，即管理原理。它们对认识和改进管理工作能起到一种说明和启示的作用。

3.可以围绕这些基本原理开展有益的研究，以确定其实际效用，增强其在实际中的作用和适用范围。

4.这些原理只要还没有被证明为不正确或被修正，就可以为形成一种有用的管理理论提供若干要素。

5.就像医学和工程学那样，管理是一种可以依靠原理的启发而加以改进的技能。

6.即使在实际应用中由于背离了管理原理而造成损失，但管理学中的原理，如同生物学和物理学中的原理一样，仍然是可靠的。

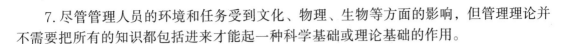

7.尽管管理人员的环境和任务受到文化、物理、生物等方面的影响，但管理理论并不需要把所有的知识都包括进来才能起一种科学基础或理论基础的作用。

### （二）社会系统学派

社会系统学派从社会学的观点来研究管理，把企业组织中人们的相互关系看成一种协作的社会系统。社会的各级组织都是一个协作的系统，即由相互进行协作的各个人组成的系统。这些协作系统是正式组织，都包含三个要素：协作的意愿、共同的目标、广泛的信息联系。非正式组织也起着重要的作用，它同正式组织互相创造条件，在某些方面对正式组织产生积极的影响。至于组织中经理人员的作用，就是在协作系统中作为互相联系的中心，并对协作的努力进行协调，以便使企业、组织能够维持运转。

### （三）决策理论学派

决策理论学派是从社会系统学派中发展出来的，该学派的基本观点是，由于决策是管理者的主要任务，因而应该集中研究决策问题，而管理又是以决策为特征的，所以应该围绕决策这个核心来形成管理理论。支持这个学派的学者大多数是经济学家和数学家。

现在，决策理论学派的视野已大大超出评价比较方案过程的范围。他们把评价方案仅仅当成考察整个企业活动领域的出发点，决策理论不再是单纯地局限于某个具体决策上，而是把企业当作一个"小社会"来予以系统的、广泛的考察，因而又涉及社会学、心理学、社会心理学等多种学科。

### （四）系统管理学派

系统管理学派同社会系统学派有着密切的关系，但各有不同的侧重方面。该学派认为系统方法是形成、表述和理解管理思想最有效的手段。所谓系统，实质上就是由相互联系或相互依存的一组事物或其组合所形成的复杂统一体。这些事物可以像汽车发动机上的零件那样是实物的，也可以像人体诸组成部分那样是生物的，还可以像完整综合起来的管理概念、原则、理论和方法那样是理论上的。尽管人们给理论规定出界限，以便更清楚地观察和分析它们，但是所有的系统（也许只有宇宙除外）都同它们的环境在相互起着作用，因而都受到其环境的影响。

系统管理学派在20世纪60年代最为盛行，目前仍有相当多的人继续从事此项研究。而且系统管理理论中许多内容促进了自动化、控制论、管理信息系统、权变理论的创新与发展。

### （五）经验主义学派

古典管理理论和行为科学都不能完全适应企业发展的实际需要，经验主义学派主张通过分析经验（通常是一些案例）来研究管理学问题。该学派认为，通过分析、比较和研究各种各样成功和失败的管理经验，就可以抽象出某些一般性的结论或原理，这有助于学生和从事实际工作的管理者理解管理原理，并使之学会有效地从事管理工作。

### （六）权变理论学派

权变理论学派是20世纪70年代在经验主义学说基础上进一步发展起来的一种管理

学派。该学派强调，管理者的实际工作取决于所处的环境条件。但与经验主义学派不同，权变理论学派不局限于研究个别案例，提出个别解决方法，而是试图提出适应特定情况的管理组织方案和管理系统方案。该学派认为，在管理中要根据企业所处的内外条件随机应变，没有什么一成不变、普遍适用的"最好的"管理理论和方法。

当过程、数量、行为和系统等四个学说结合在一起时，就产生了不同部分总和的某种东西，这就是管理的"权变学说"，这里包含着"权变关系"和"权变理论"。权变关系是指两个或两个以上的变量之间的一种函数关系。权变理论是考虑到有关环境的变量同相应的管理概念和技术之间的关系，使采用的管理观念和技术能有效地达到目标。

### （七）管理科学学派

管理科学学派又叫作管理中的数量学派。尽管各种管理理论学派都在一定程度上应用数学方法，但只有管理科学学派把管理看成一个数学模型和程序的系统。一些知名的运筹学家和运筹分析家就属于这个学派，为此该学派的人士常自称为"管理科学家"，他们的信念是，只要管理、组织、计划、决策是一个逻辑过程，就能用数学符号和运算关系来予以表示。

该学派的主要方法就是模型，借助于模型可以把问题用它的基本关系和选定目标表示出来。由于数学方法大量应用于最优化问题，可以说，它同决策理论有着很密切的关系。当然，编制数学模型绝不限于决策问题。

## 四、管理理论新发展

### （一）企业战略理论

当今所处的时代，是一种"跳跃性的时代"。复杂多变的外部环境正在使企业将管理的重点由提高生产效率转向适应环境变化。因此作为研究企业与环境之间的相互关系，为企业生存和发展指明方向的重要手段的战略管理，已被越来越多的企业提到重要日程上来。经过 30 多年的发展，战略管理基本上形成了设计学派、计划学派、定位学派、企业家学派、认识学派、学习学派、权力学派、文化学派、环境学派、构造学派共十个学派。

### （二）组织管理理论

自 20 世纪 80 年代末以来，信息化和全球化浪潮迅速席卷世界，跨国公司力量逐日上升，跨国经营已成为大公司发展的重要战略。同时，知识经济的到来使信息与知识成为重要的战略资源，而信息技术的发展又为获取这些资源提供了可能。顾客的个性化、消费的多元化决定了企业只有能够合理组织全球资源，在全球市场上争得顾客的投票，才有生存和发展的可能。这一阶段的管理理论研究主要针对学习型组织及虚拟组织问题而展开。

19 世纪 90 年代，彼德·圣吉出版了《第五项修炼》一书，指出企业唯一持久的竞争优势源于比竞争对手学得更快更好的能力。学习型组织正是人们从工作中获得生命意义、实现共同愿望和获取竞争优势的组织蓝图；要想建立学习型组织，系统思考是必不可少的"修炼"。由此引起了人们对学习型组织的研究和关注。在阿里·德赫斯所著的《长寿公司》一书中，作者通过考察 40 家国际长寿公司，得出结论——"成功的公司是能够有效学习的公司"。在他看来，知识是未来的资本，只有学习才能为不断地变革做好准备。此外，罗勃特·奥伯莱与保罗·科恩合著的《管理的智慧》则描述了管理者在学习型组织中角色的变化——他们不仅要学会管理学习的技巧，也要使自己扮演学习的领导者、师傅和教师等多重角色。

除了学习型组织，20 世纪 90 年代还有一个组织管理的热点——虚拟组织。虚拟组织与传统的实体组织不同，它是围绕核心能力，利用计算机信息技术、网络技术及通信技术与全球企业进行互补、实现互利的合作，合作目的达到后，合作关系随即解散，以此种形式能够快速获取处于全球各处的资源为己所用，从而缩短"观念到现金流"的周期。不仅如此，灵活的"虚拟组织"可避免环境的剧烈变动给组织带来的冲击。

### （三）企业再造理论

20 世纪 80 年代，随着人们受教育水平的日益提高，随着信息技术越来越多地被用于企业管理，三四十年代形成的企业组织越来越不能适应新的、竞争日益激烈的环境，管理学界提出要在企业管理的制度、流程、组织、文化等方方面面进行创新。

实践先于理论产生。企业再造理论的最终构架在《企业再造：企业革命的宣言书》中阐述了这一理论：现代企业普遍存在着"大企业病"，面对日新月异的变化与激烈的竞争，要提高企业的运营状况与效率，迫切需要"脱胎换骨"式的革命，只有这样才能回应生存与发展的挑战。企业再造的首要任务是 BPR——业务流程重组，它是企业重新获得竞争优势与生存活力的有效途径。BPR 的实施必须以先进的信息系统和信息技术（IT）以及其他的先进管理技术（JIT、TQM、MRP）为手段，以顾客中长期需求为目标，通过最大限度地减少对产品价值增值无实质作用的环节和过程，建立起科学的组织结构和业务流程，使产品质量和规模发生质的变化，从而提高企业核心竞争力。这些研究中提出了如何认识现有流程、如何确定重整目标、如何协作重整方式以及如何保证重整成功的条件等各种具体操作性观点。与此同时，和企业再造相关联的其他领域产生了一系列新的管理理论方法，如 ISO9000 质量保证体系认证、MRP、MPRII、EPR 等。

需要说明的是：第一，各个阶段的年代划分并非泾渭分明、非此即彼。事实上，无论是行为科学、战略管理，还是企业再造依旧是今天的话题。第二，无论哪一种理论或思想，都是围绕管理的核心问题"效果"（做正确的事）或"效率"（如何正确地做事）而展开，对于今天的中国企业，没有哪一种理论过时或无用，企业应当结合自己"要做的事"，兼收并蓄，有选择地取舍，这样才能在继承前人的基础上，发展自我。这才是回顾历史的目的所在。

# 第二章 现代企业管理创新与企业经济发展

## 第一节 企业创新管理在企业发展中的作用及意义

### 一、企业管理创新系统与企业管理创新

#### （一）企业管理创新系统的特征

企业管理创新系统的特征主要有整体性、开放性、动态性、层次性几个方面。

1. 整体性

企业创新系统的创新和发展过程，是整体系统作用的结果。系统中某一项技术和制度的创新，不仅使创新者本身受益，还能通过企业内部或企业之间的模仿或学习等方式在系统中迅速扩散，促进技术和制度的创新与发展。

2. 开放性

企业创新系统是由企业内外部各个行为主体的相互作用、相互协作而构建的。同时，各个行为主体还会寻找更多的合作伙伴，不断扩大外部的创新网络，并通过劳动力、技

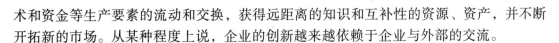

术和资金等生产要素的流动和交换，获得远距离的知识和互补性的资源、资产，并不断开拓新的市场。从某种程度上说，企业的创新越来越依赖于企业与外部的交流。

3. 层次性

层次性指的是由企业创新个体构成的结构关系。创新个体及其相互关系对整个创新系统起着基础性的作用。如计算机技术的创新是管理信息系统技术出现的前提。

4. 动态性

由于企业发展的外部技术或市场环境具有不确定性和不可预测性的特点，企业创新系统必须适时变化，不断地维护和更新系统的连接，从而可以保持系统的活力及其外部的适应能力。

### （二）企业管理创新

第一，企业管理创新的关键应该是如何促使企业运行在创新空间，如何更有效地在创新空间中突显创新的结果。一般来说，企业到达其创新空间的途径主要有两种，一种是通过部分组织成员的引导，另一种是通过所有组织成员的广泛参与。

第二，创新管理的重点是营造一种理想的工作氛围，而不是从事目标管理。创新管理的重点应该放在怎样才能营造一个相对自由宽松的创新环境，使行为主体能够更有效地相互作用。创新管理也需要制订战略计划，但这时战略计划的重点是营造一个容易产生创新结果的感情氛围。

第三，创新管理需要激发企业运行中的差异性，而不是追求企业运行的稳定性和一致性。创新管理不应该追求企业运行的稳定性，因为追求稳定性可能会扼杀企业的创新能力。相反，创新管理要在维系企业存在的条件下，设法激发企业成员思维和行为方式的多样性和差异性，要促使企业行为主体的影子系统保持活力，要鼓励企业成员敢于打破常规，敢于向传统和保守势力发出挑战。

第四，创新管理需要企业具有良好的动态管理机制。创新意味着破旧立新，它必然会带来焦虑，创新过程中也必然伴随着大量的差异、矛盾和不平衡。因此，如何有效地抑制创新所带来的焦虑，怎样处理不确定条件下企业的管理问题，这些都需要企业具有良好的动态管理机制，在动态管理机制中不断改善和促进企业组织的学习，不断引发和诱导企业成员的创新意识，为企业实际创新行为的发生准备所需的资源、能量和活力。

## 二、中国企业管理创新的重点和途径

### （一）中国企业管理创新的四项重点

1. 积极推进中国企业管理思想的创新

各种管理组织、制度和管理行为都不过是管理者思想的外在表现。因此，要大力在国有企业内部倡导管理观念的转变，通过培训教育或引入新的管理人才，来开阔国有企业管理者的视野和思路，提高管理者的管理专业知识和能力，使之对管理创新有一个良好的思想认识基础。

### 2. 积极推进中国企业的管理组织创新

在传统的企业内部，管理机构繁多，而且也不合理，非生产性组织占了企业相当多的编制和人员；同时，真正的生产管理和市场管理机构人员在企业内部地位不高，编制限制也很紧。在市场经济的竞争中，就需要精简不必要的管理机构和人员，加强市场管理、生产管理和技术研究开发管理机构的力量。

### 3. 要大力夯实中国企业内部基础管理

健全风险投资体制，为管理技术创新提供前提和保障基础。管理是企业发展的基础，只有搞好了基础管理，理顺了内部基本的生产协作关系，才可能进一步提高管理的层次和效率，否则，管理创新只会适得其反，使得企业更为混乱无序。夯实根基，奠定坚实的框架基础，局部扎实，整体牢固，做到企业内部垂直指挥灵活，反应快捷，横向联络畅通，协调有力，计划预算准确，财务精确。同时，积极投入硬件设施，树立良好的企业形象，展现员工队伍充满活力的精神风貌。

## （二）管理创新的有效途径

### 1. 培育卓越的中国企业创新文化

企业文化作为企业独特风格的一种载体，通常是融于企业的日常管理、运营之中的。在现代市场经济条件下，企业文化形成了企业根本性的竞争优势，是一种制敌于无形的柔性武器。概括和提炼富有个性、特色的企业文化，培育与打造创新个性的企业精神，这是企业文化建设的核心和基石。

### 2. 树立"以人为本"的核心管理观念

随着经济全球化，市场竞争中人的作用越来越重要，创新文化应充分注重发挥每个人的积极性。因此，企业文化要关注人的志趣，注重人的文化背景，尊重人的价值，满足员工的物质和精神需要。

### 3. 构建创新的制度文化、管理文化

科学地确定企业文化的内容，实现企业文化创新。企业文化不是管理方法，而是形成管理方法的理念；不是行为方式，而是导致行为方式的动因；不是企业中的人际关系，而是人际关系所反映出的处世哲学；不是企业工作、服务的具体内容，而是对待工作、服务的具体态度。它既根植于企业的一切活动之中，又流溢于企业的一切活动之上。

## 三、创造有利于中国企业成长和创新的环境

### （一）自主创业型民营企业家

对于自主创业型的民营企业家来说，环境建设的主要任务主要集中在法律环境、市场环境和融资环境的改善等方面。在市场环境建设方面，要保证市场的公开、公平和公正。在融资环境方面，给予民营企业家融资渠道和创新资金的支持，是目前促进民营企

业创新的关键。

### （二）非自主创新型的国有企业企业家

对非自主创新型的国有企业家来说，环境建设的关键任务是经营者的职业化和建立有效的国有企业企业家的激励机制，解决国有企业企业家职业角色和创新动力不足的问题。建立国有企业企业家的有效激励机制，是促进国有企业企业家健康成长需要解决的关键问题。从理论上说，调动经营者积极性的收入不仅要科学地确定基本薪酬，更重要的是要解决好与企业经营业绩直接相关的风险收入部分，实现经营者收入与业绩挂钩。

## 四、管理创新在中国企业发展中的重要意义

管理创新是中国企业实现效益增长的重要法宝。企业效益状况与企业管理水平有着千丝万缕的联系，审视中国各企业，其亏损、破产、低效的根源固然有着体制的弊病，但管理落后也是重要原因。通过管理创新，着力解决企业管理中存在的观念不新、机制不活、手段不力等问题，使公司企业的效益增长获得观念支持和机制保障。

管理创新是企业实现持续发展的不竭动力。现代企业管理的一项基本职能就是创新，创新是知识经济的本质特征，也是企业生存和持续发展的灵魂。美国企业的创新精神就非常值得借鉴。企业应当推崇管理创新，让"不创新，就死亡"的理念深入每个员工心中。通过实施管理创新，加速企业新陈代谢，促进企业持续成长，使企业永葆蓬勃生机，在国际激烈的竞争中立于不败之地。

## 五、管理创新与企业持续发展

### （一）管理创新的作用

世界五百强的企业中，所有的成功企业均具备严格的管理创新机制。可以说，现代经济增长的重要源泉就是管理创新，管理创新决定着企业的兴衰成败。

1. 管理创新提升企业核心竞争力

当前，市场经济日趋全球化，创新能力的竞争是企业间竞争的要素。企业必须不断创新才能持续发展，假如企业在管理中存在陈旧模式和思想，就会使其在激烈竞争中被掣肘。因此，紧跟市场的发展变化竞争要求，充分考虑企业实际，不断创新，才能提高企业市场竞争能力，确保企业立于不败之地。

2. 管理创新协助企业参与市场竞争

企业通过管理，将自身的人力资源、物资资源进行有效的配置，从而实现组织目标。管理创新是诸多创新环节中最积极、最活跃的环节，是企业参与市场竞争最有效的手段。

3. 管理创新协助企业持续发展

企业成长的前提是管理创新，企业不断发展壮大有赖于内部创新力的支撑。成功企

业的发展中普遍存在的规律就是创新。管理创新是企业生命力的表现。

## （二）管理创新的意义

管理创新对企业的独特意义在于：

### 1. 管理创新可以产生效益

人的创造性思维引发了管理创新，企业体制落后、缺乏活力是中国企业缺乏竞争力的主要症结。影响企业竞争力的关键因素是低效的管理体制以及粗放的管理，管理创新则有效提高企业的竞争力，产生效益。

### 2. 管理创新可以提高效益

企业有限的资源会由于管理创新而得到更有效的配置。管理创新使企业资源消耗系数减小，资金周转速度加快，经济效益指标有良好表现。管理创新不但可以提高企业当前的效益，还能提高企业未来的效益。

### 3. 降低企业交易成本

将企业之外的一些营业活动纳入企业内部，使企业的交易费用得到大幅下降，可以表现在由于对各部门的管理实现了整合，而使企业交易成本也得以降低。

### 4. 管理创新可以推动企业发展

企业稳定与发展的重要因素是企业管理的有序化。管理创新能够给企业提供更高效的管理方式、方法。

## （三）管理创新保证企业持续发展

企业以实现利润最大化为前提，企业生产经营活动有序运行的重要保证就是高效的管理。

### 1. 信息时代的主要特征是知识管理

知识在信息社会起着巨大的作用，知识的创新为经济的发展和增长提供动力。知识将其他生产要素转化为新产品、新工艺，知识结合技术使产品的附加值得到提升，减轻资金紧缺所造成的压力。因此，信息时代的重要特征就是知识管理。

### 2. 知识网络化管理需要管理创新

信息时代的管理模式要求知识网络化管理，通过知识联网来共同创造财富。为了能够顺利地从传统管理跨越到知识网络化管理，企业必须进行管理创新。

### 3. 管理创新为信息化背景下企业持续发展提供了保证

管理的复杂性和不确定性是信息时代的企业所面临的主要问题。原有的管理理念随着经济与技术的发展已经难以满足企业的需求，企业发展只能有赖于创新管理模式。因此，管理创新是企业持续发展的根本保证。

面对变化，只有创新。坚持以往的做事方式，注定会带来灾难乃至死亡。作为创新的一个重要方面，管理创新在创新理论中占有重要地位，也在企业的发展中具有重要的指导意义。人们在自己生活的社会生产中发生一定的、必然的、不以他们的意志为转移

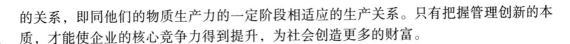

的关系，即同他们的物质生产力的一定阶段相适应的生产关系。只有把握管理创新的本质，才能使企业的核心竞争力得到提升，为社会创造更多的财富。

# 第二节 现代企业经济管理体系的创新

## 一、企业构建经济管理体系的概述

企业经营者管理企业的模式、方法、方式，构成了经济管理体系的主要内容。一个企业的经济管理体系，代表着这个企业高层管理者的决策机制。其代表者则是由最高管理层所委派的，并且赋予了一定的职责与权限，以保证经济管理体系能够得以持续不断地巩固、更新与完善。企业管理层主要通过制订经济管理方案、措施以及发展战略规划，对企业的经济管理进行评估，以保证经济管理体系能够符合企业自身的发展。

现代企业实行的是所有权与管理权相分离的制度，企业所有者为了检验企业经济管理的效果，对管理成果进行评估是非常必要的。而企业管理者也必须实时把握反映企业经营水平的诸多指标系统，一方面实现企业的健康平稳发展，另一方面有利于将管理水平反映给企业相关利益人，为他们的决策提供客观的参考。这些指标系统主要包括：产品研发系统、产品生产经营系统、企业经济管理体系更新与创新系统以及企业组织系统等。

21世纪最重要的是人才，企业员工作为企业运行的直接参与者，他们是企业实现可持续发展，提高核心竞争力的原动力。而人力资源也成为现代企业发展的第一资源，一个成功的企业，必然需要对企业的人力资源进行科学的管理，为员工提供成长空间的同时，实际上也是为企业的发展提供成长的空间。企业经济管理体系的构建必须重视对人力资源的管理。

## 二、现代企业的经济管理基本概况

### （一）企业经济管理体系的组织机构协调及其评审

企业的管理者对企业管理的模式和方式组成了企业经济管理体系。企业经济管理体系代表一般由企业的最高管理者指定，并被授予相关的职责和权限，以确保经济管理体系得到完善的建立、实施以及保持。企业的相关管理层则通过制订实时的经济管理方案和经济发展目标，并对经济管理进行评审，确保企业的经济管理体系得到相应的建设。

### （二）企业的内部控制和审核

为了验证企业经济管理的成效，对经济管理进行评审是至关重要的。企业的管理者

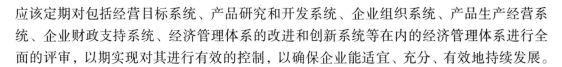
应该定期对包括经营目标系统、产品研究和开发系统、企业组织系统、产品生产经营系统、企业财政支持系统、经济管理体系的改进和创新系统等在内的经济管理体系进行全面的评审，以期实现对其进行有效的控制，以确保企业能适宜、充分、有效地持续发展。

### （三）企业人力资源管理和优化

作为企业运行中的实际操作者，公司员工是企业获取可持续发展、赢得竞争优势的最直接参与者。一个对人力资源进行科学管理和合理开发的企业，必将重视对企业技术员工进行技能培训和经验交流，对相关经济管理工作人员进行能力考核和继续教育。

### （四）企业生产过程的管理和改进

企业最主要的部分是生产过程，要实现现代的企业经济管理，就要对企业的生产过程实施持续的改进。一方面，企业的采购活动一定要符合经济管理的要求。物资的采购不仅要确保质量还要实现利益的最大化，实行招标制度时一定要对招标企业在信用评价、经营状况、运输手段等方面的资质进行严格的审核，交货确认时要注意计量的准确性，以维护正当权益。另一方面，企业的生产一定要有实施方案和预期目标，对生产过程中计划的变更和修改要慎重，并采取相关措施防止出现不科学的生产程序、不合格的产品等。

## 三、加强企业经济管理体系构建的措施

### （一）转变管理理念

管理理念的转变是企业完成体系构建，使事物发展得以顺利进行的重要基础。传统的经济管理理念已经显现出了种种弊端，无法适应社会发展的需要。探讨加强企业经济管理体系的构建，首先要从管理理念入手。这方面，领导干部必须做好带头作用，努力学习，补充经济管理体系构建的相关知识，然后自上而下，使整个企业的经营理念都能够得以更新。除此以外，企业领导还可以考虑将创新意识写入企业文化之中，对在这方面有杰出表现的员工给予精神和物质方面的奖励，让每一位员工都能够懂得创新对于企业的长远发展是多么重要，并且鼓励广大员工结合实际，对工作流程、工作方式进行创新与改进。

### （二）加强企业内部的资源管理

企业的经济效益与成本的投入与产出有直接关系，新经济形势下，成本的组成变得非常复杂，它涉及对企业内部各种资源的管理，这也是构建经济管理体系的非常重要的一个环节。现代企业的资源管理包括了两大方面，即物质资源与人力资源。在物质资源管理方面，企业要加大基础设施的投入，比如办公楼建设、生产设备建设、场地建设以及员工宿舍楼建设等，这些都是企业必须注意的问题；在人力资源管理方面，现代企业人力资源已经成为企业的第一资源，这也是知识经济时代的一个重要标志，企业在这方面的投入主要包括：人员的聘用、选拔、教育、考核等内容，企业在这一过程中，必须

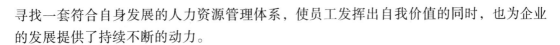

寻找一套符合自身发展的人力资源管理体系，使员工发挥出自我价值的同时，也为企业的发展提供了持续不断的动力。

### （三）制订科学、严谨的经济目标

科学、严谨的经济目标是企业获得经济效益的重要保证。在企业在对经济目标进行周密策划的过程中，必须考虑到潜在的顾客需求，进行科学、严谨的市场调研，知道自身的产品符合哪一个细分市场，这些都是对企业经济目标进行计划时必须考虑的内容。同时，经济目的的实现还有赖于合作双方对彼此经济目标的调整，所以，企业在执行合同的过程中，有必要与合作方展开坦诚的交流，实现双赢。

### （四）利用先进技术，加强微观管理工作

1. 提高数据分析能力

经济管理其实是很抽象的，为了便于观察，将部分指标进行量化，特别是目前以高精尖科技为载体的企业，更是充分利用数据分析这一有力工具，建立了一套科学、系统的数据收集、整理、分析系统，来为经济管理提供数据支持。

2. 加强经济过程的监管工作

加强这一环节工作，有利于及时找出适于企业发展的经济过程，并且采取积极、有效的措施，对其进行筛选与排除。

3. 对计量、核算工具进行定期维护

这一环节能够保证这些工具发挥出其应有的作用，特别是一些财务管理软件，必须定期做好更新与维护，并对数据进行备份，防止丢失与损坏。

## 四、企业经济管理体系创新的必然性和紧迫性

在经济发展过程中，粗放型的经济增长方式在我国还比较普遍，一些企业还存在管理较为落后、内部组织松散、人力资源流动性较大、企业观念落后、企业发展滞后等问题，这些都给企业的经济发展带来了极大的压力。最大限度地减免企业的非必要成本，提高管理效率和经营收益，发展资源节约型和环境友好型企业，促使企业又快又好发展，已经成为我国众多企业的强烈愿望。同时，严峻的经济环境要求企业及时改变经济增长模式，走出一条安全、清洁、环保、可持续发展的经济增长之路。

知识经济时代的全面来临，以及经济全球化的深入发展给企业的发展带来了挑战。知识经济时代对信息化网络化的要求较高，企业必须从管理手段上加大信息技术投入、加快企业的信息传递与反馈速度，从本质上提高企业的经济管理效益才能增加企业的经济效益，获得更大的发展空间。经济全球化的深入则使企业的竞争面更大、竞争者更多，对企业的竞争方法和竞争理念都提出更高的要求。也正是因为全球化的深入，企业与整个社会、政府、其他相关行业等的关系也更加密切，企业只有通过改善经济增长方式、提高产品附加值等方法，才能在世界市场上获得更大的发展空间。

## 五、构建我国企业管理创新体系的基本途径

我国企业要想提高现代化管理水平，提升国际竞争力，必须构建基于中国优秀文化的、符合社会主义市场经济要求的、具有中国特色的企业管理创新体系。

### （一）我国企业管理的创新方向

我国企业管理创新的目标是形成具有当代先进水平的中国特色企业管理模式。分为以下几个部分：

#### 1. 价值导向

以人为本的价值导向是中国古代管理思想的精华，也是现代企业管理发展的最新动向。管理事务的核心在于掌握住人，也就是调节人际关系，管理人的行为，引导人的心理反应，以实现管理目的。因此，未来中国企业管理应以此作为管理活动的价值导向。

#### 2. 经营理念

以柔克刚的经营理念是中国企业面对今后国内外激烈市场竞争所必备的要素。面对国外强大的竞争对手，中国企业需要灵活应对，巧妙利用自身的优势与对手博弈。

#### 3. 管理制度

规范合理的管理制度，是指融"情、理、法"于一体的中国式管理制度。针对中国国情，管理制度应既具备合理性，又带有人情味，还必须规范科学、有约束力。对人的管理应以教育性引导为主，而以规范性、防范性管理为辅。

#### 4. 组织机构

有机弹性的组织机构，是指中国企业未来的组织机构应以有机和弹性为基本特征，具备生命力和伸缩力，强调组织的自我完善和发展。

#### 5. 管理方法手段

系统优化的管理方法手段是指未来的中国企业应采用一切先进的现代管理方法手段，并根据本企业的特点加以选择，进行系统优化，使企业资源的配置更加有效、更加合理。

#### 6. 人际关系

和谐一致的人际关系是指中国企业应努力创造一个和谐愉快、归属感强的企业内环境，树立良好的企业形象，建立优秀的企业文化，使员工真正感受到企业是一个大家庭。

#### 7. 可持续发展

社会经济的可持续发展是当前和未来人们普遍关心的重大问题，而企业的可持续发展是社会经济可持续发展的基础。随着"环境经营"时代的到来，企业的环保工作已经成为企业的竞争力之一。因此加强绿色管理，保护环境应成为我国企业管理创新的重要内容。

## （二）我国企业管理创新体系建设的重点和基本途径

我国企业进行适应社会主义市场经济要求的管理创新的必然途径，是在继承和发扬中华民族优秀的文化传统和管理精髓、学习吸收国外先进管理理念的基础上进行管理变革和创新的。创新的重点是基于中国企业管理创新的特点，汲取国外管理创新的最新成果，进一步巩固和推进现有管理创新成果，对现存管理创新中的薄弱环节进行改进。

1. 积极推进我国企业管理理念的创新

现代经营理念特别表现在由物本管理转向人本管理再转向智本管理；由你死我活的刚性竞争转向竞争与合作并存的柔性竞争；由重视有形资产转向更重视无形资产；由被动适应环境转向主动培养企业的核心竞争能力等。

企业必须不断更新观念，围绕现代经营理念进行创新。同时，进一步学习先进的管理理论，特别是学习外国的现代管理理论，借鉴其他企业的成功经验，包括国外的企业，以利于进行企业管理思想上的创新。

2. 积极推进我国企业的管理组织创新

针对企业组织结构设计和组织创新比较落后，企业组织结构形式选择和设计单一的现状，我国的企业必须加大有关组织创新理论、方法的应用，根据市场需求的特点和生产的要求合理设计管理组织。

3. 积极推进我国企业的管理技术创新

随着企业的发展，市场规模的扩大，一方面企业内部管理日益复杂化，另一方面市场需求的快速变化和竞争形势的变化又要求管理者提高反应速度。要解决这两者间的冲突和矛盾，只有积极引进先进的管理技术，尤其是运用现代信息技术来提高管理的效率和质量。

4. 积极推进业务流程创新

企业管理创新过程中需要根据经营战略，对管理规范和业务流程进行调整和动态更新，使企业从采购、研发、生产、销售、财务，以及后勤保障等各个环节，都建立起合理的规范和工作流程，在整体上适应市场竞争的要求，并通过书面描述予以明确并严格实施，将企业由过去的职能导向型转变为流程导向型。从现在起，对企业的组织建设、员工激励机制、企业管理、企业文化、新产品开发等流程进行再造，从根本上改革我国企业管理上的问题。

5. 积极推进战略创新

当前，由于企业面临国内外经济、技术环境的变化，市场竞争的激烈化和产品普遍的供大于求等新情况，企业仅靠某个方面的小改小革，很难有大的突破和发展。虽然在结合自己的实际情况，学习、借鉴、嫁接、综合运用国外的一些先进的管理理论、技术和方法的过程中，许多企业都开始重视整体管理创新，加强了战略管理、组织结构变革等方面的工作，但在整体管理的信息化、网络化、数字化水平等方面仍需继续提高。

### 6. 重视人力资源管理

当代企业之间的竞争，实质上是人才的竞争。我国加入世贸组织后，国际范围内人才的争夺战正在激烈展开。我国在系统全面的人力资源开发与管理方面的创新还有待提高，企业应该从战略的高度，通过求才、用才、育才、留才，为自己获得高技术的智能工人、精通技术的科学研究开发人才、善于经营管理的高级管理人才和专家型、复合型的知识人才。为做到吸引人才，一定要做到与人才零距离。

### 7. 摒弃完全经验主义，努力建设学习型组织

管理创新不能生搬硬套，要运用科学的理论和方法对自身和他人的经验进行理性思考，找出自身和他人经验中带有规律性的实质内容，然后再结合企业实际和变化的客观世界，有创造性地加以运用，就能够将企业过去成功的经验转化为今天的财富，将他人成功的经验转化为自己的财富。

### 8. 加强我国企业基础管理

可以从企业内部各职能部门中抽调专业人员组成内部控制委员会，这个委员会直接对经理负责，主要责任就是对各职能部门进行监督管理，形成一种相互制约的机制。当然，要取得实效就必须制订有效的奖惩措施。例如实行部门领导责任制，出现问题首先追究领导的责任，再追究当事人的责任，而且要限期整改，并将结果直接报委员会审核，直到认可为止。

### 9. 提升企业文化建设水平，塑造良好企业形象

企业文化被誉为新世纪管理的"第四次革命"，是企业的"灵魂立法"。在历届的管理创新成果中，很多成果都涉及企业文化创新的内容。为了适应新形势发展的需要，我国企业的文化建设应从学习借鉴国外的普遍推广阶段，向建立具有中国特色的企业文化阶段发展。

综上所述，完善的经济管理体系是企业实现可持续发展的重要基础，企业管理者要对经济管理体系有一个清醒的认识，可以从转变管理理念，加强企业内部的资源管理，制订科学、严谨的经济目标，利用先进技术加强微观管理工作等方面入手，积极对企业的经济管理体系进行构建。

创新是一个民族进步的灵魂，是国家兴旺发达的不竭动力。一个没有创新能力的民族，难以屹立于世界先进民族之林。目前我国市场经济建设进入了完善和提高的历史性关键阶段，中国企业在其发展过程中面临管理变革的挑战，而如何构建一个新的合适的管理创新体系是迎接这个挑战的关键。只有建立合适的管理创新体系，把知识与经济密切联系起来，坚持以人为本，注重管理与科学决策，与时俱进，形成新的经济增长点，抓住机遇，才能在国际竞争中占领制高点，立于不败之地。

# 第三节　现代经济背景下企业管理模式创新发展之路

## 一、企业传统管理模式的发展

伴随着企业的出现和发展，人们对企业管理模式问题的研究探讨从未停止过，针对企业自身的情况选择适合企业发展的管理模式，实现企业价值的最大化，也一直是管理科学发展至今的首要研究目标。从中外管理学研究和实践来看，传统的企业管理模式主要是科学管理以及具备严格科层管理制度的官本主义管理模式。

### （一）科学管理模式

制订一个先进的工作标准，以实现工作方法的标准化、工作条件和工作时间的标准化。首先选拔符合要求的工人并加以培训使之掌握标准的工作方法，然后利用经济手段来调动工人的工作积极性，从而提高生产效率。科学管理模式的核心是把人视为主要凭在观感性行动的，并以追求物质需求为前提条件的，此种管理模式符合工业化发展初期人们物质缺乏以及工业化大生产的需要。

### （二）严格科层制管理模式

严格科层制是以企业管理者的行政命令为主导、员工的被动执行为核心，实行严格的层级制管理。此管理模式是以假设人本性厌恶劳动，生来以自我为中心，并且缺乏进取心，宁愿被人指使也希望回避责任，要求安定高于一切为前提的。在科层制管理模式下，组织内部有严格的规定、纪律，并毫无例外地普遍适用。组织内部排除私人感情，成员之间的关系只是工作关系。它严重压抑了员工的能动性、自觉性，忽略了在工作中人的感受，因此必须代之以全新的人本主义管理模式。

## 二、企业经济管理模式

### （一）传统的企业经济管理模式

改革开放之前，我国经历了长期的计划经济体制，对国企改制后的一些企业有着根深蒂固的影响力，特别是在那些社会主义市场经济体制确立较晚，发展较为缓慢的地区的一些企业中仍然存在着传统的企业经济管理模式。这种传统的企业经济管理模式，严重依赖国家的扶持，依靠国家拨付的资金生存，盈亏由国家负担，不仅不能调动企业的

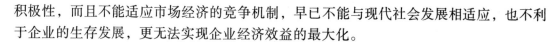

积极性，而且不能适应市场经济的竞争机制，早已不能与现代社会发展相适应，也不利于企业的生存发展，更无法实现企业经济效益的最大化。

### （二）现代的企业经济管理模式

改革开放以来，随着社会主义市场经济体制的逐步自我发展以及经济全球化程度的不断加深，企业的生存和发展面临着前所未有的压力和挑战。企业必须革新经济管理模式，实现财务管理的自主化和现代化，遵循经济和市场发展的规律，建立与市场经济机制和经济全球化趋势相适应的管理模式，这是企业在经济全球化的浪潮中求得生存的关键。

## 三、企业管理模式创新的理论依据

### （一）科学管理理论

科学的管理理论对于企业的管理工作具有一定的指导意义，其明确指出变放任式管理为规范管理，变家长式管理为组织管理。该理论的实现可以建立一套严格的制度和秩序来规范工作人员的行为，提高生产效率。同时泰罗还提出了领导行为理论、群体行为理论和激励理论来鼓舞士气，用培训来增强劳动者技能，用奖惩来提高劳动者工作动能。最后他还指出管理必须走向制度化和规范化，明确劳动者的义务和权利，避免纠缠不清的矛盾。

### （二）人本管理理论

遵循以人为本原则，实施人性化管理手段是人本管理理论的核心。第一，人本管理注重关注工作人员的心理和行为，尊重并且关爱每一个员工，为其营造一个温馨的工作氛围，而且要避免强制性管理，应该通过心理辅导或者诱导解决员工在工作中的问题。第二，人本管理注重员工的个人兴趣和需求，通过其兴趣爱好或者需求的满足来刺激其工作积极性。第三，人本管理注重员工的参与性，在决策方面参考工作人员有建设性的意见，鼓励员工发挥主观能动性，集思广益，助力企业发展。第四，人本管理注重企业内部各阶层人员关系的协调性，强调同事之间、上下级之间都需要一个和谐的、沟通无阻的关系。第五，人本管理注重变客为主，将员工视为企业的主人，这是该理论的最高境界。

## 四、现代经济环境和制度背景的要求

### （一）外部经济环境

首先，以顾客为核心，产品个性化定制的市场竞争模式已成为企业能否持续生存和发展的关键所在。在传统的标准化管理模式下，产品千篇一律，不仅赶不上技术发展造就的竞争速度，也无法满足顾客日益变化的个性化需求。其次，经济全球化已经逐渐成为世界经济发展的模式，由此带来的跨国公司扩张浪潮已成为大型企业的发展趋势。因此，传统的纵向严格科层制管理模式会加大企业的管理成本，降低信息流动速度，使企业陷入低效率的生产模式。因此企业管理模式向减少一般管理人员发展，结构相对扁平而不是高耸，以团队结构取代金字塔式的层级结构，管理模式的设计思路应倾向于顾客或企业的运营过程而不是职能。

### （二）内部制度结构

公司制企业已成为现代企业制度的主流模式。投资主体多元化、产权制度的明晰要求企业管理工作追求综合经济效益，目标不再是经济利益最大化，而是企业价值的最大化，从而要保证各利益相关者的权益。从这个意义上来说，管理模式已经不仅是服从上级的指示，而是整个企业中每一个环节的自觉行为。传统的将员工仅以"经济人"为假设前提来设置的管理模式无法匹配价值管理的目标。企业应当建立全新的人本主义管理模式，即文化管理模式，将由上级控制下属变为以企业文化为导向的下属自我控制来完成目标。

## 五、优化企业经济管理模式的措施

企业的长远发展离不开良好经济管理模式的形成，尤其是在当前市场经济激烈的竞争环境之下，想要比其他企业更具有竞争力和发展优势，必须不断根据市场需求优化自己的经济管理模式。

### （一）健全企业经济管理的组织机构

企业经济管理，归根结底仍然是人对企业这一经济组织实施的管理，而最适合进行企业经济管理的应为企业的最高管理者。作为企业经济的管理者，高层工作人员首先必须熟悉与企业经济发展相关的法律法规和政策，并在企业内部加强组织员工对该法律法规政策的学习和普及。此外，企业也必须加强对高层管理人员的进一步培训，使其能不断了解社会上市场中出现的新情况，并及时制订和调整经济管理的模式。

### （二）制订合理的企业经济目标

诚然，从整体来看企业的经济目标是实现经济效益的最大化，追求最多的利润。在实际制订经济目标的时候，要考虑到企业自身的发展现状和发展方向等因素，收集企业前期的生产经营资料进行综合分析对比，在遵循市场和经济发展规律的前提下为企业"量身裁衣"地制订经济目标。

### （三）高效管理企业资源

企业资源的有限性要求企业必须高效利用资源，以实现企业利润最大化的经济追求。实现资源的高效利用，首先必须合理配置资源，将更多的资源分配到企业的核心生产部门。除此之外，在人力资源方面，应当挑选具备较高经营能力的员工。

### （四）提高管理人员的职业素质

良好的企业经济管理模式离不开高素质的管理人员，因此企业必须挑选具有较高能力和经验的管理人员，并注重培养一支优秀的管理团队，推动企业经济管理模式的优化和完善。此外，在奖惩机制方面，制订合理的考评制度，不断提高员工工作的积极性，发挥员工最大效能，并不断激励员工将自己作为企业的主人，为企业经济目标的实现勤奋工作。

### （五）保持经济管理的持续改进

为使经济管理的作用不断发挥，就要保持经济管理的持续优化和改进。根据每阶段的审核和总结结果，对经济管理模式进行不同程度的调整，并针对企业生产经营不同阶段的特点和市场发展的不同时期，不断对经济管理进行调整，以使经济管理始终保持先进性，能够正确指导企业发展的方向。

## 六、现代企业管理模式的创新之路

### （一）企业创新的内涵和必要性

管理创新，既可以定义为创造一种新的更有效的资源整合模式，也可以是新的具体资源整合及目标制度等方面的细节管理。企业管理创新是在创造和掌握知识的基础上，主动适应外部市场环境，提高企业整体效能的过程。创新是一个民族的灵魂，是兴旺发达的不竭动力。一个企业能否长期立于不败之地，产品、生产和管理模式都要不断地创新，以满足市场日益变化的需要。

### （二）创新管理模式

新型管理模式需要克服传统的刻板的科学管理以及限制个人发展的严格科层制管理模式的束缚，建立起以授权和分权为主要方式的管理模式，并将企业文化贯穿管理流程始终。新型管理模式最大的秘诀是通过培育员工的主人翁意识、危机意识，变员工的被动执行为主动参与，来调动员工的积极性，从而激发出他们用之不竭的工作干劲。

1. 目标管理

目标管理是以"目标"作为组织管理一切活动的出发点，贯穿于一切活动的始终，要求在一切活动开始前确定目标，以目标为导向，以目标的完成程度来进行评价。目标管理把经理人的工作由控制下属变为与下属一起设定目标并且由下属自主完成。这些共同认可的衡量标准，促使被管理的经理人用目标和自我控制来管理，进行自我评估。目标管理的优点在于能提高计划工作的质量，改善组织结构和授权，激励职工去完成任务，使控制活动更有成效。

2. 网络型组织管理

网络型组织管理以自由市场模式组合替代传统的纵向层级组织，公司自身保留关键活动，对其他职能进行资源外取，由一个小的总部协调或代理，这些分立的组织通过电

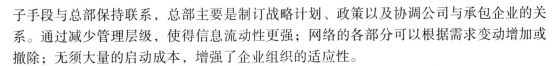

子手段与总部保持联系，总部主要是制订战略计划、政策以及协调公司与承包企业的关系。通过减少管理层级，使得信息流动性更强；网络的各部分可以根据需求变动增加或撤除；无须大量的启动成本，增强了企业组织的适应性。

3. 簇群组织管理

该管理模式的特点是将公司的员工组合成一个个若干人的自我管理型团队，各个团队包括不同专业的人才，他们紧密结合，通过团队全力负责一个业务计划或主理一种产品的生产经营。这是一种新型的横向型组织。自我管理型团队拥有各种技能的员工以及所有所需的资源，并且团队成员有自主决定权。

### （三）提升企业管理水平

将基础管理作为切入点，提升企业管理的总体水平。由于企业并不是一个架空的机构，而是由多个部门以及机构组合而成的。所以想要从根本上提升企业的管理水平，一定要将基础管理作为切入点，这也是提升企业竞争力的一个有效渠道。有一部分中小型企业在组织构架方面比较简单，但是也分别设置了生产和质检以及销售还有财务这些基础性的部门。想要提升企业整体的管理水平，首先要抓好基础性的部门，通过管理生产成本以及质检合格率还有销售分布和费用核对等方面，真正地实施基础管理。

### （四）企业管理理念及制度创新

树立以提高企业生产效率为管理的根本目标的思想观念，注重实践，通过健全的规章制度来进行企业管理，约束员工，而不是用言语训斥或冷处理。明确员工职能，保证分工明晰，保障企业生产有序稳定。利用奖惩制度或者差别工资制度来调动员工的工作积极性。实行刺激性工资制度，将员工的报酬和劳动贡献相结合，以激发员工的劳动热情。管理阶层应该秉持不断学习的精神，乐于接受新知识或者下级的意见，以平常心对待员工，禁止高高在上，远离基层。企业必须做到有制可依以及有制必遵，针对企业来讲，如果制度不立则不存，而制度不行企业将不宁。所以，不管实施哪种管理模式，落实新的制度均十分重要，管理创新属于一个时期的过程，在实施之前以及实施的过程当中，都要制订完善有效的管理制度，并且实施之后不要轻易地改变。在企业当中，企业管理者必须严格要求自己，起到带头的作用，给员工们做榜样，这样可大大减少新制度在实施过程中来自员工的阻力。

### （五）战略管理

由于市场竞争环境不断加剧和变化，并且日益复杂，以及竞争战略理论研究不断深入改革，从而产生了战略管理的理念。企业在确保可持续发展的同时想要不断地扩大规模，应该站在战略的角度，对企业任务和职责以及发展方向等进行规划。战略管理模式主要是指企业高层的管理人员在有条件限制的环境下制定并实施以及评价企业整体竞争战略及战术，让企业可以将自身的优点充分发挥出来，并且牢牢把握住外部的机会，同时巧妙地避开外部带来的威胁，进而实现企业竞争目标的动态的过程。简单地说就是企业合理选择自身能够竞争的经营项目,对于本身的资源进行科学合理的分配,让各项经营的业务能够相互支持与配合,这属于企业高层方面决策的过程。

### (六)倒金字塔管理

以往企业组织大部分是比较经典的正金字塔形,金字塔的最上层为企业的总裁,中间为管理层,底层为从事生产制造以及销售的员工们。目前这种正金字塔形的组织结构已经无法满足时代发展的需求,应转换成倒金字塔组织,这样能够有效减少结构层次,使管理组织朝着网络化以及柔性化的方向发展,通过缩减管理层次,能够有效提升组织效率以及快速应变的能力。

### (七)"以人为本"新管理模式的应用

无论是何种企业和管理学派,都应首先对企业中的人做出基本的价值倾向性判定,然后再确定管理途径和手段。不难总结出,人的因素在管理中是首要因素和本质因素。"以人为本"的管理模式,首先要确立人在管理过程中的主导地位,然后围绕着调动企业人的主动性、积极性和创造性去展开企业的一切管理活动。

"以人为本"的思想是基于对人的假设,从经济人和社会人转变发展起来的,实施此管理模式,企业的管理者就需要在内部制造宽松的环境,促使员工发挥自己的潜能,实现自己的价值,最终达到个体心理目标。"以人为本"的管理模式在企业现实管理中的运用首先要营造一个优良的人的环境。所谓人的环境就是能够不断强调成员在企业组织中的一切活动中的中心地位。"以人为本"的管理模式是在现实的企业环境中进行的,这对营造良好的文化氛围以及调动员工的积极性、主动性都是有帮助的。

### (八)产业转型带动模式创新

产业转型升级有利于经济、社会发展,进行产业转型升级就必须将其与职工培训、再就业结合起来。随着中国局部产业不断主流化,很多企业面临着产业转型,从而形成新的商业模式。产业作为一种企业的战略思想,在战略转移的时候,原有的企业管理模式已经不能够满足新的产业格局和竞争发展需求,这就导致管理模式必须顺应时代,对现行的企业管理模式进行创新和改变。

### (九)经济发展和绿色生态发展相结合的发展管理模式

在全球经济日益发展的情形下,倡导绿色经济已不是什么新鲜事物。但是,经济发展和生态的发展是目前必须考虑的。近几年,无论是我国还是欧美等发达国家和地区都相继出台了很多环境保护措施,也制定了相应的控制政策和法律法规。这和企业是息息相关的。从 20 世纪末开始,在全国乃至全球都引起了绿色经济发展的浪潮。所以,适时在企业内部成立绿色生态保护的相关机制,并将其落实到企业日常的管理当中是一种明智之举。

## 七、关于在新环境下企业管理模式创新的相关建议

### （一）依据企业导向，对企业管理手段进行创新

传统的管理手段强调的是指挥和控制，而在知识经济时代的今天，仅仅是这两项已满足不了日益复杂的管理工作。企业应依据企业导向，不断创新企业管理模式中的管理手段，以充分发挥员工的主动创造性。

### （二）企业管理模式应更加基础化，形成稳固的企业内部管理组织

企业管理的模式化是由基础管理构成的。基础管理包括企业内部基本管理制度的建立、基本流程的规定、基本信息资料的储备等等。只有搞好了基础管理，理顺了内部基本的逻辑，才能保障企业管理模式的稳固。否则，管理创新只会适得其反，使企业更为混乱无序。此外，企业信息化管理是动态管理，每一个阶段都需要抓牢基础，这样才能保证企业在发展中创造出适合自身的管理模式，管理模式的创新才能在企业的逐步发展中有其用武之地。

### （三）以企业文化为根基

通过对模式的创新，不断提升企业管理价值。企业文化的不同，带给企业的价值也是不同的，带给企业的管理价值自然也就有着较大的差异。

面对这种情况，企业可以用SWOT分析法进行分析，来总结出企业较于其他竞争企业存在着哪些优势和劣势，创新企业文化，不断提升企业管理的价值，使企业在面对困难时站得更稳。

## 八、新经济环境下企业管理模式创新的作用

第一，企业不断创新是推动企业持续发展的根本力量。与其说企业管理模式是一个无形的组织，倒不如说企业管理模式就是由众多管理知识叠加而成的一个系统。而这个所谓的系统是为企业量身打造的，不同的管理模式具有不同的管理职能和作用。在企业中，如果没有管理力量的介入，那么资本的力量、技术的力量就会变得非常薄弱。综合来说，企业管理模式的创新凝聚了企业管理的智慧，而管理的力量是推动企业持续发展的根本力量。

第二，企业管理模式创新成果可以运用到企业市场化、规模化带来的复杂的问题。企业的不断发展，带来的是市场规模的扩大。企业在求发展的时候，会产生诸如内部管理工作的日益复杂化、需求的快速变化及竞争形势的变化等一系列的问题。面对这些问题，作为企业管理者不仅要及时作出调整，还要提高企业自身的反应和防御速度。同时要引进先进的管理技术，利用现代化信息技术来提高管理的效率和质量。

第三，形成企业内部管理机制，优化资本在社会范围内的配置。企业管理模式的创新有利于权责的明确，形成科学的企业内部管理体制，有利于促进企业家阶层的形成。公司可以通过这个途径来促进企业明确职责和分工，形成科学有效的内部管理机制。企

业的发展也是通过市场实现的，而市场存在的交易和企业的资源流动是分不开的，随着现代企业管理模式的不断成熟、不断创新，企业已然可以通过市场交易使资源向经济效益好的方向流动，从而达到资本的优化配置。

# 第四节　信息时代企业经济管理创新实践的分析

## 一、简述经济管理理论

### （一）经济管理的含义

经济管理是指企业经营管理者为达到预定的目标，对企业生产经营活动或社会经济活动实施的组织、计划、指挥、协调以及监督等活动。总而言之，经济管理就是企业经营管理者对企业经济活动进行的管理活动。

### （二）经济管理的意义

企业管理活动的开展是以企业的经济管理为基础的。企业经济管理要不断地进行改革创新活动，以指导企业的实践活动，只有这样才能真正意义上实现企业的有效管理。有效的企业经济管理不仅能够明确企业的未来发展方向，还能够推动企业各项规章制度的实行，促使企业员工发挥自身潜能，为企业带来更多的经济价值和无形价值。在企业的发展过程与日常工作中，企业的经济管理也对企业增强市场竞争力起到了重要的指导性作用，既促进了企业经济利润的长期、稳定、持续增长，又维护了企业的日常运行。由此可见，建立一套完善的企业经济管理制度对实现企业经营目标有着重要的影响。

## 二、信息时代下经济管理的新趋势

### （一）经济管理逐步转向精细化与系统化

经济管理的重要工作之一就是收集、分析并处理数据，然后根据现状进行汇总，给出结论。在很长的一个历史阶段里，这一工作都是通过人工手段来进行的。在信息时代，信息和数据的爆炸使得用人工来处理这些数据已经成为不可能的事情，越来越多的经济管理部门开始使用计算机来进行相应的操作。然而使用数据统计软件进行数据汇总与简单分析，显然难以反映出当下经济发展的现状与方向，更难以预测到经济发展的走势。目前各种具有针对性的经济管理后台软件的出现，帮助经济管理者轻松地解决了这一问题。以农业经济管理为例，在一个奶牛场中，每一头奶牛都有自己的条形码，从进入奶牛场到死亡，这一头奶牛每一天的产奶量、身体状况等都可以上传到电脑数据库中，整个奶牛场的数据皆是如此。同时，奶牛场每日的盈亏、生产量出货量都记录在数据库当中，每到一个时间节点，系统会根据数据分析出当时奶牛场的基本情况，为下一阶段的销售作出预测，从而指导生产。比起完全人工的数据录入与分析，计算机系统能够为经济管理提供更为准确的数据，不仅能够对比上个阶段的生产情况，数年之前的数据也能够调出，而经过验证的分析算法比人工推测经营情况也要准确得多。这就是信息时代经济管理转入精细化与系统化的表现之一。

### （二）经济管理更加具有人性化与人本化

在经济管理方面，对于员工的人性化管理是留住优秀员工的关键。对于企业来说，员工是最为宝贵的财富，而某些人才甚至是企业的"顶梁柱"。信息化给经济管理带来的则是能够全面量化的员工评价标准，通过员工工作量、出勤率的严格录入，能够在客观公正的前提下给予员工一个最为公正的评价，使各方都能够感受到公平，避免一些暗箱操作的出现。同时，现代信息的发展也使得对于人员的管理能够更具温情。在诸多的企业当中都会为员工设置工作 QQ 群、微信群等，网络已经成为企业文化的重要平台之一。企业员工工作忙碌，可以经由手机等终端"忙里偷闲"与同事、领导进行沟通与交流，既联络了感情，又能增强团队凝聚力。信息化为经济管理提供的人性化表征就在于此。

### （三）经济管理打破了时间与空间的界限

经济管理是一项时时刻刻都在进行的活动，因为市场总是瞬息万变的，如果错失良机，就会导致企业遭受严重的损失。而目前的信息技术，尤其是移动信息技术，使得经济管理搭载互联网平台实现电子商务，只要具备互联网和终端设备，随时随地都能开展电子商务。目前，用手机和移动平板电脑随时随地进行办公已经不是什么稀奇的事情了。诸多企业使用的以 ERP 为主导的企业信息系统、用于企业之间信息化管理的 SCM 都需要接入互联网进行使用，而在移动互联网运用日益优化的当下，只要拥有网络设备，进行好安全防护，便可以实时进行经济管理信息的查阅。而使用手机应用，则可以轻松地借助相应的客户端完成转账、购入、卖出等交易手段，使得经济管理者能够在第一时间掌握商海动态，进行各项经济管理。

科学技术是第一生产力，目前信息化的发展为经济管理带来巨大的转变，这种转变使得经济管理更加科学化、人性化，提升了管理活动的即时性。企业在信息化的背景下，首先要接受信息化为经济管理带来的改变，同时从自身制度层面和信息技术提升层面实现管理方面的转变，全面拥抱信息时代。随着科学技术的进一步发展，更多的科学技术将会应用到经济管理中来，进一步提升了经济管理的水平与效益。

## 三、企业经济管理的创新实践策略

### （一）创建经济管理的创新氛围，实现理念创新

在实际工作中，企业要对经营模式和市场竞争方式进行创新，放大企业生产、经营优势，提高企业的市场竞争力。企业应该根据发展进程的不同阶段，使用不同比重的危机管理模式，以保证与企业发展的同步。

## （二）建立健全经济管理制度，实现制度创新

企业内部的各项规章制度不仅规范了员工的行为，也是企业开展各项工作的指引。企业规章制度的创新实现了企业资源的优化配置，也促进了企业产品的创新优化。在经济管理创新的新形势下，创新策略需要企业员工全员参加，使制度的创新更加柔性化、人性化。

## （三）实施全面经济管理监督，强化内控

企业必须坚持内部控制制度，对企业经济管理进行全面监督。如果只依靠财务审计对企业进行调控，那么其工作范围就会存在一定局限性，要确保企业的发展监测符合企业发展目标，就必须建立完善的内部控制体系。在具体工作中，企业要实行规划企业的生产范围、设置预算管理机构和奖惩机制、强化内控等措施，以推动财务管理的开展，有助于经济管理的全面化、多元化。

# 四、信息时代背景下企业经济管理创新

## （一）利用信息化经济管理手段

可充分利用 ERP 系统来进行经济管理，在管理的过程中主要从项目范围、客户满意度、项目质量、项目成本、项目进度这五个方面来考虑。在具体措施上可以从以下几个方面入手：首先是在具体操作过程中要严格按照管理的程序规范开展各个工作环节，比如在签订合同的时候必须提前详细了解双方的各项信息，详细审核合同的各个细节并进行实际考察，全面、准确地记录合同双方的相关信息、签订人员、合同内容等；在签订合同以后要考核产品的测试结果是否与客户的需求相符合，如果合同项目存在变更，则要及时向相关责任人反映，对存在争议的地方要进行交涉；在项目交付的时间管理上必须根据项目进度、计划来执行。可以通过 ERP 系统测量分析项目的进度，并充分与项目实施的具体情况相结合进行分析，提高对项目相关情况的判断能力。

在项目质量的管理方面主要是注意静态数据的质量、项目实施方案的质量、项目测试案例的质量等方面，可通过 ERP 系统进行检查分析。管理人员必须加强对项目管理相关知识的了解掌握，正确认识管理中的各项概念，比如在实施成本管理过程中需要认识到一致成本和非一致成本的差别，并采取相应的管理措施。管理人员可充分结合以往的管理方式与 ERP 系统进行对比分析，及时收集项目参与者的意见进行整理和对比分析，充分利用财务信息，做好成本的预算和管理，从而提高管理水平。管理人员需要提高对客户满意度的重视，并通过加强对客户的跟进和调查，了解客户的满意度情况，注重细节工作的处理，尤其是要做好售后服务，提高服务质量，促进企业间的合作关系，在此过程中促使企业获得更多的客户来源，提高企业的品牌形象和企业市场竞争力，促进企业的长远发展。

## （二）完善企业内部机制

### 1. 建立和完善综合性的技术基础机构

环境基础机构和人力基础机构等为了促进企业知识的开发和利用，CKO需要根据高层管理组织团队来制订一系列的激励机制；为了提高企业的经济增长，需要依靠CKO来分析和管理知识，创造出更多的知识产品，为企业的发展和进步服务，创造更多的企业效益和综合价值。

### 2. 建立知识共享、生产、传播和运用等于一体的激励机制

要想促使企业快速发展，需要借助员工脑海中所存储的信息和技术力量。依靠合理的方式来激发员工的工作积极性，通过建立有效的激励机制，让员工脑海中的知识和力量发挥出来，而不是通过强制性的手段来"逼迫"员工将知识透露出来，使其真正地将自身的知识水平跟自己在企业中所处的地位和待遇联系起来，体现出自身的价值和水平。

## （三）加强内部管控

提高经济管理内部控制的监管力度是保证企业资金得以顺利运用的重要环节，是提高企业经济效益的关键之举。因此，企业领导者一定要加大监管力度，设立单独的资金监督部门，定期派人对资金的使用情况进行盘查，避免管理漏洞。另外，企业还要结合资金管理内部控制制度健全和完善资金监督体系，制定科学的监管规范，对企业会计人员进行严格监督，减少资金不规范使用的情况，从而提升企业的资金管理能力。另外，企业应完善经济管理内部控制制度，并严格按照规范执行，细化内部工作细则，明确权责并确保有效落实。在此基础上，制度的建立还要保证与企业实际情况相结合，完善内部的框架体系，使制度体现企业的特点，从而提高企业的管理效率，保证经济效益。

随着我国改革开放的不断深入，国内外交易日益频繁，企业面临着越来越激烈的市场竞争。企业的经营管理者必须运用创新理念对企业经济管理进行创新、改革，优化经济管理策略，实现企业经济管理的现代化、信息化，推动我国经济的持续、健康发展。

# 第三章 互联网背景下企业经济管理模式的创新

## 第一节 互联网时代改变企业经济管理模式

### 一、互联网时代的特征

#### （一）"互联网+"的时代特征

"互联网+"用互联网思维让传统产业旧的模式焕发新的生机，创造出互联网生态圈，呈现出与众不同的新特征。

1. "互联网+"的融合与创新

"互联网+"传统产业不是简单地相加而是融合。"互联网+"对传统产业不是颠覆和替代，也不是单纯地构建互联网平台，而是突出强调互联网和传统产业的深度融合，使传统产业借助互联网，解决原有业务中的信息不对称问题，实现效率重建。随着互联网技术的发展和普及，互联网产业将触角伸向各个经济领域，如制造、金融、物流等，从而实现产业融合。基于技术融合的互联网与实体经济融合，将不同产业的交叉资源进行信息化、数据化处理，开辟产业合作的新途径，可以有效整合资源，提高资源利用率，降低企业业务门槛，模糊传统产业边界，推动企业平台化、跨界化发展。

"互联网+"不仅是一种技术手段，还是一种经济形态，其推动了知识社会以"协同创新、开放创新、大众创新、用户创新"为特点的新一轮创新，也引领了创新驱动发展的"新常态"。"互联网 +"在一定程度上打破了地域、组织、技术的界限，促进了创新成果和前沿技术的及时转化，加强了创新资源的合作与共享，构建起更具活力的创新体系。传统产业长期积累形成的人力、技术、资本、管理等各种资源是"互联网 +"传统产业发展模式的潜在优势，要把这种潜在优势转化为现实竞争力，就必须按照互联网经济的要求进行生产和产品的设计创新，变革企业的生产方式、组织结构以及经营理念，运用好互联网、大数据提供的供求信息，建立一整套反馈机制，用互联网思维自我革命，推动产业转型升级。

### 2. "互联网 +"的开放与重塑

"互联网 +"向社会开放企业能力与服务。在互联网平台上，企业可以向产业链或社会开放自己的数据。过去，各行各业的能力与资源基本固化封锁在企业内部。现在，电商促进企业向消费者开放，互联网社区也促进企业向消费者开放。随着资本风投、股权激励，企业的治理结构、人才也会社会化，整个社会的企业就如同虚拟的互联网一样联结在一起。"互联网 +"用开放的思维重构商业模式和生产模式，各行各业可以结合自己的业务优势，通过"1+1 > 2"的跨界创新，创造出新的产品、新的服务、新的盈利模式、大家共享"互联网 +"红利。如"互联网 +"传统交通业诞生的滴滴打车，大大提升了乘客和司机的对接效率，既有效提高了车辆利用率，也有效促进了节能减排；"互联网 +"传统医疗业实行网上挂号和医疗信息共享，既为人们求医问药节省了大量宝贵时间、又让更多患者享受到快捷便利的就医体验。

"+"就是跨界，就是重塑融合。信息技术革命、经济全球化打破了原有的经济结构、社会结构、文化结构、地缘结构，在互联网上形成了越来越多的共同利益相关者，他们组成不同的群体，构造起新的学习生态、商业生态和生活生态。"互联网 +"渗透进各行各业，改变着传统产业，也在重新塑造人们的衣食住行以及生活习惯，如"互联网 +"金融，支付宝、百度钱包、微信钱包等第三方支付工具，使得金融交易可以随时随地发生；"互联网 +"教育进入个性化、自主性、互动性的教育模式中，将知识的线上共享功能进一步扩大；"互联网 +"家居，通过智能手机、智能手表、平板电脑甚至智能电视控制家中的智能家居系统，人们的生活质量以及生活品位得以提升。

### 3. "互联网 +"的直通与廉洁

"互联网 +"时代，各类中介机构、中间环节、代理机构面临很大的挑战，除非他们能演变成平台型企业，否则会受到很大冲击。因为互联网压扁了流通渠道，厂家可以直通最终客户，让客户参与进来。由于企业直接与最终客户打交道，对中间环节构成压力。虽然企业不可能把所有的产品都通过电子商务去售卖，在销售环节可能还会使用中介机构，但是企业的市场控制力会大幅提高。

"互联网 +"还改变了市场上的信息不对称状况，一旦某个客户在互联网上发出声音，就会迅速传播到全国乃至世界各地，形成巨大的社会压力。企业对客户不得不有敬畏之心，消费者开始有了越来越多的选择权和话语权，商业环境日趋公平公正。"互联网+"也迫使很多权力部门改变工作方式。人们与各类机构打交道时，可以通过互联网预约，很多事情可以在网上办理，包括网上申请、网上缴费、网上审核等，这样就大大减少了权力寻租的机会，使整个社会的廉洁水平不断提高。同时，互联网作为监督约束的一个有效工具，可以方便人们举报一些不法分子的行为。所以，"互联网+"对规范市场秩序有很大帮助，必将加速中国经济社会转型。

### （二）"互联网+"的时代意义

"互联网+"战略是中国经济新常态下抢占竞争制高点，是引领企业创新、驱动产业转型、推动众创时代到来的重要引擎。

#### 1. "互联网+"拓展国家竞争新内涵

在全球新一轮科技革命和产业变革中，互联网特别是移动互联网成为各行各业发展的新干线。以互联网为平台，信息技术与工业、新材料、新能源等领域的技术交叉融合，一方面催生新兴产业快速发展，另一方面通过与传统产业的融合渗透，助推传统产业转型升级，使国家间的竞争不再局限于传统产业，都在谋求抢占竞争制高点、强化新优势，以"互联网+"工业为例，部署新战略，落实新举措。

#### 2. "互联网+"打造创新驱动新引擎

"互联网+"促进思维模式创新。互联网思维的突出特点是自由、平等、开放、免费、创新、共赢。随着互联网思维的不断扩散渗透，消费者逐渐形成便捷化、个性化、免费化的消费需求，这就促使企业经营者必须转变传统思维模式，对产品的生产、流通以及销售流程重新进行架构，以适应消费者这种新的消费习惯，从容应对互联网经济浪潮的冲击。"互联网+"促进生产方式创新。随着大数据、云计算的广泛应用，使区域内企业横向互联、上下游企业纵向互联、生产者与消费者直接互联常态化，供给端与需求端数据搜集、统计、整理和分析实时化。企业可以通过客户的反馈信息改进设计，实现生产的柔性化、个性化与智能化，根据用户意见进行订单式生产，从而摆脱产能过剩的困局，高效利用原材料和资金。比如，淘宝品牌商就是利用消费者的点击、收藏、购物车和评论数据，精准分析客户消费偏好和销售数据，再实时传递给工厂，工厂再根据销售和库存情况进行物料和产能调整，从销售相关数据中找出潜力畅销款，实现最优化高效生产。在生产技术上，伴随着电子信息、互联网、新材料、新能源、工业机器人、3D打印等技术的加速推进，不同生产环节分工会进一步细化和专业化，促使生产者不断改进生产技术以淘汰落后产能。未来工业生产的发展方向是以"智能制造"为核心的工业4.0革命，"互联网+"促进驱动模式创新。随着互联网平台的加速发展，大数据、物联网、云计算等新技术不断融入传统产业，出现了互联网电商、互联网金融、互联网物流、互联网教育和互联网医疗等新业态，并倒逼服务业、传统制造业甚至农业投入创新升级的浪潮中。比如，大量农民加入农产品电子商务产业链的方式是直接在网上开店，或者成为电商供应商，从而形成农产品新型流通模式，成为传统行业互联网化的典型案例。"互联网+"通过网络化、平台化、信息化、智能化和扁平化，促使传统产业从要

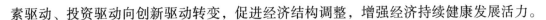

素驱动、投资驱动向创新驱动转变，促进经济结构调整，增强经济持续健康发展活力。

3. "互联网+"推动众创时代到来

互联网是大众创业、万众创新的新工具。只要"一机在手""人在线上"，实现"电脑+人脑"的融合，就可以通过"创客""众号""众包"等方式获取大量知识信息，对接众多创业投资，引爆无限创意创造。在"大众创业、万众创新"的政策导向下，一批受过良好专业教育的创业者不满足于安逸的工作，以互联网思维推进个性化创新，孵化出一批高估值的新创互联网企业。以创客为代表的创业者们促进了中关村创业大街、创新工场等创新服务平台的兴起，这些创新服务平台聚集了资金、人才、科研、网络、数据等知识要素和创新要素，营造出良好的创业生态，反过来又推动相关体制机制创新，促进人们多方式、多渠道就业，助力实体经济发展。"互联网+"真正把创业的广度扩展到了所有行业，随着互联网和各行各业进一步深度融合发展，最终所有的行业都可以统称为"互联网+"行业。

## 二、"互联网+"时代会计行业的发展趋势

"互联网+"促进了会计服务模式的不断变化，会计业务在转型的过程中受到"互联网+"发展的很大影响，不客气地说，现行会计服务模式甚至可以被逆转。当我国传统的会计行业遇上了具有鲜活力现代信息化"互联网+"技术时，会计行业将会有更好的发展。

### （一）"互联网+"提供个性化的会计服务

是谁使用会计报表呢？是股东。但除了股东外，公司客户、产品供应者、债权人和其他经济往来者也都是报表的使用者，投资者对会计的需求与债权人和供应商的会计需求是不同的。但是，在以前传统的会计阶段，根据会计准则只提供一种类型的会计报表，这无法满足不同使用者的需求，此外，无论是外部使用者还是内部使用者，他们并不是很懂会计知识，有的领导层人物又不好意思向下属咨询，那么他们的报表有什么意义呢？在这个阶段，财务报表简化政策正在慢慢进行，原来的报表准则对非专业的会计使用者来说，不太容易看懂，这就促进了多样化的会计服务的发展。

### （二）"互联网+"推进会计服务模式转型

传统的会计仅仅是财务会计，其主要工作是做账、编制报表等简单的工作。现阶段，管理方向的会计越来越受欢迎，就连财政部也在推行管理方向的会计，虽然已经取得了一些效果，但仍需进一步努力深化实施这个政策。现在会计从业者大多数还是简单的财务会计，而不是管理型会计。要实现低端财务人员到高端人才的成功转型，首先，就是会计人员要超越本位，不能一直停留在财务岗，而应该与公司发展需求相结合。例如公司战略会计，就是根据公司经营发展的大方向目标来进行合理配置资源。其次，要与公司生产经营和管理实施相结合。最后，管理会计不能仅对公司内部的管理层服务，也要根据企业的发展制订可行的财务方针。

### （三）"互联网+"提高会计服务的及时性

传统的会计处理相对来说比较落后，但现在可以通过互联网来提高效率。传统的会计处理方法是，母公司根据子公司编制好的报表进行报表的合并。由于"互联网+"的发展，现在不用那么麻烦了，母公司可以与子公司同时在网上编制报表。此外，互联网可以实时收集财务数据并共享财务数据。

### （四）"互联网+"促进会计服务平台建设

大型企业和中型企业财务管理的发展方向，是建立财务信息共享的服务平台。建立平台的原因是财务信息用户能随时随地查询所需要的信息，如果没有这个平台，财务信息就很难为企业生产提供及时的服务。例如，一种产品在加工成为半成品时想出售掉，如果没有财务数据共享平台为其提供成本信息，则难以确定出售价格。其实，财务共享服务平台就是一个最基础的平台。

### （五）"互联网+"促使财务分析大数据化

近年来，由于互联网技术的不断发展，财务数据有了不一样的发展态势，而且呈现出一天比一天复杂的趋势。大数据已经引起了全球各界的普遍关注，有商界、学术界还有政府部门。同样，随着互联网的发展，财务大数据也形成了。内部管理者和外部利益攸关者成了公司财务分析信息的使用者，但两类使用者之间获得财务分析数据的方式不一样。公司外部的人只能通过公司披露的信息进行财务了解分析，内部经营者则是根据其公司内部会计数据进行的财务分析。互联网时代的到来对会计产生了巨大深远的影响。

自19世纪90年代以来，随着计算机的发展和互联网的出现和广泛应用，使用者可以通过互联网了解财务信息。在现实生活中，就像公司通过证券交易所网站、企业创建的官方网站，以及财务信息官网披露财务信息，除了这些，公司还通过微博、视频等方式发布相关信息。除了公司自己发布的信息之外，其他互联网用户还会发布关于公司的信息，以及信息用户通过互联网可以找到公司相关的行业数据，公司经营状态以及人们对公司的评价等方面的信息。因此，互联网时代的到来使财务分析数据的来源和形式多种多样。

财务分析只能基于公司内部的准确数据进行分析，要是没有互联网，就不能获取到外部的数据信息。目前的财务分析和管理会计能够简单而全面获取内部和外部数据，是因为利用互联网很容易收集到各行业、竞争对手，甚至政府以及国际市场上的数据，这样作出的决策就会比较精确。

### （六）"互联网+"提高会计的智能化水平

互联网是必须在智能领域推进的一个步骤。因为没有网络的时代是非常落后的时代，IBM在国外的知识比赛中，一直是第一。人的思维是无法与智能系统竞争的，因为它覆盖了整个互联网数据，每个答案平均需要三秒，这样的速度又有哪个人可以做到？

IBM 仍在向更高端的智能化发展。会计软件也需要智能，那么软件的智能是什么？这是进行深度学习的机器，以大量数据为基础，汇总找规律，然后再慢慢改进优缺点。智能化将取代标准化的重复性工作。

### （七）"互联网 +"改善会计服务资源配置

在"互联网 +"的发展下，社会生产效率得到提高，社会资源也得到合理配置。这促使人们的日常生活节奏发生了不小的变化，生活方式也随之发生变化，在这种情况下，会计服务业价值也得到进一步的提升。在"互联网 +"发展时代，将处理一系列与会计服务资源闲置有关的问题，会计服务资源会得到合理配置。所有财务会计事项将由会计人员在会计网络平台上处理。会计服务资源供过于求和中国需求缺口问题将得到改善。

## 三、"互联网 +"环境下财务会计受到的影响

### （一）"互联网 +"环境下财务会计受到的积极影响

"互联网 +"为会计行业的快速发展提供了多种途径。通过建立网络金融中心和财务软件的创新设计，使企业的资金流向公开、透明，直观地反映企业的经营状况。企业的管理人员通过远程控制，实现了对子公司和部门资金的出处和流动的统一管理，实现会计的利润率，并实现财务管理的网络化在网络环境中与分散在各地区的部门互相联系，加工并处理财务数据来满足管理人员的需要。

随着企业规模的扩大，随着跨国企业和地区经营的广泛运营，互联网和财务平台发挥的作用日益扩大，网络会计技术将企业管理转换成阶段性转换的方式。这样，企业可以进一步强化会计信息能力，报告书透明度会逐渐增强。企业可以通过网络直接获得大量的数据和信息资源，并通过优化财务流程，使会计部门提供更确切的财务报表，协助相关人员作出决策。在互联网飞速发展之后，会计处理信息的时间越来越多，运算过程简化、透明，使得财务计算规则化、程序化，财务监督是科学的、正确的。在云计算、数据等信息技术背景下，会计从业者发挥管理职能，进行数据库设计行业的会计数据交换，反馈必要的信息，交易和决策都可以实现绿色化统一。从经济效益角度和时间成本角度观察，"互联网 +"改变了会计报表的传递方式，使得财务信息的传递更加顺畅，且具有成本效益。

### （二）"互联网 +"环境下财务会计面临的挑战

"互联网 +"环境下财务会计面临的挑战将会是经济转型的挑战。随着"互联网 +"和大数据时代的到来，会计人员要应对不断发生的变化。"互联网 +"的迅速发展正在风靡全球。各行业多多少少都会受到其影响。当然，会计行业也会受到很大的影响，因为财务部门在公司发展中具有举足轻重的地位。虽然互联网给会计行业带来诸多的便利和帮助，但是就当前互联网在会计行业的发展状况来看，其还仍然处于起步阶段，应用还不算成熟，因此还要付出诸多的努力。

## 四、LJ 科技线上线下渠道整合模式

### （一）LJ 渠道整合的必要性和可行性

LJ 的渠道冲突导致渠道效率下降，渠道所有参与成员的利益受损，基于家居行业的特点，LJ 重新审视和调整目前运行的传统电商 B2C 模式的紧迫性和必要性是不言而喻的，而更加贴合 LJ 行业和产品特征的 O2O 模式，一定会成为 LJ 渠道整合的可行之路，也是必由之路。

1. 发展传统电商的困局

（1）传统电商 B2C 的局限性

随着近几年电子商务的高速发展，大批的网络消费者的消费行为越来越成熟与理性，而传统纯电商 B2C 所暴露的问题和不足也逐渐显现出来，阻碍和影响着电子商务的良性发展。质量和售后服务是网络消费者最担心的两个问题。线上商家为了增强商品的感官效果和说服力，通过摄影、灯光、制图以及夸张的文字等手段，使消费者享受到超越现实的网络体验，由于网络消费者不能如实体店消费那样见到实物商品，所以当把东西真正拿到手时，经常会感到名不副实。

从目前来看，优惠的价格依然是人们选择网上消费的主要动因，对于价值较低和购买频次较高的商品，人们愿意在一定程度上牺牲对真实体验和有效售后的需求，去追求价格的优惠。而对于高价值的商品，传统的 B2C 电商模式不能满足消费者对体验的真实性和优质售后服务的要求时，他们就会转而到线下实体店去了解和消费。

（2）LJ 发展传统电商的制约因素

首先，LJ 的寝具产品由于其科技性和功能性强，属于中高档耐用消费品，主销床垫的价格都在几万元左右。它不同于服装、服饰、日用品等低价值易耗品，一旦购买，少则使用几年，多则十几年的使用周期，使得消费者在消费时会异常地谨慎，这也使得 LJ 的传统电商之路不但引发渠道冲突，而且电商本身也是举步维艰。

其次，伴随着人们生活水平的提高，对个性化的需求越来越强烈。消费者对床垫产品的规格，包括尺寸大小、厚度的要求，还有色彩和款式是否与床架和卧室风格搭配，以及对 LJ 床垫较为复杂的功能特色的了解，都不是单纯的线上服务能够解决的，还有纯电商的物流系统面对 LJ 大件床垫产品的体积大、重量沉、物流成本高等问题，更重要的是，由于纯网购的局限性产生的消费体验感偏差，一旦发生退换货问题，它不同于体积轻巧的小件产品，其操作难度和费用是可想而知的。

最后不得不提的是，LJ 床垫是分区组合型产品，而且有的产品分冬夏两季使用，是需要送货上门和安装等售后服务的。纯电商由于地域的问题，只能通过网络指导和用户靠说明书安装，很容易装错，而使用户利益和公司形象受损。综合以上因素进行分析，原先在日用品、书籍和服装行业运行良好的传统电商的 B2C 模式，直接套用在家居寝具产品上是不合时宜的，LJ 要想跟上互联网经济的大潮，还需探索适合自身企业和行业特点的渠道模式。

### 2. 渠道整合的必由之路 —— O2O 模式

O2O，就是线上线下电子商务模式，是继B2B、B2C、C2C之后的全新电子商务模式，指的是把线上消费者带到线下实体商店中去，消费者采用线上支付方式购买线下的商品或服务，然后再去线下体验商品和享受服务。O2O模式的特色是把信息流和资金流放到线上，把商流和物流放到线下。通过O2O线上线下一体化平台，消费者可以在线上搜索商品和服务的信息，挑选并支付购买所需的商品，并且获得比线下更优惠的价格，同时在线下实体店的配合下、可以享受到放心的实物体验与售后服务，规避诚信风险和提升物流配送的能力；商家可以充分利用互联网无边界的特点，扩大宣传范围，提升集客能力；导流更多的消费者去线下实体店消费，并且能够极大地提升对消费者的服务效果，同时降低线下实体门店对店面位置等高成本因素的依赖，降低线下运营成本。O2O模式特别适合于餐饮、家居、旅行以及各类生活服务行业。

从营销渠道整合的基础理论来讲，O2O模式也特别符合交易成本理论、资源基础理论和关系营销理论的要求。O2O模式的出现使LJ科技既可以发挥网络优势，吸引线上客户，又能通过线下实体店的体验和服务保证客户的消费质量，定然成为LJ科技解决渠道冲突、实施渠道高效整合的必由之路。

### 3. LJ 实施 O2O 模式的优势

第一，强大的筛选功能，节约客户时间成本。客户线上浏览LJ产品，足不出户就可以尽览无遗，而且可以和相关同类产品做对比，省去了传统线下疲劳战式地走街串巷。

第二，互联网是最经济的传播媒介。LJ产品可以在网店中最大限度地进行展示，它没有实体店的面积限制，极大地发挥了网络经济的效益。

第三，在O2O模式下，LJ线下的体验店由于无须承担主要的集客功能，所以可以把体验店开到相对偏僻但交通便利的区域，可以有效地降低线下的门店成本。

第四，运用O2O模式，LJ总部可以直接采用线上销售结合线下体验的模式，这样总部和经销商可以同时面对终端客户，更有利于及时了解和满足客户个性化的需求。

## （二）LJ科技O2O模式的选择

O2O这种新型的线上线下相结合的渠道模式，其具体的实施形式因企业而异，不同规模、不同行业、不同特点的企业需采用不同的运作模式，一般有以下几种模式可供选择：

### 1. 官方商城 + 专卖店模式

此模式适合大型的品牌制造商，此类公司品牌知名度高、财力雄厚、线下拥有广覆盖、高密度的品牌专卖店，有实力建设功能强大的官方商城。这样的企业具有在线下多年经营传统专卖店的强大实力，O2O模式的导入使企业的渠道模式如虎添翼，凭借强大的线下实力，线上客户和线下客户同享线下的配送、安装及售后等服务。这种模式的消费流程如下：官方商城发布商品和促销信息—客户线上浏览筛选商品—客户线上下单（或先去专卖店体验再下单）并支付—官方商城与线下专卖店沟通订单内容和款项分配—

线下专卖店安排配送安装和售后服务—客户返回线上官方商城评价。采用此种模式的企业重点解决线上官方商城与线下专卖店之间的产品定价和利益分配等问题。

2. 官方商城 + 体验店模式

此模式适合中小型企业，此类企业实力有限、资金不足，介于旺铺租金的压力，难以在黄金地段开设足够多的专卖店。这样的企业可以发挥O2O模式的优势，线上的官方商城承担主要的集客作用，而线下原有的专卖店可以弱化集客功能，向线下体验店转化，体验店的选址也就无须依赖黄金地段，并且由于线上无边界产品展示的支持，面积也可以小一些。同时线下体验店可以依靠原来的配送、安装和售后人员来实现线下服务。此模式的应用流程如下：官方商城发布商品和促销信息—客户线上浏览筛选商品并初步确定购买意向—客户到线下体验店体验商品并确定最终购买意向—客户线上下单并支付—线上官方商城安排线下体验店配送安装等工作—客户返回官方商城评价。采用此种模式的企业重点应放在更优惠的价格和提升知名度上来，体验店的位置调整和面积缩小后，节约的租金可以让利于客户，有价格优势，即使位置偏一些，客户也愿意来体验和消费。中小企业的品牌知名度低，他们可以和高德地图、百度地图等导航系统合作，以便于客户更容易找到体验店。

3. 第三方平台 + 专卖店模式

此种模式适合小微型企业，它们的实力更弱，没有能力建立自己的官方商城，线下专卖店的数量少，覆盖范围小。此类企业可以借用成熟的第三方平台，如天猫、京东、美团等，来实现自身的O2O改造。此模式的应用流程如下：企业在第三方平台发布商品和促销信息—客户线上下单（或先到专卖店体验再下单）并支付—第三方平台向客户发放数字凭证，如验证码等—客户凭数字凭证到线下专卖店体验—专卖店负责配送安装及提供售后—客户返回第三方线上平台评价。此种模式的核心是企业提高产品的性价比。

综合以上三种O2O模式，结合LJ的规模和特点，LJ科技最适合的是第二种模式无疑，即官方商城 + 体验店模式。

## （三）基于 4P 理论的 O2O 实施策略

1. O2O 下的渠道策略

（1）线上渠道的调整和优化

LJ原有的线上渠道是公司直营的第三方平台的天猫旗舰店与中间商经营的天猫专卖店的格局；另外，还有线下加盟商未经公司允许、私自开设的淘宝店。为了LJ渠道O2O的改造成功要做到以下几点：

①严格按照特许合同的规定，坚决要求加盟商关掉私开的淘宝店。如不服从，将暂停此类加盟商的供货权，以确保执行的效果。

②LJ线上中间商数量少，且都是短期合同，随着合同的陆续到期，取消线上中间商的天猫专卖店，可以帮助他们在即将建设的LJ官方商城预留端口，同时开设线下体验店，以实现O2O模式的改造。

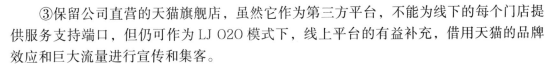

③保留公司直营的天猫旗舰店，虽然它作为第三方平台，不能为线下的每个门店提供服务支持端口，但仍可作为 LJ O2O 模式下，线上平台的有益补充，借用天猫的品牌效应和巨大流量进行宣传和集客。

④借鉴曲美家具的模式，建立自主的 LJ 官方商城，运用官方商城可以为线下所有的加盟店和直营店接通端口的优势，来构建 LJ O2O 模式强大的线上核心平台。互联网时代，"非互动，不营销"。随着移动互联技术的迅猛发展，社交媒体的交互式、互动式营销越来越重要，LJ 已经建立了微信的官方商城，利用微商城也可开放端口、连接线下所有实体店的优势，辅助互联网官方商城、强化 O2O 的线上平台功能。

（2）线下渠道的调整和优化

LJ 由于寝具产品所具有的健康和养生功能特征，本身就需要很强的产品体验功能，再加之又是耐用消费品，销售量少且单件金额大，门店位置并不是核心盈利要素，因此很多门店的位置本身就比较偏，房租成本也不高。对于此类门店，很容易就直接转化为 O2O 的线下体验店。对于 LJ 少数处于黄金地段的加盟店和直营店，它们是起品牌拉升效应的线下旗舰店，主要分布在居然之家等知名家居卖场内和街边的黄金地段；而由于 O2O 模式的需要，这些门店要调整到租金相对实惠的非黄金地段，并可以适当减少门店面积，但需要交通比较便利。这项工作已经在 LJ 全面展开，高端家居卖场内的门店已经全部撤出。

### 2. O2O 下的产品策略

（1）瞄准线上平台，打造年轻化品牌

LJ 的产品构成目前主要是适合线下实体店销售的以寝具产品为主、以空气净化产品和水处理产品为辅的架构。产品用料考究、功能全面、成本和价格也高，属于中高档耐用消费品，目标市场是 40～60 岁的中年中产阶级以上的客户群。借鉴喜临门的 O2O 产品策略，LJ 也需要瞄准线上开发适合于线上销售的产品线系列。线上的目标客户以 80 后或 90 后的青年和青少年为主，因此产品应具备青春活力的韵味，成本和价格要低，功能不必全面，但要聚焦，计划开发两款床垫系列，一是适合新人的婚庆系列床垫，其特点是面料生态环保，并能释放负离子净化卧室空气，适合于新人新居的环保健康之需；二是开发专供学生的护脊床垫，关爱青少年的健康成长；同时设计 LJ 网上卡通形象"嘉嘉"来活跃以青少年为主的线上目标市场。

（2）实施线上线下同产品策略

为保证 O2O 模式的长远发展，LJ 原有的线下渠道主销产品要全部上线、运用网络无局限的空间优势，全面展示 LJ 产品，强化从线上向线下的引流作用；LJ 线下的实体店也要展示 LJ 线上主推的青少年产品，以实现线下引导线上消费的 O2O 互动效应。线上产品的全面展示可以弥补线下实体店展示面积不足的问题，而线下实体店一是通过实物展示，二是运用移动互联终端设备，通过二维码与线上链接的补充展示相结合、全面实现线上线下产品的全面一致化展示。

3. O2O 下的价格策略

（1）统一产品定价，融合线上线下

LJ 作为传统企业，布局 O2O 模式，线上线下价格不统一是很大的障碍，也是线上线下渠道冲突的主要原因之一。

（2）加盟商暴利差价观念的转变

随着互联网电子商务的蓬勃发展，产品和价格的信息越来越透明，LJ 传统加盟商通过信息不对称获取高额利润的时代已经一去不复返了。LJ 实施 O2O 策略，线上的集客和促销功能的加强，会使线下加盟商的门店租金、人力成本等显著下降，为线下加盟商接受比以前低 20% 左右的线上线下统一的零售价格腾出了空间。另外，随着 O2O 线上集客导流功能的增强，LJ 线下实体店的客源数量也会得到提升和改善，也许单品利润会下降，但销量的增大，会弥补价差的减少，从而呈现同品同价下销售效率提高后的整体利润增长效应。

# 第二节　互联网时代推动企业经济管理模式持续创新

## 一、创新经济管理思维

在"互联网 +"时代，企业要想更有效地开展经济管理工作，必须在创新经济管理思维方面狠下功夫，重中之重就是要牢固树立"互联网 +"思维，大力推动经济管理网络化、信息化、智能化水平，特别是要着眼于提升经济管理的系统性和效能性建设，进一步健全和完善经营管理体系，改变传统的经济管理思维，着眼于推动"管理型"向"服务型"转变，进一步拓展经济管理领域。比如通过运用信息化手段，大力加强企业经济管理资源的整合力度，特别是在应用 ERP 系统开展经济管理的过程中，应当将大数据技术、云计算技术、电子商务技术等进行有效融合，使企业经济管理更具有资源整合性、战略支撑与创新经济管理思维，还要高度重视和发挥广大员工的积极作用，通过网络化管理模式建设，使广大员工参与到经济管理当中。

### （一）适应新的竞争形势

随着互联网时代的兴起，传统的市场发生了翻天覆地的变化。在互联网经济的环境下，地域垄断的现象已经彻底消失，交易信息的来源不再受限制，变得及时、广泛、准确。

如今，商业信息不论是在广度方面，还是在深度以及速度方面都有了空前的提高。

有些互联网通过快速聚集大量消费者和供应商用户迅速提高了互联网平台的现实价值，同时互联网平台的潜在价值的高度也提升到空前状态。在互联网经济的环境下，企业在经济市场的竞争形势也正逐渐发生变化，向着更高层次跃进，平台竞争形式如今已经成为新的制高点。

从整体的商业发展史分析，企业的竞争主体是一个变化过程，从产品竞争到产业链竞争，再发展到以后的平台竞争。在最开始的产品竞争阶段，企业之间进行的是对产品和服务性价比的竞争；在之后的产业链竞争阶段，企业之间比拼的是企业对产业链的掌控能力和由此而获得的议价能力；在如今的平台竞争阶段，各企业进行竞争的资本就是商业生态系统的构建和孵育能力。

为适应当下的经济市场竞争环境，各企业要结合自己的行业特点，通过对互联网手段的运用，构想出自己的平台竞争优势，把各个企业之间以往传统的合作模式向网络组织模式转化，向供应链协作模式转化、向虚拟企业以及国际战略联盟等模式转化，企业一定要意识到形势的严峻性，要么屈于平台，要么成就平台。企业能不能很好地适应平台竞争这种新的竞争方式，是企业能否在互联网经济环境下获取竞争地位的关键所在。

## （二）开拓互联网战略新思维

随着科学技术的快速更新和互联网经济的发展步伐的进一步加快，瞬息万变的市场经济使企业所处的环境更加具有复杂性和多变性。在这种没有基本规律的动态多变的市场环境中，企业管理者必须调整以往的企业战略思想，改变企业战略对策，对企业的发展目标和发展重心进行重新定位，使其与互联网经济有效融合，摒弃以往的企业生存状态和企业的发展节奏，把企业运营管理的整体水平提高到一个新的层次，并有效地提高企业的运营效率，形成一个能够很好适应互联网经济环境下的企业运营体系。

为了迎合互联网经济市场的多变性和不稳定性，对企业的管理模式、企业的竞争策略以及企业的营销策略要不断地创新，不断地追求和探究能够适应当前社会消费移动化、需求个性化的发展趋势。在互联网经济环境的影响下，企业互联网化已经成为未来市场发展的必然趋势，所以企业的产品、服务、营销以及运营都要向着互联网化的方向转化。

## （三）跨界创新战略的实施

企业对跨界创新战略的实施是促进企业发展的亮点，同时也是关键点，如今跨界创新概念还没有更深入地渗透到企业的运营思维当中，因此，有很多做了很久的运营商到头来连自己的竞争对手是谁都不清楚。如今电商对平台实施开放性运营，正在实现从品类跨界、平台跨界到行业跨界的飞跃，进而形成新的电商商业模式。通过对各个方面跨界创新的实现，淘宝网已经打破自己的运营边界并且在不断下沉，整体覆盖范围已经发展到整个电子商务生态链。跨界竞争现在已经成为企业之间进行竞争的热点、关键点。如今在互联网的新时代，产业边界正在打开，从一个行业领域到另一个可能相互之间不存在很大联系的领域，产业之间以迅猛的速度融合，企业和企业之间的异质化竞争正在不断加剧，受互联网经济的影响，传统的创新思维已经不能适应市场经济竞争的需求，放开企业思维，打开创新思路，实施跨界创新战略，使其成为企业更长远发展的新动力。

### （四）革新企业管理模式

在互联网时代的环境下，以往受时间和空间限制的传统信息传递方式已经成为过去。目前，随着互联网信息平台的不断发展以及推广使用，进一步完善了企业和用户之间的互动交流机制。通过互联网信息平台可以给人们提供所需要的各种信息和数据资料，同时对企业的技术革新和产品升级有极大的促进作用。信息渠道的不断网络化加快了网络新经济的变化速度，缩短了网络新经济变化周期。

为了更好地适应瞬息万变的网络新经济态势，同时达到客户多样化和个性化的要求，企业对技术革新和产品升级速度都要进一步加快。当然，这种高成本、快节奏的运营模式对企业传统的管理又是一个新的挑战，企业在面临更大更严峻的挑战时，一定要做好充分准备，紧跟市场的更新步伐和技术的革新速度。所以说企业的管理机制要向着快速运转、团队作业、反应灵活的方向发展，创建出以客户为主体、结果为指导，具有高度灵活性的企业管理模式。

### （五）ERP 在企业经济管理中的作用

#### 1. ERP 系统基本概念

ERP 具体的内容主要是：针对现代企业内部所有资源开展系统化的管理，从而使得企业综合性资源变得更加平衡。通过将 ERP 系统应用于现代企业管理之中，可以促使企业的各个部门的业务活动开展得更加协调，也能够使企业在市场竞争过程中自身实力显著提升，从而能够最大限度地促使企业的经济效益得以显著提升。特别强调的一点就是，ERP 系统是一种全新的企业管理系统，主要包括很大的软件包以及 ERP 的各个功能模块，在信息以及数据得到共享的前提下，可以对企业经济管理过程中所出现的问题加以解决，以确保企业内部各个部门的信息以及资源进一步得到优化。

#### 2. ERP 系统在企业经济管理之中的作用分析

（1）促使企业成本管理水平上升

对于企业而言，其成本管理能够使得企业的总体发展以及经济战略目标尽早实现，作用较大。企业若要尽早实现经济目标，最重要的便是使企业的生产经营成本水平显著降低，从而扩大企业的利润空间。这是企业生产经营活动中的一个重要的目标，也是企业能够在激烈的市场竞争中崭露头角的一个重要前提，若要使企业的成本管理水平显著提升，那么就需要将 ERP 系统深入地融合至企业的成本管理过程当中。强化 ERP 系统与企业成本管理之间的互相融合与渗透，可促使企业能够更好地把握市场、了解行情，并根据自身发展特点来改善自身产品的质量以及服务质量等。ERP 系统可以促使企业生产经营中的各个环节的成本得到有效的控制，强化成本管理工作的精细化管理，在人机合作的条件下，能够更好地规避过多的人为因素对企业经济管理所产生的影响。

（2）节省企业运营成本

在企业的各项经济管理之中，ERP 系统之所以得到最为广泛的应用，主要是该系统能够最大限度地促使企业的运营成本水平显著降低，而且能够将其控制在最低水平。其中，ERP系统的一个十分重要的基础就是运用现代化的计算机技术，可对企业内部的各种资源进行优化处理及整合，从而能够很好地构建全面的企业资源以及解决方案信息储存库。其中，包含了企业的生产、采购与销售等方面的环节，在综合应用信息技术的条件下，可以对企业的经营状况进行全面的把握与了解。此外，对于不同的经营状况，采取相应的调控策略，从而有效降低企业运营成本。由于ERP系统属于一种现代化的管理系统，很多丰富的经验集中在一起，可以更加深入地促使企业运行效率显著提升，企业自身经济效益也随之不断提高。将ERP系统应用于企业的经济管理之中，企业的各项管理功能可以得到丰富与强化。

### 3. ERP在企业经济管理中的应用对策

#### （1）业务流程的有效重组

企业在实际管理之中，ERP系统可以对企业自身的业务流程很好地进行重组，它是系统自身的一项十分重要的功能。其中，ERP系统在实际操作过程中，应该注意对传统的业务流程与ERP系统的业务流程进行对比分析。然后，应该与ERP系统有机结合，并对其加以判断，对于系统管理方面所存在的缺陷进行严格的检测分析，一旦检测出现问题，那么就务必要将ERP系统与企业的业务流程之间有机整合，唯有如此，才可以根据企业的生产业务流程中所存在的缺陷予以相应的处理以及调整，以确保企业的工作效率显著提高。

#### （2）促使相关工作人员的业务素质水平的提升

在企业实际的经济管理过程当中，ERP系统逐渐发展成为一种可靠性的管理方法。而为了能够将ERP系统的作用发挥至极致，且将其进行灵活的运用，依然需要依靠工作人员，所以应促使其更为深入地对ERP系统的相关内容加以了解。在此种条件下，应该定期组织相关工作人员参加培训，以提升其业务水平。在培训教育方面，应该对技术以及专业方面的培训内容加以明确，进而科学合理地将ERP系统应用于各个环节之中。

#### （3）加强成本管理

企业只有不断加强成本管理，才能推动企业健康稳定发展，才能落实企业经济战略目标，才能提高企业经济管理水平。随着市场经济的快速发展，企业为了处于市场最前沿，实现经济效益最大化，就需要在提高产品与服务质量的同时，使用尽量少的生产经营成本，不断强化自身的市场竞争实力。这是现代企业生产经营过程中必须重点关注的目标之一，也是提高企业应对各种竞争与挑战的前提条件。以往中企业成本管理经常受到众多因素的干扰，尽管实际成效较好，但也发生了一些问题，给企业整体发展带来不利，所以要想获得更高的成本管理效率，企业管理层就必须充分认识到ERP系统的重要性，将其全面渗透到成本管理各环节中，起到一种相辅相成的作用。企业在ERP系统的功能优势下，可深入掌握和分析现代市场发展情况及其需求，以此调整优化产品质量及服务性能，找准企业发展方向。

## 二、创新经济管理平台

企业要将创新经济管理平台作为推动"互联网+"时代经济管理模式创新的重要战略性举措，大力加强经济管理平台的改革和创新，更加重视网、云、端三者之间的协调和配合，并且要在技术支持和服务方面取得突破，要从"管资金"向"管资金、管资产、管风险、管发展"的方向努力，可以运用信息技术和大数据技术，通过构建财务"风险点"监测和排查机制，及时发现财务工作中面临的各类针对性问题。创新经济管理平台，还要高度重视经济管理平台的融合创新，比如企业应当将各类管理平台进行系统的整合，使各类资源和数据能够实现共享，进而在开展经济管理工作的过程中更具有系统性，也能够促进经济管理模式的重大变革。

### （一）构建原则

集团大多为跨地区、跨行业、跨所有制甚至为跨国经营的资本运营实体，是由多个具有独立法人资格的企业组成的企业群体。为此，集团的财务管理要在保持集团利益的前提下，既发挥集团的整体优势，又充分尊重子公司的法人地位，不宜采取过度集权的方法，以免影响子公司的积极性和主观能动性。基于此，集团的财务集中管理模式构建应遵循如下原则：

1. 信息对称原则

集团子公司经营信息上要取得对称，如同股东对管理者的监控一样，这是集团型企业对子公司管理的基础。只有在此基础上，其他的管理措施方可生效。这些经营信息要尽可能地做到全面及时，对于重大的异常事项，应有自动的触发与上报机制。

2. 预算控制体系原则

集团财务核算体系应建立在一个高效率的预算控制体系的基础之上。从强化资金控制入手，加强对现金流的监控。在加强业务预算的基础上，推行全面预算管理，合理地筹集和使用资金，确保资金占用和资金成本最低。预算是计划工作的成果，它既是决策的具体化，又是控制生产经营活动的依据，集团财务预算体系必须以市场为龙头，以效率和效益为核心，以财务管理为枢纽。一方面要对下届单位的预算进行实时控制，另一方面要能及时对预算数据进行汇总和分析。

3. 核算型向管理型转变原则

传统的会计核算是按照会计主体、会计分期、持续经营、货币计量来进行会计的记账、算账和报账工作。主要是资金支付、会计核算和会计报表，集团应通过核对各单位预算指标情况，严格控制各单位的用款进度，对预算指标实行即时控制，合理控制超预算计划用款。加强事前预算、事中控制、事后分析，使集团从核算型向管理型转变，彻底扭转单纯的核算机构的观念。

4. 财务集中管理原则

随着企业组织形态的发展，经历了集中—分散—再集中的历程。而今的集中，不再是小规模企业的简单集权，而是基于现代信息技术手段的内部控制流程的再造。集中财务管理是现代生产力的产物，一方面，现代经济催生了结构复杂的大型企业集团，产生了集中财务管理的需求；另一方面，现代科技为其提供了技术上的可能。

## （二）构建方式

传统的集团财务管理是一个分散的管理流程：企业下属各个子公司组织财务人员，设立独立的会计账簿，进行会计核算，并在会计期末结账后向上级单位递送书面报表，企业最高管理层在会计期末经过合并报表，得出整个集团的经营状况。这种"分散"式的管理流程依据传统的四个会计假设——会计主体、会计分期、货币计量、持续经营，以反映单个会计主体的经营信息为中心，通过合并报表实现对整个集团经营情况的了解。在这种分散的集团财务管理模式下，集团整体的财务信息只有经过合并生成的三张财务报表，并不存在整个集团的明细账和总分类账。在这三张报表之外，不能清楚地得到集团企业更有价值的经营信息，降低了财务信息的完整性和价值。

另外，在这种模式下，只有到会计期末，各个会计主体结账后才可得到有关子公司经营情况的报表，也才能汇总得出整个集团的经营情况和财务状况，而市场情况瞬息万变，要求集团总部随时作出决策，并实施必要的调整，这种滞后的信息很难对集团总部的决策起到有效的支持作用。互联网技术的高速发展为数据信息的集中提供了可能，集中财务管理的思想开始出现，要求对传统的财务管理流程进行修订，由集团总部统一设立"一账式"会计账簿，统一制订会计科目、人员权限、业务流程等，各子公司在上级公司规定的范围内增设会计部门、人员等，并基于互联网在异地独立录入数据，电子数据集中存储于集团总部数据库，并由集团统一结账，编制会计报表。这种模式的改变实现了集团公司的会计集中核算，使集团公司能够实时查询与处理相关信息，实时生成合并报表和账务数据，并能实现跨账簿、跨企业和多维的数据统计和分析。

## （三）构建的主要内容

### 1. 信息平台的构建

（1）网络平台

进入 20 世纪 90 年代，计算机网络已成为全球信息产业的基石，高度发展的互联网络为大范围的信息交流和资源共享带来了前所未有的良好环境。通过企业内部网络、企业间网络和国际互联网可以跨越信息传输的时空障碍，对社会各个领域，包括人们的日常生活都产生了变革性的影响，同时为企业管理和事中控制的发展和创新带来了机遇。在信息需求的驱动下，将各自独立的计算机连在一起，构成各种各样的计算机网络和提供信息传递、信息共享的平台，为达到有效的管理和控制的目的奠定了基石。

（2）数据库平台

数据库有广义和狭义的概念。从狭义上说，数据库是一个数据或信息的集合，这些数据按照逻辑结构进行存储；从广义上理解，数据库为数据库管理系统，它是能够定义数据库的逻辑组织结构，并对数据库进行存取访问，以及对数据进行存储和管理的系统数据库。其不仅仅是为了存放数据，更重要的是在数据库中能够定义数据、处理数据、管理数据，为管理者利用数据对业务流程进行实时控制，为有效地利用和管理资金、降低成本、保障企业战略目标的实现提供支持。

（3）管理软件

从网络环境看，管理软件是基于网络和数据库平台，将先进的管理思想和方法与信息技术相融合，为企业管理的主体——人（业务及财务人员、业务及财务主管、企业高层管理者）提供直接服务的应用平台，即企业管理主体应用管理软件对经济活动中的物流、资金流和信息流进行管理的应用平台，为财务集中管理的实现提供了友好的界面。管理软件的功能随着企业需求的增长而不断增长。从横向看，企业管理的各个方面都有相应的管理软件或子系统的支持，这些子系统可以相互独立运行，解决企业管理某一方面的问题；同时这些子系统又可以集成起来，相互联系、相互作用，共同为企业管理提供支持。

（4）网络环境的技术构架

构建网络环境并非将网络、数据库和管理软件这些要素任意堆积起来就可以，而是需要对网络、数据库、管理软件等进行有机集成，建立满足管理需求的应用体系结构。

2.财务一体化的构建

（1）基本思想

财务业务一体化是指在网络环境下，将财务会计流程与经济业务流程有机地融合在一起。当一项经济业务（事件）发生时，由相关部门的一位员工负责录入业务信息；同时利用相关信息对经济业务的正确性、有效性和合理性进行实时控制；当经济业务被确认后，立即存储在指定的数据库；同时，该事件通过动态会计平台生成实时凭证，自动或经财务人员确认后显示在所有相关的账簿和报表上，不再需要第二个部门或任何其他员工再录入一遍。这样一来信息为所有"授权"的人员共同享用。每个业务与财务人员每天必须打开某个信息屏幕管理和控制相关的经济业务，做到实时、迅速响应环境变化，争取主动。所有管理人员都按照统一、实时的信息来源作出决策，避免了不同的决策单位或个人由于信息来源的不同而作出相互矛盾的决定，造成管理决策的混乱。

（2）基本原理

要实现财务业务一体化，不仅需要网络环境，而且需要建立一个支持一体化的动态会计平台。

基本要素包括：事件接收器、凭证模板、生成器和实时凭证。

①事件接收器

事件接收器的功能是当一项经济业务（事件）发生时，该事件通过相应的业务模块驱动动态会计平台接收事件信息。

②凭证模板

凭证模板包括两种：财务会计凭证模板和管理会计凭证模板。

a.财务会计凭证模板是严格按照财务会计借贷规则要求而设立的，是各经济业务所对应的入账科目及凭证分录结构的模板。

b.管理会计凭证模板是按照内部管理要求，按照责任中心和绩效评价的需求而设立的模板。

③生成器

生成器的功能是根据经济业务事件信息和凭证模板，自动生成实时凭证，并传递到财务会计和管理会计相应的模板中。

④实时凭证

实时凭证也包括两部分，一是根据财务会计凭证模板生成的实时会计凭证，它是登记会计账簿和报表的依据；二是根据管理会计凭证模板生成的实时管理会计凭证，它是登记企业内部管理需要的责任会计账表的依据。实时凭证具有实时性和强制性等特点。

# 第三节　　互联网时代拓宽企业经济管理渠道

## 一、互联网使品牌传播和品牌建构更加精准有效

互联网的"精准"，使它可以大胆地宣布"按效果"收取广告费用，这在传统媒体的品牌传播中几乎不可为。越来越多的企业开始选择互联网，也是因为传统媒体的广告效果实在难以评估。传统媒体在线上线下结合进行品牌传播上，远远落后于互联网企业选择互联网构建品牌、企业选择互联网构建品牌，互联网在帮助企业构建品牌的同时，越来越多地参与企业的决策和经营，在未来的互联网品牌构建整合策略中，将越来越多地看到这一情形的发生，这被称为"互联网与电子商务的融合"。

### （一）互联网时代的特点与品牌战略调整

1.媒体向分众化趋势明显，企业品牌战略需及时调整

新兴媒体主要包括移动电视媒体、网络媒体和手机媒体，与传统媒体相比，其属性和指向都发生了很大的变化，互联网时代一个主要的特点就是分众化趋势明显。在互联网时代下，大众被分成许多个小受众群体，新兴受众群体表现出规模小、个体之间相似度高的特点，这使得小群体成员间更容易达成价值共识，而受众群体之间的差异又有利于媒体传播的创新，更有利于媒体个性化的发展。为了达到创新效果，企业要对自己的品牌战略设计做出适当的调整，力争让更多受众认可自己的品牌，努力扩大品牌效应，不断提升品牌价值。

2."事项化生存"的影响，导致品牌战略必须有所创新

"事项化生存"理念的出现，使形象成为最主要的信息传播手段。随着新兴媒体的

不断出现，社会中的许多信息以各种各样的形式出现，它促进了大众的消费、促进了社会商品经济的发展，在这些信息中，事项化信息表现得尤为突出，通常情况下，被认为是有价值的信息资源，基本是事项化信息。这就导致了越来越多的人将在"事项化"的环境和氛围中生存和发展，这就要求品牌战略必须做出适当的调整，进而使品牌的识别系统设计更加完善，这也要求企业要以品牌战略的创新带动品牌资源管理的创新，进而扩大企业品牌的影响力。

3. 传媒方式的变化，致使品牌战略必须有所创新

媒体的国际化以及传播的相对专注向过量化的转变，将会长期影响品牌战略的调整。大众现在接收信息的方式已经发生了很大的转变，人们可以通过广播、移动电视、广告牌、网络、报刊等各种方式获取信息，甚至随时可以拿出手机来获得想要的信息。人们获取信息的方式受到的束缚越来越小，所以品牌传播的调适已成为必然，品牌战略调整已成为必然，品牌战略只有进行适当的创新，才能适应时代的变化。而且，随着时代的发展，大众对广告传媒已经有了新的认识，几乎所有东西都可成为广告传播的媒介，这也为人们筛选信息带来了很大的困难，所以，要想让大众认可自己的品牌，就必须对品牌战略进行调整和创新。

4. 资讯专制化向民主化的转变，将导致品牌战略的调整

资讯专制化向民主化的转变，使社会大众的表达权越来越被尊重，这会导致品牌战略的调整。随着互联网时代的到来，社会舆论的影响力越来越大，所以在制定品牌战略时，要改变传统的思维方式，避免传统品牌设计中出现的错误。在设计中要融合多种现代化因素，努力创新，不断扩大品牌的影响力。

### （二）互联网时代的品牌战略创新要点

1. 创新品牌设计，增强品牌价值

在进行品牌创新设计的过程中，企业应该将品牌战略和企业战略有效地结合在一起，规避因企业急于多元化和扩张造成的品牌价值链断裂，现代企业在经营管理过程中，要将品牌战略作为企业管理的重点，要统筹规划企业所有有价值的活动，要注意优先选取高效的品牌战略，要充分利用现有的品牌资产，并在此基础上要进行积极创新。

在进行品牌创新设计的过程中，企业应该注意企业形象识别与企业品牌识别的有效融合。企业在进行品牌创新设计时，可以结合企业识别设计的成果，在战略上进行适当的调整与革新。品牌文化和企业文化存在一定的矛盾，而且双方战略的侧重点也不同，但是企业可以通过战略调整使两者在利益层面上得到化解。品牌识别系统的设计模块与企业识别系统的设计模块是否相同，而怎样来解决企业设计模块存在缺陷的问题，对此，可以在企业识别系统的基础上增加事项化信息识别系统，从而满足互联网时代对品牌创新的要求。

在进行品牌创新设计过程中，企业还应该将流程再造与企业品牌基因补强有效地结合在一起，从而防止企业品牌基因在流程再造中遭到流失。企业在进行品牌创新设计时，

要注意企业品牌的核心价值对企业文化的升华和渗透。

### 2. 促进媒体契合和互联网开发，提升品牌影响力

企业在制定品牌战略时，首先要进行规划，接着就是品牌传播，品牌传播对提升品牌影响力以及树立企业形象有着重要的意义，所以，品牌传播工作是否能落到实处，对企业能否实施品牌创新战略有着直接的影响。在互联网时代，人们获取信息的方式非常多，大众传播已经失去了原先的优势，媒介整合的性质和对象已发生很大的转变，所以，企业在实施品牌战略时，要注重媒介资源的契合，而且要注重对新媒介的开发利用。通过利用新媒介的特殊功效，企业品牌能够被有效传播，从而实现企业品牌的延伸和品牌战略创新的目标。

### 3. 激活市场，推进品牌终端策略变革

随着互联网时代的到来，信息传播过量化、资讯民主化等问题逐渐受到人们的关注，所以企业的品牌策略也要作出相应的变革。品牌战略是否有效，最终要看消费市场的变化情况，可以说品牌战略的指向就是消费者的市场终端。所以，企业在实施创新品牌战略时，要注意把握好终端这个品牌目标，在市场上，努力使消费者认可本企业的品牌，进而促成品牌战略在市场价值上与互联网时代对接。

企业在进行品牌战略创新时，要注意优化品牌终端战略。企业要注重品牌文化的传播以及品牌文化的渗透，努力突出创新。企业品牌文化的传播一定要在市场和消费者层面进行改善，在这个过程中，首先要做到的就是企业品牌文化必须与社会价值观相适应；其次就是要能够打动人心。企业在传播品牌时，要注意品牌文化的时尚性和亲民性，要让消费者认同企业的品牌文化和价值，企业品牌与消费者共存。在互联网时代，手机购物、电视购物、网络购物已成为企业品牌传播的新方式，这也反映出品牌终端的变化，所以，企业在进行品牌传播时，要注意产品的应用价值，也要注意产品所包含的历史、文化、潮流等因素。

在互联网时代，企业在传播品牌的过程中，也要注意市场发散，这也体现了品牌战略的创新。企业要通过品牌传播，先获得一小部分消费者对品牌的认可，然后以这一部分消费者为基点，带动另一部分消费者，进而带动整个消费群体。通过这种市场发散的形式，去摸索市场终端的规律，进而创新市场终端策略，这就是品牌战略终端创新的又一个重要原因。在互联网时代，企业可以主打高端品牌，可以推出贵宾体验卡，通过使用爱心卡，去打动一位可能不会进行长期消费的消费者，他也许现在只是体验者，但是后续很可能会顺势发展为消费者，也可能将这一产品推广给其他人，从而为企业创造更多的消费者。所以，企业应该不断创新品牌战略，通过优化品牌终端策略，不断拓展企业的产品市场。

互联网时代的品牌战略创新，对一个企业的发展意义重大。在互联网时代到来之际，企业要想获得长足的发展，就必须适应时代的特点，在实施品牌战略时，要根据产品特点以及消费市场的特点，及时进行调整，而且要对品牌战略进行不断的创新，在进行品牌创新时，企业要注意品牌价值的保护，要注意自身品牌文化的传递，也要注意对终端

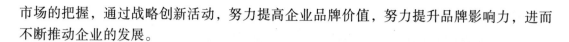

市场的把握，通过战略创新活动，努力提高企业品牌价值，努力提升品牌影响力，进而不断推动企业的发展。

## 二、信息传播方式彰显互动

在这个崇尚体验、参与和个性化的时代，毫无疑问，互联网营销迎合了现代营销观念的宗旨，与消费者的沟通更加便捷，更容易构建关系营销，使得精确营销和数据库营销成为可能，消费者的个性化需求容易得到满足，从而获得更好的营销传播效果。

### （一）互联网时代消费者购买行为分析的必要性

消费者是市场发展的主要动力，也是重要的组成部分，商家在市场中的生存发展需要通过消费者购买行为才能够实现。对于消费者购买行为的分析，也是商家获取利润、分析市场变化发展的重要问题。消费者购买行为受到心理变化支配，不同消费者会受到不同因素的影响，产生复杂的心理变化，购买行为能够反映出心理变化特点。差异性购买行为需要通过对消费者进行商业刺激才能够实现。在现代社会中，消费者需求具有多样化特点，其复杂程度直接导致市场规模、消费种类持续扩大。商家营销活动也受到一定的影响。互联网在技术、信息传播上具有及时性，特别是对消费者心理影响效果更为明显。互联网时代消费者购买行为需要不断地被满足，这也是互联网时代商家的销售核心。消费者购买行为在内部催动和外部刺激下共同产生心理变化。商家要利用这种变化对消费者开展推销，能够起到意想不到的效果。购买行为越是接近心理需求，消费者越是能够感受到满足。

### （二）互联网时代消费者购买行为变化

#### 1. 需求多元化

受到传统媒体的影响，消费者的需求更多限制在周边产品。朋友推荐、商业广告、促销信息等是消费者购买行为的主要影响因素。但是在互联网时代中，消费者接触产品的信息渠道更加广阔，互联网能够为消费者提供搜索系统，这样消费者可以根据自身的需求进行信息搜索，社交网站、购物网站、移动终端等都能够为消费者提供个性化服务。消费者购买行为也更加具有复杂性特点，通过不同的传播媒介能够获取到大量的产品信息，消费者的需求也会随着互联网技术的发展更加地多元化，使其在互联网时代中产生自我意识的觉醒。利用微博、微信等开展的营销活动越来越受到人们的关注，消费者通过这种传播媒介进行的产品选择空间不断扩大，不再局限于物质等需求，同时还注重精神的享受。

#### 2. 专家型购买的形成

消费者购买行为在互联网中呈现专业化发展。消费者在传统媒介中开展的购买行为与整体环境有着直接的联系。消费者在这种环境中很容易受到误导。但是在互联网时代中，消费者的购买渠道等发生显著的变化，消费者受到的影响因素数量明显降低，通过

信息评价等获取到产品的质量问题，对于产品的选择有着直接的影响作用。网络营销对消费者购买行为能力的提升发挥着巨大的作用。消费者通过对不同产品的对比，能够选择到最适合自己的产品。消费者还能够利用网络虚拟社区发布相应的产品使用感受，其信息传递能够保证消费者对产品越来越了解。

3. 理性与感性的相互转变

在互联网时代中，消费者的行为模式、心理特点等都在发生着变化，购买载体由实体店向虚拟店铺转变，从被动接受广告转变为主动接受广告。互联网能够为消费者提供购买虚拟产品的服务，开展的即时聊天能够获取到产品的基本信息，互联网能够通过滚动播放、积分返现、促销优惠等形式吸引到更多的消费者，消费者借助提供的关键词搜索到自己需求的产品。消费者在互联网影响下，其购物周期发生明显的变化，冲动消费增多。互联网时代消费者的购买行为将不会受到地域等方面的限制。消费者会将更多的时间消耗在网络产品选择上。消费者购买行为个性化发展，直接受到网络评价的影响。消费者在购买上实现理性与感性的自由转换，对于自身的购买决策更加具有信心。商家要利用消费者心理变化，通过互联网传播了解到大量的消费信息。注重市场细节，充分利用互联网的优势，制订出具有针对性的营销方式。

## 三、信息传播方式更加多元

互联网的出现与不断发展使企业在整合营销传播过程中可使用的手段变得更加多样化。公众传播、数据库营销、精准营销、口碑营销和形象营销等营销手段并不是相互孤立存在的，在 IMC 过程中，为了营销传播效果最大化的目标得以实现，企业可通过探寻这些营销手段之间的联系，并在此基础上将各种营销手段巧妙地整合起来，从而产生更好的营销效果。

同时，互联网是一种集多种传播形式于一体的媒体。在互联网环境中，由于网络技术和数字技术迅猛发展，所有的传播内容既能以文字形式在各媒体进行传播，也能以视频和声音的形式进行传播。因此，在互联网平台上，整合营销传播更加复杂化，要实现传播效果最大化可使用的手段也更加多样化。

## 四、微博与微信在企业营销传播中的应用价值

### （一）微博在企业营销传播中的应用价值

微博的用户群体中，使用率最高的用户中很大一部分是中高层白领和月收入 6000元以上的中高收入群体。他们平均每天发布 11 条以上的微博，热衷于传播个人观点。这意味着微博抓住了目前的主要消费阶层和未来的消费主力军，聚集了最有市场价值的群体。另外，微博在信息传播上的独特优势以及多种应用类型，不仅满足用户的信息需求，更适应了企业在营销传播上的需要。企业可以在微博上直接与消费者进行沟通，使其形成密切、长久的关系，这不仅能了解到消费者的产品需求，还可以提高消费者对企

业的忠诚度，为企业带来更多利润。

## （二）微信在企业营销传播中的应用价值

互联网的发展，在许多方面改变了人们的生活方式，它已经渗透到了人们的工作、生活等各个领域，特别是微信时代的到来，更是改变了人们日常交流的方式。可以说，微信就是在这个平台上衍生出来的虚拟的社交软件实体，它把大家紧紧地捆绑在一起。

在这种趋势的影响下，大众的消费理念在慢慢地改观，尤其是在当今以市场需求为主导的经济时代，消费者的需求呈现出更精细、更多样的变化，因此，企业为了适应市场发展的需要，就不得不寻求另一条盈利之路，寻找与互联网时代同步的营销方式。于是，"微信营销"应运而生，它顺理成章地成为继微博营销之后的又一种颇具吸引力的网络营销模式。

### 1. 微信

微信是腾讯公司推出的一款手机聊天软件，它的功能十分强大，用户可以通过微信快速发送语音、视频、图片和文字等信息，更重要的是它支持跨通信运营商、跨操作系统平台。因此，微信的出现，在一定程度上开启了语音短信的新纪元，并且提供了一个新型的网络社区。

### 2. 微信营销

（1）微信营销的定义

微信营销就是通过微信这种工具和平台进行营销，达到宣传产品或形象的目的。通过微信强大的功能，向网友传播企业、产品的信息，树立良好的企业形象和产品形象，最重要的一点就是，它可以实时互动，随时交流，避免了沟通不畅所引起的一系列误会。

（2）微信营销的优势

①庞大的用户群。微信已经成为或者超过市场上出现的类似手机短信和电子邮件主流信息接收工具。它的广泛性和普及性为企业市场开发奠定了坚实的基础。

②微信免打扰功能使用户可主动接收信息，免除垃圾信息的打扰。微信强大功能之一就是其用户都是属于一对一互动的关系，这种关系是私密的、去中心化的。因此，微信的粉丝都是通过主动订阅而来，信息也是由用户主动获取，完全不存在垃圾信息招致抵触的情况。

③随时随地获取信息，方便商家实时推送最新信息。相对于电脑来说，智能手机不仅拥有电脑所能拥有的大多数功能，而且携带方便，用户可以随时随地获取信息，而这会给商家的营销带来极大的方便，因此，移动终端的便利性增加了微信营销的高效性。

④拥有超强曝光率。众所周知，在营销行业中，信息、广告等的曝光率高低直接影响企业信息发布的效果，而微信是由移动即时通信工具衍生而来的，天生具有很强的提醒力度。

# 第四章 现代企业战略管理

# 第一节 战略和战略管理概述

## 一、战略的起源

"战略"源于古代兵法，属军事术语，意译于希腊一词"Strategos"，其含义是"将军"，词义是指挥军队的艺术和科学，也意指基于对战争全局的分析而作出的谋划。随后"战略"这个词语广泛出现在社会经济领域，特别是在20世纪50年代以来，社会经济活动日益复杂，对全局性的、长远的发展方向和指导思想的研究显得越来越重要，因而社会经济发展战略也逐步引起人们的重视。

企业战略是在第二次世界大战以后，特别是20世纪50年代后发展起来的。20世纪50年代以后，社会形势发生了变化，社会经济的发展需要现代企业研究战略管理。而进入20世纪70年代，随着战略理论的研究和管理实践的发展，建立了战略管理模式。

现代企业面临的问题是：企业规模不断扩大，管理层次越来越多，管理幅度也越来越大；企业的发展方向从专业为主向多元化经营转变；企业竞争从本土化、国内化过渡到国际化、全球化；企业面临的环境更加复杂多变，需求结构由增加消费转向生活质量的提高。

企业为了争夺市场和生存发展的需要，在经营管理中将眼光由短期目标转向长期目标；由日常生产经营的专业职能化经营管理转向综合的全局性决策和管理；将战略思想运用于现代企业经营管理当中，形成了企业战略的概念。

## 二、企业战略的含义和特征

### （一）企业战略的含义

企业战略有广义和狭义之分。广义的企业战略包括企业的宗旨、企业的目标、企业的政策。广义的企业战略强调计划性、全局性和整体性，所以也被称为战略的传统观念。从狭义的角度看，企业战略仅仅是指企业实现其宗旨和一系列长期目标的基本方法和具体计划。企业战略的这一概念更强调企业对环境的适应性，突出了企业战略应变性、竞争性和风险性。所以，狭义的企业战略又被称为战略的现代观念。

因此，企业战略是指企业在确保实现企业使命的前提下，在充分分析各种环境机会和威胁的基础上，进一步规定企业拟从事的经营范围、成长方向和竞争策略，并据此合理地配置企业资源，从而使企业获得某种竞争优势的一种长远性的发展谋划。

### （二）企业战略的特征

#### 1. 全局性

企业战略管理以企业全局为研究对象来确定企业的总体目标，规定企业的总体行动，追求企业发展的总体效果。战略目标和发展方向是一种原则性和总体性的规定，是对企业未来的一种粗线条、框架性设计，是指导整个企业生产经营活动的总谋划。

#### 2. 长远性

企业战略既是企业谋求长远发展意愿的反映，也是企业规划未来较长时期生存与发展的设想。因此，企业战略管理要立足于现在，着眼于未来，谋求企业的长远利益，而不应仅仅追求眼前利益。管理者对未来的生存环境和自身状况应有足够的预见性。只有具有长远的预见性，企业战略才可能适应未来变化，才可能立于不败之地。

#### 3. 竞争性

企业战略是直接与竞争对手和各种竞争压力相联系的。企业战略是企业在竞争中为战胜竞争对手、迎接环境的挑战而制订的总体规划，主要研究在激烈的市场竞争中如何强化本企业的竞争力量，如何与竞争对手抗衡，以使本企业立于不败之地。同时在对未来进行预测的基础上，为避开和减轻来自各方面的环境威胁，迎接未来的挑战制定行为规范。企业只有战胜了竞争对手，才可能获得生存和发展。

#### 4. 稳定性

企业发展战略的全局性和长远性决定了经营战略的相对稳定性。经营战略必须具有相对稳定性，才会对企业的生产经营活动有指导作用。如果经营战略朝令夕改、变化无常，不仅难以保证战略目标和战略方案的具体落实，而且也失掉了战略的意义，还可能引起企业经营的混乱，给企业带来不应有的损失。

### 三、企业战略的层次

如果一个企业生产单一产品或者提供单一服务，那么它只需制定单一的战略计划。事实上，绝大多数企业的业务都是多元化的，分成多个事业部或者子企业，而且这些多元化企业都拥有多种职能部门，如生产设计和质量监督，这些部门为企业的每一种业务都提供了支持。因此，往往需要开发三个层次的战略，即企业层战略、业务层战略和职能层战略，这三个层次的战略构成了企业的战略体系。

#### （一）企业层战略

企业层战略也称企业总体战略，是指整个企业生产经营活动的总谋划。它可以分为增长型战略、稳定型战略和紧缩型战略三种形态。

#### （二）业务层战略

业务层战略也称企业经营战略，或者是企业战略。这个层次的战略和主要内容是针对不断变化的外部环境，在各自经营的领域里有效地竞争，它要在企业总体战略的制约下，指导和管理具体经营单位的计划与行动。

#### （三）职能层战略

职能层战略是企业的各个职能部门为支持经营层战略而制订的。它主要解决的问题是如何使企业的不同职能部门，如市场营销、财务管理、研究与开发、人力资源、采购和生产等，能更好地为各级战略服务，从而提高企业的效率。职能层战略是针对范围较狭窄而又密切关联的活动而制定的。例如，市场营销战略包括产品策略、定价策略、分销渠道策略和促销策略等，财务管理战略包括编制预算、会计记账和筹资投资决策等。

企业层战略、业务层战略以及职能层战略构成了一个企业的战略层次，它们之间相互作用、紧密联系。如果企业想获得成功，必须将三者有机地结合起来。

### 四、企业战略管理过程

#### （一）企业战略管理的概念

企业战略管理，是指对企业战略进行设计、选择、控制和实施，直到达成企业战略总目标的全过程。战略管理是涉及企业发展的全局性、长远性的重大课题，如企业的经营方向、市场开拓、产品开发、科技发展、机制改革、组织机构改组、取代技术改造和筹资融资等等。战略管理的决定权通常由总经理、厂长直接掌握。现代企业经营管理是在战略管理的指导下，有效利用企业资源，组织企业全体成员努力实现战略目标的全过程。

#### （二）企业战略管理的任务

企业战略管理过程主要是战略制定和战略实施的过程，包括五项相互联系的管理任务。

第一，提出企业的战略展望，明晰企业的未来业务和企业前进的目的地，从而为企业提出一个长期的发展方向，清晰地描绘企业将竭尽全力所要进入的事业，使整个企业对一切行动有一个明确的目标。

第二，建立目标体系，将企业的战略展望转换成企业要达到的具体业绩标准。

第三，制定战略所期望达到的效果。

第四，高效地实施和执行企业战略。

第五，评价企业的经营业绩，采取完整性措施，参照实际的经营事实、变化的经营环境、新的思维和新的机会，调整企业的战略展望、企业的长期发展方向、企业的目标体系，明确企业战略的执行。

### （三）企业战略管理过程

从总体上看，战略管理过程包括战略制定、战略实施和战略评估三个阶段，将三个阶段进行分解，可得到七个步骤。

#### 1. 确定企业当前的宗旨、目标

每个企业都有自己的宗旨或使命，它规定了企业的经营目的，也是企业经营学的一种体现。确定企业的宗旨与目标，可以促使管理层仔细研究企业的产品和服务范围。

#### 2. 分析外部环境，发现机会和威胁

环境是管理行动的主要制约因素，环境分析是战略管理过程的关键阶段。每个企业在进行战略管理时，必须分析企业外部环境，如了解消费者需求有何变化、市场上竞争对手的动向以及新出台的相关行政法规对企业有什么影响等，这些都在很大程度上制约了管理层的选择。管理层需要根据自己所控制的资源，评估有哪些机会可以利用，以及企业可能面临哪些威胁。

#### 3. 分析企业的资源，识别优势和劣势

任何企业的资源都是有限的，所以企业在利用外部环境机会之前，必须分析企业的资源与能力问题，必须使自身资源与外部机会达到优化组合，从而能够识别出什么是企业与众不同的竞争能力，也就是企业的优势。

#### 4. 重新评价企业的宗旨和目标

根据对环境和企业资源的分析，对企业的宗旨和目标进行再评价，看他们是否可行，是否需要调整。如果需要改变企业的宗旨和目标，战略管理的过程就要从头开始；如果不需要改变企业的宗旨和目标，管理层就应当着手制定战略。

#### 5. 制定战略

对企业的宗旨和目标重新评价后，接下来的工作就是如何实现战略目标。而要实现战略目标就得制定相应对策，即为实现战略目标应采取相应的措施和手段，从而使企业获得最有利的竞争优势，并使这种优势能长期保持下去。

#### 6. 实施战略

实施战略是战略管理十分重要的步骤，无论战略计划制定得多么有效，如果不付诸实施，或者实施不当，还是不能实现企业的宗旨和目标。战略实施要遵循三个原则：适

度合理、统一指挥、权变。为贯彻实施战略，就要建立贯彻实施战略的企业机构，配置资源；建立内部支持系统，发挥好领导作用，使企业机构、企业文化均能与企业战略相匹配；处理好企业内部各方面的关系，动员全体员工投入战略实施中来，以保证战略计划的实现。

### 7. 评价战略实施的结果

战略管理过程的最后一个步骤是评价结果。战略实施的效果怎么样，需要做哪些调整，这一阶段主要做以下工作：衡量实际绩效、将实际绩效与标准进行比较、评价战略实施结果。

## 五、企业战略目标

### （一）企业战略目标的概念与特点

企业战略目标是对企业经营管理活动中预期取得的主要成果的期望值。战略目标的设定，也是企业宗旨的开展和具体化，是企业宗旨中确认的企业经营目的、社会使命的进一步阐明和界定，也是企业在既定的战略领域开展战略经营活动所要达到水平的具体规定。与其他目标相比，企业战略目标具有以下一些特点。

### 1. 宏观性

战略目标是一种宏观目标，是对企业全局的一种总体设想，是从宏观角度对企业未来的一种较为理想的设定。它所提出的是企业整体发展的总任务和总需求；它所规定的是企业整体发展的根本方向，因此，人们所提出的企业战略目标总是高度概括的。

### 2. 长期性

战略目标是一种长期目标，它的着眼点是未来和长远。战略目标是关于未来的设想，它所设定的是企业职工通过自己的长期努力奋斗而达到的对现实的一种根本性的改造。

### 3. 相对稳定性

战略目标既然是一种长期目标，那么它在其所规定的时间内就应该是相对稳定的。战略目标既然是总方向、总任务，那么它就应该是相对不变的。这样，企业职工的行动才会有一个明确的方向，大家对目标的实现才会树立起坚定的信念。当然，强调战略目标的稳定性并不排斥根据客观需要和情况的发展，而对战略目标做必要的修正。

### 4. 全面性

战略目标是一种整体性要求。它虽着眼于未来，却没有抛弃现在；它虽着眼于全局，却又不排斥局部。科学的战略目标，总是对现实利益与长远利益、局部利益与整体利益的综合反映。科学的战略目标虽然总是概括的，但它对人们行动的要求，却又总是全面的，甚至是相对具体的。

战略目标具有宏观性、全面性的特点，这就说明它是可分的。战略目标作为一种总目标、总任务和总要求，总是可以分解成具体目标、具体任务和具体要求。这种分解既可以在空间上把总目标分解成一个方面又一个方面的具体目标和具体任务，又可以在时间上把长期目标分解成一个阶段又一个阶段的具体目标和具体任务。人们只有把战略目标分解，才能使其成为可操作的东西。可以这样说，因为战略目标是可分的，因此才是可实现的。

企业战略的实施和评价主要是通过企业内部人员和外部公众来实现的。因此，战略目标必须被他们理解并符合他们的利益。但是，不同的利益集团有着不同的，甚至是互相冲突的目标。因此，现代企业在制定战略时一定要注意协调。一般来说，能反映企业使命和功能的战略易于为企业成员所接受。另外，企业的战略表述必须明确，且有实际的含义，不至于产生误解。

### 5. 可检验性

为了对企业管理的活动进行准确的衡量，战略目标应该是具体的和可以检验的。目标的定量化，是使目标具有可检验性的最有效的方法。但是，由于许多目标难以数量化，所以时间跨度越长、战略层次越高的目标越具有模糊性。此时，应当用定性化的术语来表达目标所达到的程度，要求一方面明确战略目标实现的时间，另一方面必须详细说明工作的特点。

目标本身是一种激励力量，特别是当企业目标充分体现了企业成员的共同利益，使战略大目标和个人小目标很好地结合在一起的时候，就会极大地激发组织成员的工作热情和献身精神。

## （二）企业战略目标的内容

在企业使命和企业准确定位的基础上，企业战略目标可以分为四大内容，即市场目标、创新目标、盈利目标和社会目标。

### 1. 市场目标

一个企业在制订战略目标时，最重要的决策是企业在市场上的相对地位，它反映了企业的竞争地位，包括产品目标、价格目标、渠道目标和促销目标。

### 2. 创新目标

在环境变化加剧、市场竞争激烈的社会里，创新受到重视是必然的。创新作为企业的战略目标之一，是使企业获得生存和发展的动力源泉。在每一个企业中，基本上存在三种创新，即技术创新、制度创新和管理创新。

### 3. 盈利目标

这是企业的一个基本目标。作为企业生存和发展的必要条件和限制因素的利润，既是对企业经营成果的检验又是企业的风险报酬，也是整个企业乃至整个社会发展的资金来源。盈利目标的达成，取决于企业的资源配置效率及利用效率，包括人力资源、生产资源、资源的投入与产出目标。

4.社会目标

现代企业越来越多地认识到自己对用户及社会的责任。一方面，企业必须对本企业造成的社会影响负责；另一方面，企业必须承担解决社会问题的相应责任。企业日益关心并注意良好的社会形象，既为自己的产品或服务赢得信誉，又促进企业本身获得认同。企业的社会目标反映企业对社会的贡献程度，如环境保护、节约能源，参与社会活动、支持社会福利事业和地区性建设等。

在实践中，由于企业性质的不同，企业发展阶段的不同，目标体系中的重点目标也大相径庭。同一层次的战略目标之间必然有优先导向目标。

## 六、企业战略评价

### （一）什么是战略评价

战略评价是检测战略实施进展，评价战略执行业绩，不断修正战略决策，以达到预期目标。战略评价包括三项基本活动：考察企业战略的内在基础；将预期结果与实际结果进行比较；采取纠正措施以保证行动与计划的一致。

### （二）战略评价的内容

战略评价主要从以下几个方面进行：

第一，战略是否与企业的内外部环境相一致。

第二，从利用资源的角度分析战略是否恰当。

第三，战略涉及的风险程度是否可以接受。

第四，战略实施的时间和进度是否恰当。

第五，战略是否可行。

# 第二节　企业战略环境分析

## 一、企业宏观环境分析

企业宏观环境是指那些来自企业外部并对企业战略产生影响、发生作用的所有不可控因素的总和。企业宏观环境分析可以大体概括为四类：政治环境、经济环境、社会环境和技术环境。

### （一）政治环境

政治环境是指那些制约和影响企业的政治要素的总和。政治因素及其运用状况是企业宏观环境中的重要组成部分。政治环境中对企业起决定、制约和影响作用的因素主要有：政治局势，政党、政治性团体和地方政府的方针政策等。

此外，政治环境中也包括政府制定的一些法律、法规，它们也直接影响着某些商品的生产和销售，对企业的影响具有刚性约束的特征，主要有政府的政策和规定、税率和税法、企业法、关税、专利法、环保法、反垄断法、进出口政策、政府预算和货币政策等。

## （二）经济环境

经济环境是指构成企业生存和发展的社会经济状况及国家经济政策的多维动态系统。主要由社会经济结构、经济发展水平、经济体制和宏观经济政策四个要素构成。一个企业经营的成功与否在很大程度上取决于整个经济运行状况是否良好。对于经济环境的分析，关键是要考察以下几点：

第一，国民经济总体运行情况，即经济周期当前处于哪个阶段，国民生产总值的各项指标变动情况。

第二，某国或某地区的通货膨胀率、银行利率、外汇汇率等经济指标，这些是影响市场和消费水平的重要指标。

第三，经济体制、就业率、失业率、市场机制的完善程度、能源供给与成本等。

## （三）社会环境

社会环境是指企业所处环境中诸多社会现象的集合。企业在保持一定发展水平的基础上，能否长期地获得高增长和高利润，取决于企业所处环境中的社会、文化和人口等方面的变化与企业的产品、服务、市场和所属顾客的相关程度。在社会环境中，社会阶层的形成和变动、社会中的权力结构、人们的生活方式和工作方式、社会风尚与民族构成、人口的地区流动性、人口年龄结构等方面的变化，都会影响社会对企业产品或劳务的需求。

社会环境中还包括一个重要的因素就是物质资源。社会生产离不开物质资源，无论生产创造的财富属于哪一个门类，其起始点都必定是物质资源。物质资源包括土地、森林、河流、海洋、生物、矿产、能源和水资源等自然资源以及环境保护、生态平衡等方面的发展变化对企业的影响。

## （四）技术环境

技术环境是指一个国家和地区的技术水平、技术政策、新产品开发能力以及技术发展动向等。在衡量技术环境的诸多指标中，整个国家的研究开发经费总额、企业所在产业的研发支出状况、技术开发力量集中的焦点、知识产权与专利保护、实验室技术向市场转移的最新发展趋势、信息与自动化技术发展可能带来的生产率提高等，都可以作为关键战略要素进行分析。

## 二、企业行业环境分析

### （一）行业性质

行业状况是企业需要面对的最直接、最重要的环境，也可以称为任务环境。企业首先要判断自己所处行业是否存在发展的机会，根据行业寿命周期来判断行业所处的发展阶段，进而判断该行业是朝阳产业还是夕阳产业。

行业的寿命周期是一个行业从出现到完全退出社会经济领域所经历的时间。行业寿命周期主要包括四个阶段：导入期、成长期、成熟期和衰退期。行业寿命周期曲线的形状是由社会对该行业的产品需求状况决定的。行业是随着社会某种需求的产生而产生，又随着社会对这种需求的发展而发展，当这种需求消失时，整个行业也就随之消失，行业的寿命即告终止。行业的寿命周期长则数百年，短则几十年。行业的寿命周期是在忽略产品型号、质量、规格等差异的基础上对行业整体发展水平予以考察和分析得出的。判断行业处于寿命周期的哪个阶段，可以用市场增长率、需求增长率、产品品种、竞争者数量、进入或退出行业的障碍、技术变革和客户购买行为等作为分析指标。

### （二）行业能力分析

行业能力是指某个行业中每个竞争者所具有的能力的总和。行业能力分析主要是对行业规模结构和行业技术状况的分析。

1. 行业规模结构分析

行业规模结构分析是为弄清行业的发展与社会需求之间的关系，这对于确定企业的经营范围具有重要意义。进行行业规模结构分析的内容有：行业生产产品或提供服务的总量与社会需求之间的关系；行业产品结构与该产品发展趋势之间的关系；行业目前的实际生产能力与设计能力之间的关系；行业内规模能力悬殊型企业和规模能力均衡型企业各自所占的比重；本企业规模与行业规模的发展趋势之间的关系等。

2. 行业技术状况分析

在科学技术高速发展的当代，技术状况对行业发展的影响越来越重要，只有对行业技术状况进行全面的分析，才能正确地判断行业的发展前景和行业能力的发展水平。进行行业技术状况分析的内容有：行业目前的技术位于技术寿命周期的哪个阶段；行业的总体技术水平如何；行业技术的变化节奏如何；行业技术的发展方向是什么；本企业的技术水平在行业中处于什么地位等等。

### （三）行业竞争结构分析

在某个具体的行业内，企业与企业之间的力量对比构成了行业竞争环境。一个行业的竞争激烈程度取决于行业内的经济结构，行业的经济结构状况又对竞争战略的制定和实施起制约作用。所以，要根据行业内影响企业竞争的经济力量及其发展变化来确定企业的竞争战略，进行良好的行业竞争结构分析是制定优秀的企业战略的基础。行业竞争结构和竞争强度分析是在行业分析的基础上，进一步回答行业中竞争压力的来源和强度，

77

进而做好对竞争的防范。

**1. 供应商的议价能力**

供方主要通过其提高投入要素价格与降低单位价值质量的能力，来影响行业中现有企业的盈利能力与产品竞争力。供方力量的强弱主要取决于他们所提供给买主的是什么投入要素。当供方所提供的投入要素的价值在买主产品总成本中占了较大比例，对买主产品生产过程非常重要，或者严重影响买主产品的质量时，供方对于买主的潜在讨价还价力量就大大增强。一般来说，满足如下条件的供方集团会具有比较强的讨价还价能力。

（1）供方行业为一些具有比较稳固的市场地位而不受市场激烈竞争困扰的企业所控制，其产品的买主很多，以至于每一单个买主都不可能成为供方的重要客户。

（2）供方各企业的产品具有一定特色，以至于买主难以转换或转换成本太高，或者很难找到可与供方企业产品相竞争的替代品。

（3）供方能够方便地实行前向联合或一体化，而买主难以进行后向联合或一体化。

**2. 购买者的议价能力**

购买者主要通过其压价与要求提供较高的产品或服务质量的能力，来影响行业中现有企业的盈利能力。一般来说，满足如下条件的购买者可能具有较强的讨价还价能力。

（1）购买者的总数较少，而每个购买者的购买量较大，占了卖方销售量的很大比例。

（2）卖方行业由大量相对来说规模较小的企业所组成。

（3）购买者所购买的基本上是一种标准化产品，同时向多个卖主购买产品在经济上也完全可行。

（4）购买者有能力实现后向一体化，而卖主不可能前向一体化。

**3. 新进入者的威胁**

新进入者在给行业带来新的生产能力、新的资源的同时，希望在已被现有企业瓜分完毕的市场中赢得一席之地。这就有可能会与现有企业发生原材料与市场份额的竞争，最终导致行业中现有企业盈利水平降低，严重的还有可能危及这些企业的生存。竞争性进入所带来威胁的严重程度取决于两方面的因素，这就是进入新领域的障碍大小与预期现有企业对于进入者的反应情况。

进入障碍主要包括规模经济、产品差异、资本需要、转换成本、销售渠道开拓、政府行为与政策、自然资源和地理环境等方面，这其中有些障碍是很难借助复制或仿造的方式来突破的。预期现有企业对进入者的反应情况，主要是采取报复行动的可能性大小，则取决于有关厂商的财力情况、报复记录、固定资产规模、行业增长速度等。总之，新企业进入一个行业的可能性大小，取决于进入者主观估计进入行业后所能带来的潜在利益、所需花费的代价与所要承担的风险这三者的相对大小情况。

**4. 替代品的威胁**

两个处于同行业或不同行业中的企业，可能会由于所生产的产品互为替代品，从而在它们之间产生相互竞争行为，这种源自替代品的竞争会以各种形式影响行业中现有企业的竞争战略。第一，现有企业产品售价以及获利潜力的提高，将由于存在着能被用户方便接受的替代品而受到限制；第二，由于替代品生产者的侵入，使现有企业必须提高产品质量，或者通过降低成本来降低售价，或者使其产品具有特色，否则其销量与利润增长的目标就有可能受挫；第三，源自替代品生产者的竞争强度，受产品买主转换成本高低的影响。总之，替代品价格越低，质量越好，用户转换成本越低，其所能产生的竞争压力就越强，而这种来自替代品生产者的竞争压力的强度，可以具体通过考察替代品销售增长率、替代品厂家生产能力与盈利扩张情况来加以描述。

5. 同业竞争者的竞争程度

大部分行业中的企业，其相互之间的利益都是紧密联系在一起的。作为企业整体战略一部分的各企业竞争战略，其目标都在于使自己的企业获得相对于竞争对手的优势。所以，在实施中就必然会产生冲突与对抗现象，这些冲突与对抗就构成了现有企业之间的竞争。现有企业之间的竞争常常表现在价格、广告、产品和售后服务等方面，其竞争强度与许多因素有关。

一般来说，出现下述情况将意味着行业中现有企业之间竞争的加剧，即行业进入障碍较低，势均力敌的竞争对手较多，竞争参与者范围广泛；市场趋于成熟，产品需求增长缓慢；竞争者企图采用降价等手段促销；竞争者提供几乎相同的产品或服务，用户转换成本很低；一个战略行动如果取得成功，收入就会相当可观；行业外部实力强大的企业在接收了行业中实力薄弱的企业后，发起进攻性行动，结果使得刚被接收的企业成为市场的主要竞争者；退出障碍较高，即退出竞争要比继续参与竞争代价更高。

行业中的每一个企业或多或少都必须应对以上各种力量构成的威胁，而且必须面对行业中的每一个竞争者的举动而有所反应。除非认为正面交锋有必要而且有益处，如要求得到很大的市场份额，否则企业可以通过设置进入壁垒，包括差异化和转换成本来保护自己。当一个企业确定了其优势和劣势时，则必须进行定位，以便因势利导，而不是被没预料到的环境因素变化所损害，如产品生命周期、行业增长速度等等。

# 三、企业内部环境分析

## （一）企业内部环境概述

企业内部环境分析即企业内部条件分析，其目的在于掌握企业的内部条件的现状，找出影响企业战略形成与成败的关键因素，辨别企业的优势和劣势，适应环境的变化，创造和获得成功的机会，避免或减少可能遇到的风险。

企业内部环境因素，也称企业内部条件，是指构成企业内部生产经营过程的各种要素，并且体现为企业总体的经营能力，如企业的领导指挥能力、协调能力、应变能力、竞争能力、获利能力、开发创新能力等。企业内部环境因素是可控因素，可以经过努力，创造和提高企业能力，但也可能由于管理不善而失控和削弱。

### （二）企业内部环境因素的分类

企业内部环境因素可从不同的角度分为两大类。

1. 按构成要素划分

企业内部环境因素按构成要素可分为人、财、物、技术和信息五个方面。

（1）人力资源因素

这是构成企业内部环境中最基本和最具活力的因素。它包括领导人员、管理人员和工程技术人员以及生产工人的素质。这些人员的素质包含人员的数量、质量，如人员的文化技术水平、学历、资历、经验等以及人员构成的状况，既包括个人的素质，也包括群体的素质。

（2）资金因素

它反映企业的财力状况，包括所拥有的资本金和公积金、资产负债状况、固定资产和营运资金的状况、企业信贷能力和筹资的能力等。

（3）物资因素

它包括两个方面：一是技术装备的素质。这是企业进行生产经营活动的技术基础，包括现有技术装备的数量、技术性能、技术先进程度、磨损程度以及它们之间的构成和配套状况、生产效率等等。二是劳动对象的素质。它包括各种主要原材料、关键零部件和配套件、燃力和动力类物资供应的来源和供应的质量，以及企业本身所拥有的资源状况。

（4）技术工艺因素

这是指企业人员所拥有的工艺技术方法，他们的技术水平和先进程度，以及拥有的专利、专有技术和配方等。

（5）信息因素

它包括企业所拥有的科技情报资料、技术档案、销售及用户的资料、市场信息，以及信息网络的构成状况等等。

2. 按能力划分

（1）经营管理能力

包括企业的领导能力、协同能力和内部的企业管理能力等，反映企业整个经营机制是否充满生机和活力。

（2）应变能力

是指产品能否适应市场需求变化的能力，包括多角化经营，产品多样化，产品的质量、价格、信誉、产品寿命周期等等。

（3）竞争能力

是指同竞争对手相比较所处的优势和劣势。如市场占有率，产品、成本、服务、销售渠道是否具有比竞争对手更为优越的地位和特色。

（4）创新开发能力

是指开发新产品，采用新技术、新工艺的能力和所拥有的条件，如新产品开发的数量、质量和速度，投入市场的时机，新技术采用的程度以及科技开发人员、机构及装备水平等。

（5）生产能力

包括原有设计的生产规模、生产率、生产技术条件以及可能采取变更生产能力的策略等等。

（6）销售能力

包括销售网络、销售人员的数量和质量、储运能力、信息反馈以及所应用的促销策略，反映企业是否具有较强大的营销力量。

## 四、企业战略的 SWOT 分析

SWOT 分析法又称为态势分析法。SWOT 分析法就是系统地确认企业所面临的优势和劣势、机会和威胁，从而将公司内部资源、外部环境与企业战略结合起来，据此构思、评价和选择企业战略方案，并提出企业战略的一种有效方法。SWOT 分析法的优点在于考虑问题全面，是一种系统思维，常常被用于制定企业集团发展战略和分析竞争对手情况。在战略分析中，它是最常用的方法之一。

进行 SWOT 分析时，主要有以下几个方面的内容。

### （一）分析环境因素

运用各种调查研究方法，分析出企业所处的各种环境因素，即外部环境因素和内部环境因素。外部环境因素包括机会因素和威胁因素，它们是外部环境对企业的发展直接有影响的有利和不利因素，属于客观因素；内部环境因素包括优势因素和弱势因素，它们是企业在其发展中自身存在的积极因素和消极因素，属于主动因素，在调查分析这些因素时，不仅要考虑到历史与现状，而且要考虑未来发展问题。

优势，是企业机构的内部因素，具体包括：有利的竞争态势，充足的财政来源，良好的企业形象，技术力量，规模经济，产品质量，市场份额，成本优势，广告攻势等。

劣势，也是企业机构的内部因素，具体包括：设备老化，管理混乱，缺少关键技术，研究开发落后，资金短缺，经营不善，产品积压，竞争力差等。

机会，是企业机构的外部因素，具体包括：新产品，新市场，新需求，外国市场壁垒解除，竞争对手失误等。

威胁，也是企业机构的外部因素，具体包括：新的竞争对手，替代产品增多，市场紧缩，行业政策变化，经济衰退，客户偏好改变，突发事件等。

### （二）构造 SWOT 矩阵

在完成环境因素分析和 SWOT 矩阵的构造后，便可以制订出相应的行动计划。制订计划的基本思路是：发挥优势因素，克服弱势因素，利用机会因素，化解威胁因素；考虑过去，立足当前，着眼未来。运用系统分析的综合分析方法，将排列与考虑的各种环境因素相互匹配起来加以组合，得出一系列企业未来发展的可选择对策。

## 五、企业业务组合分析 —— 波士顿矩阵

波士顿矩阵（BCG）又称市场增长 – 市场占有率矩阵，或成长 – 份额矩阵，它是在 20 世纪 60 年代后期由美国波士顿咨询公司提出的，后来在企业营销战略规划中得到了广泛的应用和发展。它特别适用于多种经营的大公司，在规划其多种业务时分析其各种业务的地位及其相互关系。

### （一）波士顿矩阵法的前提

波士顿短阵法的前提是建立战略业务单位。一般地，战略业务单位应具备以下三个特征：

第一，是一项独立的业务，或是相关业务的集合体，计划工作能与公司其他业务分开。

第二，具有自己的竞争者。

第三，有一位专职经理，负责战略计划和利润业绩考核。

### （二）波士顿矩阵图的绘制

以 BCG 市场的需求增长率和市场相对占有率为坐标，分析企业现行各业务在所在行业的地位和发展潜力，并从相关角度分析各项业务对企业发展的贡献程度。考察企业目前业务结构及其变动趋势的合理性，从而对未来的业务组合做必要调整。战略的一项基本任务是配置企业的资源，BCG 为分析企业各业务的市场特点提供了方法，分析的结果则是企业确定资源投向的依据。具体操作时尺寸可大可小，需根据不同行业的特征决定。市场增长率根据历史资料计算。市场增长率所代表的是某项业务所处的行业在市场上的吸引力，它与该公司该业务所处的地位无关。横坐标为市场相对占有率，表示企业该项业务的市场份额与市场最大竞争者的市场份额之比。

由于一个市场上参与竞争的企业很多，直接计算一个企业某项业务的市场占有率是比较困难的，因为它需要收集大量的资料。用相对市场占有率来代表企业某项业务的市场地位，实施起来比较可行。市场相对占有率用倍数而不以百分数表示。

在波士顿矩阵（BCG）中第三个参数是各项业务的销售收入规模，它以圆圈的面积来表示，说明该业务在公司所有业务中的相对地位和对公司的贡献。各项业务对公司的贡献指标不只是销售额，其他的指标如利润额等也可以起到类似的作用。但该企业和竞争对手的准确的销售额数据往往是现成的，而要取得竞争对手的利润资料确实很困难，因此，销售额是常用指标。

### （三）波士顿矩阵的分析

BCG 由四个区域组成，不同区域内业务具有不同的市场性质。

#### 1. 高增长 —— 高占有率区域

该区域中的业务被称为明星业务，具有市场发展迅速、企业市场占有率最高的特点。明星业务是企业业务组合矩阵中最具有长期发展机会和获利能力的业务，代表企业的前景。明星业务中，目前经营较成熟的那些业务所需要的资源追加量较少，甚至能自我提

供发展用的资源，因此不需要从其他业务部分筹集资源。但是，明星业务中较年轻的那些业务，从目前的销售情况看，它们的销售额可能并不大，但市场已明显地表现出未来发展的潜力，而且企业在这个新市场中处于领先地位，它们需要大量的投资，以扩大生产设备规模，维持并扩大其在发展的市场中的主导地位。而它们所需的投资量一般超过了其自身的积累能力，因此在短期内它们应成为企业资源的优先使用者。

对明星业务，企业需要采用发展性战略，以扩大其市场占有率，支持其进一步发展。当市场发展率降低后，明星业务将转变为金牛业务，成为企业的现金源。如果企业不能维持明星业务的相对市场份额，该业务将转化为狗类业务。如果企业过早对明星业务的主导地位进行资本化，如采用高价政策来榨取该业务的获利能力，就会加速该业务的寿命发展过程，提前恶化其市场地位。明星业务的发展趋势取决于是否能从企业内部或外部取得所需的扩展资源。

## 2. 低增长 —— 高占有率区域

这一区域中的业务被称为金牛业务。金牛业务所在的市场已进入成熟阶段，因而发展速度较慢，但在企业市场上的占有率较高。金牛业务较有利的市场地位和较低的追加投资需要，使其创造的现金高于自身对现金的需要量。因此，他们能为企业其他各类业务（主要是明星业务和问号业务）的发展提供所需的财力资源。金牛业务曾是企业过去的明星业务，现在仍是企业业务组合中的基础部分。

对实力不同的金牛业务应该采取不同的态度：对较弱的金牛业务，即市场发展已到尽头，或企业的市场地位在逐渐衰弱的金牛业务，企业应采取榨取性战略，争取在较短的时间内尽量多地获取该业务能提供的收益，并逐渐退出该业务；对于金牛业务中较强的那些业务，即市场刚刚开始饱和，企业在市场上处于支配地位的金牛业务，企业应采取维持性战略，有效利用这些业务所提供的过剩资源发展其他的业务能力。

## 3. 低增长 —— 低份额区域

属于这一区域内的业务被称为狗类业务。狗类业务所处市场已经饱和，因而竞争激烈，产业平均利润率很低。从内部能力来看，狗类业务由于成本高或是质量差，或是促销工作不尽如人意等原因，造成在市场中的竞争地位较弱。在20世纪70年代之前，战略管理人员一直认为狗类业务是没有价值的，企业应该尽快退出狗类业务，但进入70年代后，人们对狗类业务的认识发生了变化。这是因为许多国家先后出现了整个经济发展速度降低、高通货膨胀、消费方式迅速变化等状况，导致许多业务进入狗类业务，这样大范围的退出会引起经济的迅速衰退。另外，一些企业也确实在狗类业务中取得了成功。

狗类业务应该分为两类：第一类狗类业务距市场领导地位的竞争对手比较接近，内部管理也比较好，在市场平衡状态较稳定时，可以同时采取维持性战略和榨取性战略，使其在一段时间内成为企业可靠的资源提供者。当然，其资源供应能力一般不如金牛业务。对这部分的管理重点是缩小业务范围，强调高质量和低价格，进行成本控制或削减广告开支等。第二类狗类业务所处的竞争地位很弱，易受到对手的直接打击，而且没有机会开发其他细分市场。在对企业其他业务的正常运行不产生威胁的情况下，企业对这类业务应同时采取榨取性战略和撤退性战略，尽快从业务中抽回资源，以满足其他业务对资源的需要。

### 4. 高增长率 —— 低占有率的区域

处于该区域的业务被称为问号业务。问号业务所面临的市场发展率较高，所以有可能成为能为企业作出贡献的业务。但是问号业务目前的市场占有率较低，因此获利能力不明确，先进创造力较低。然而，市场发展率高的业务获得市场份额的可能性比市场发展率低的业务一般要高些。为了扩大问号业务的市场占有率，需要进一步投入资金。从整个企业看，找出那些通过追加资源的支持便能提高市场占有率，从而发展成为明星业务的问号业务具有重要意义。如果经过分析，发现问号业务不可能进一步发展成为明星业务，企业就有必要采取撤退性战略，退出这些产业，重新分配资源，以形成更有效的业务组合。必须注意的是，企业对需要现金支持的问号业务量应有所控制，因为问号业务转变为明星业务不仅需要有现金的支持，还需具有一定的竞争力，拥有能满足市场要求的产品、足够的合格职工等。

## 六、价值链分析

企业每项生产经营活动都是其创造价值的经济活动，企业所有的互不相同但互相联系的生产经营活动，便构成了创造价值的一个动态过程，即价值链。

价值链反映出企业生产经营活动的历史、重点、战略以及实施战略的发展，还有生产经营活动本身所体现的经济学观念。更具体地说，如果企业所创造的价值超过其成本，企业便有盈利；如果盈利超过竞争对手的话，企业便有更多的价值优势。

企业的生产经营活动可以分成主体活动和支持活动两大类。主体活动是指生产经营的实质性活动，一般可以分为原料供应、生产加工、成品储运、市场营销和销售服务五种活动，这些活动与商品实体的加工流转直接相关，是企业的基本增值活动；支持活动是用以支持主体活动而且内部之间又相互支持的活动，包括企业投入的采购管理、技术开发、人力资源管理和企业基础结构。

采购管理、技术开发、人力资源管理是三种支持活动，既支持整个价值链的活动，又分别与每项具体的主体活动有着紧密的联系。企业的基本职能活动支持整个价值链的运行，而不与每项主体直接发生联系。企业要分析自己的内部条件，判断由此产生的竞争优势，首先要确定自己的价值活动，其次识别价值活动的类型，最后构成具有自身特色的价值链。

# 第三节　企业总体战略

## 一、企业增长型战略

企业增长型战略是指企业扩大原有主要经营领域的规模，向新的经营领域开拓的战略。其核心是，通过企业竞争优势谋求企业的发展和壮大。增长型战略是一种使企业在现有的战略基础水平上，向更高一级的目标发展的战略，它是以发展作为战略的核心内容，引导企业不断地开发新产品、开拓新市场、采用新的生产方式和管理方式，以便扩大企业的生产规模，提高其竞争地位。

### （一）密集型增长战略

密集型增长是指企业在现有业务领域里充分利用在产品和市场方面的潜力来求得成长发展。制订发展战略，首先应审视一下现有产品和市场是否还有可开发的机会。密集型增长战略主要有以下三种形式。

1. 市场渗透

市场渗透是指企业在现有的市场上扩大现有产品的销路，促进企业的发展。办法主要有三个：①千方百计使现有顾客增加购买数量，如增设销售网点、拓宽销售渠道等；②夺走竞争对手的顾客，这就要求自己的产品质量好、价格便宜、服务周到，以及广告做得好等；③努力发掘潜在的顾客，如采取各种促销活动，激发他们购买产品的兴趣。这需要企业在现有产品的质量、价格、包装、服务、品牌、商标等方面下功夫，提高企业信誉，并有效运用各种促销手段刺激需求，从而求得发展。虽然市场渗透可能给企业带来增加市场份额的机会，但能否采取这一战略不仅取决于企业的相对竞争地位，也取决于市场的特性。

2. 市场开发

市场开发是指用现有产品去开发新市场，从而增加销售额，市场开发包括进入新的细分市场，为产品开发新的用途，或者将产品推广到新的地理区域等。

能否采取市场开发战略来获得增长，不仅与所涉及的市场特征有关，而且与产品的技术特性有关。在资本密集型行业，企业往往有专业化程度很高的固定资产和有关的服务技术，但这些资产和技术很难用来转产其他产品，在这种情况下，企业有特色的核心能力主要来源于产品，而不是市场，因而，不断地通过市场开发来挖掘产品的潜力就是企业首选的方案。一些拥有技术决窍和特殊生产配方的企业也比较适合采用市场开发战略。

### 3. 产品开发

产品开发是指企业向现有市场提供新产品，满足现有顾客的潜在需求，增加销售额。这就要求增加产品的规格、样式，使产品具有新的功能和用途等，以满足目标顾客不断变化的要求。

一般来说，技术和生产导向型的企业更乐于通过产品开发来寻求增长，这些企业或者具有较强的研究和开发能力，或者其市场开拓能力较弱。但无论出于何种原因，一旦产品开发获得成功，往往可以给企业带来较丰厚的利润。

然而，成功地进行产品开发并非易事，它往往伴随着很高的投资风险。新产品开发失败的原因很多，如市场环境的急剧变化，新技术的出现，以及国际上发生重大政治事件等，但企业在整个开发过程中没有坚持正确的路线和原则也是非常重要的原因。

## （二）一体化增长战略

一体化增长战略是指企业充分利用自己在产品、技术、市场上的优势，根据物资流动的方向，使企业不断地向深度和广度发展的一种战略。根据这种战略，企业把自己的经营活动延伸到供、产、销的不同环节，使自身得到发展，从而拓展业务，扩大规模。一体化增长包括三种形式。

### 1. 后向一体化战略

后向一体化战略是一种按销、产、供为序实现一体化经营而获得增长的策略。它是指企业产品在市场上拥有明显的优势，可以继续扩大生产，打开销路，但是由于协作供应企业的材料、外购供应跟不上或成本过高，影响企业的进一步发展。在这种情况下，企业可以依靠自己的力量，扩大经营规模，由自己来生产材料或配套零部件，也可以向后兼并供应商或与供应商合资兴办企业，组成联合体，进而统一规划和发展。

### 2. 前向一体化战略

前向一体化战略，从物资的移动角度看，就是朝与后向一体化相反的方向发展，即按供、产、销的顺序实现一体化经营，使企业得到发展。一般是指生产原材料或半成品的企业，根据市场需要和生产技术可能的条件，充分利用自己在原材料、半成品上的优势和潜力，决定由企业自己制造成品或与成品企业合并，组建经济联合体，以促进企业的不断成长和发展。

### 3. 水平一体化战略

水平一体化战略是指企业以兼并处于同一生产经营阶段的企业或与同类企业进行合资经营，以促进企业实现更高程度的规模经济和迅速发展的一种战略。

## （三）多样化增长战略

多样化经营又叫多元化经营或多角化经营，是指企业通过增加产品种类，跨行业生产经营多种产品和业务，扩大企业的生产范围和市场范围，以实现企业业务的增长。多样化增长战略主要有以下几种形式。

### 1. 同心多样化增长战略

同心多样化增长战略是指以企业现有的设备和技术能力为基础，开发新产品，增加产品的门类和品种，如从同一圆心向外扩大业务范围，以寻求新的增长。这种多样化经营有利于企业充分利用生产技术、原材料、生产设备的类似性，获得生产技术上的协同效果，风险比较小，且易于取得成功。这种战略的缺点是：由于新产品在销售渠道、促销等方面与原产品有所不同，在营销竞争中有时会处于不利地位。

### 2. 水平多样化增长战略

水平多样化增长战略即企业针对现有市场的其他需要，增添新的物质技术力量开发新产品，以扩大业务经营范围，寻求新的增长。这就意味着企业向现有产品的顾客提供他们所需要的其他产品。实行这种多样化经营，可以利用原来的分销渠道、促销方法、企业形象及知名度等方面的优势，在市场营销方面获得协同作战的效果。但使用这种战略的企业应具有相当实力，因为在不同产品之间存在研究开发、原材料、生产技术、生产设备等方面的差异，不易适应环境的变化，且有一定风险。

### 3. 集团式多样化增长战略

集团式多样化增长战略是指企业通过投资或兼并等形式，把经营范围扩展到多个新兴部门或其他部门，组成混合型企业集团，开展与现有技术、现有产品、现有市场无联系的多样化经营活动，以寻求新的增长机会。集团式多样化增长战略的优点是通过向不同的行业渗透和向不同的市场提供服务，可以分散企业经营的风险，增加利润，使企业更加稳定地发展；有利于企业迅速地利用各种市场机会，逐步向具有更大市场潜力的行业转移，从而提高企业的应变能力；有利于发挥企业的优势，综合利用各种资源。

## 二、企业稳定型战略

### （一）稳定型战略的概念

稳定型战略是在企业的内外部环境约束下，企业准备在战略规划期使企业的资源分配和经营状况基本保持在目前状态和水平上的战略，即企业通过投入少量或中等程度的资源，维持现有生产规模，维持现有的销售额和市场占有率，保持现有的竞争地位。其特点是：巩固成果，维持现状；经营安全，不冒太大的风险；企业采用各种措施来防御竞争对手，但不主动出击。

稳定型战略的优点：采用稳定型战略时，企业的经营风险相对较小；由于经营主要与过去大致相同，因而能避免因改变战略而改变资源分配的困难；同时，也能给企业一个较好的修正期，使企业集聚更多的能量，避免因发展过快而导致的弊端。

但是，实施稳定型战略是以企业的内外部环境相对稳定为前提的，一旦环境发生变化，而企业没有准确预测的话，会承担很大风险；另外，该战略的实施也容易使企业的风险意识减弱，甚至惧怕和回避风险，这也同样会影响企业的经营活动。

采取稳定型战略的企业，一般处在市场需求及行业结构稳定或者较小动荡的外部环

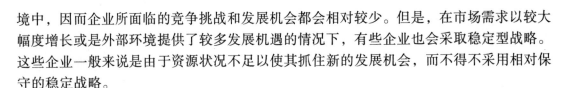

境中，因而企业所面临的竞争挑战和发展机会都会相对较少。但是，在市场需求以较大幅度增长或是外部环境提供了较多发展机遇的情况下，有些企业也会采取稳定型战略。这些企业一般来说是由于资源状况不足以使其抓住新的发展机会，而不得不采用相对保守的稳定战略。

## （二）稳定型战略的类型

### 1. 无变化战略

实行这种战略的企业不进行重大的战略调整，保持原有的战略不变，可能基于以下两个原因：一是企业过去的经营相当成功，并且企业内外环境没有发生重大的变化；二是企业并不存在重大的经营问题或隐患，因而企业战略管理者没有必要进行战略调整，或者避免由于战略调整给企业带来利益分配和资源分配的困难。采用这种战略的企业除了每年按通货膨胀率调整其目标以外，其他都暂时保持不变。

### 2. 维持利润战略

维持利润战略是指维持过去的经营状况和效益，实现稳定发展。这是一种以牺牲企业未来发展维持目前利润的战略。维持利润战略注重短期效果而忽略长期利益，其根本意图是渡过暂时性的难关，因而往往在经济形势不太景气时被采用。但如果使用不当，维持利润战略可能会使企业的元气受到伤害，影响长期发展。

### 3. 暂停战略

暂停战略是指在一段时期内降低企业的目标和发展速度。例如，在采用并购发展的企业中，往往会在新收购的企业尚未与原来的企业很好地融合在一起时，先采用一段时间的暂停战略，以便有充分的时间重新实现资源的优化配置。在一段时间的快速发展后，企业有可能会遇到一些问题使效率下降，这时就可采用暂停战略。从这一点来说，暂停战略具有让企业积累能量，为今后的发展做准备的功能。

### 4. 谨慎实施战略

谨慎实施战略是指企业对某一战略决策有意识地降低实施进度，步步为营，保持经营的稳定性。如果企业外部环境中的某一重要因素难以预测或变化趋势不明显，如某些受国家政策影响比较严重的行业中的企业，在面临国家的几项可能的法规公布之前，就很有必要采用谨慎实施战略，一步步稳固地向前发展，不能置未来政策于不顾。实施这种战略可以降低经营风险，使企业持续、稳定地向前发展。

# 三、企业紧缩型战略

## （一）紧缩型战略的概念

随着企业经营环境的不断变化，原本有利的环境在经过一段时间后会变得不那么有吸引力了，原来能容纳许多企业发展的产业会因进入衰退阶段而无法为所有企业提供最低的经营报酬，或是企业为了进入某个新业务领域需要大量的投资和资源的转移，以及当企业处在一种十分险恶的经营环境之中，或者由于决策失误等原因造成经营状况不佳时，企业不得不面对现实，减少经营领域，缩小经营范围，关闭亏损的工厂，紧缩财务开支。这时就需要采用紧缩型战略来维持企业的生产经营活动。

紧缩型战略是指企业从目前的战略经营领域和基础水平撤退和收缩，且偏离战略起点较大的一种经营战略。紧缩型战略能帮助企业在外部环境恶劣的情况下，节约开支和费用，能在企业经营不善的情况下最大限度地降低损失；能帮助企业更好地实现资产的最优组合。但紧缩型战略也有可能为企业带来一些不利之处，如实行紧缩型战略的尺度较难把握，若操作有误可能会扼杀具有发展前途的业务和市场，使企业总体利益受到伤害；此外，由于紧缩型战略常常引起不同程度的裁员和降薪，因此，实施紧缩型战略会引起企业内部人员的不满，从而引起员工情绪的低落。这些紧缩型战略潜在的弊端往往较难避免，在实施过程中应加以考虑。

### （二）紧缩型战略的类别

根据紧缩的方式和程度不同，紧缩型战略又可以分为以下几种类型：抽资转向战略、放弃战略、依附战略和清算战略。

#### 1. 抽资转向战略

抽资转向战略是企业在现有的经营领域不能维持原有的产销规模和市场面，不得不采取缩小产销规模和市场占有率，或者企业在存在新的更好的发展机遇的情况下，对原有的业务领域进行压缩投资、控制成本，以改善现金流为其他业务领域提供资金的战略方案。另外，在企业财务状况下降时也有必要采取抽资转向战略，这一般发生在物价上涨导致成本上升或需求降低使财务周转不灵的情况下。因此，企业通常采取调整企业产品、降低成本和投资、减少资产、加速收回企业资产等措施。

抽资转向战略会使企业经营主方向发生转移，有时会涉及经营的基本宗旨的变化，其成功的关键是管理者要有明晰的战略管理概念，即必须决断是对现存的企业业务给予关注还是重新确定企业的基本宗旨。

#### 2. 放弃战略

放弃战略是指将企业的一个或几个主要部门转让、出售或者停止经营。这个部门可以是一个经营单位、一条生产线或者一个事业部。由于放弃战略的目的是要找到肯出高于企业固定资产时价的买主，所以企业管理人员应说服买主，认识到购买企业所获得的技术或资源能使对方利润增加。

采用放弃战略是一件痛苦的事情，也是一个非常困难的决策，有许多问题需要认真思考：①技术或经济结构上的问题，即一个企业的技术特征及其固定和流动资本妨碍其退出；②企业战略上的问题，即企业内部各单位之间的紧密联系和战略依存关系，可能不允许放弃某个经营单位；③管理上的问题，企业管理人员往往会对放弃战略持反对意见，因为这对他们可能会有威胁。

为了解决好上述问题，企业负责人就要选好、选准拟放弃的单位，使之对企业技术、经济、战略上的负面影响降到最低限度；改进工资奖励制度，使之不与放弃方案相冲突；还要同放弃单位的购买者充分协商，妥善安排该单位员工及管理者，使他们能各得其所。

### 3. 依附战略

当企业处于困境又想维持自身的生存时，有一种办法就是去寻找一个较大的用户，成为用户的依附者，用以维持企业的生存，这就是依附战略。我国鼓励优势企业兼并劣势企业，有些劣势企业被兼并后仍然继续存在，只不过成为优势企业的下属战略经营单位或该集团的一个成员。对这些被兼并而又继续存在的企业来说，也可视为在执行依附战略。

### 4. 清算战略

清算战略是指卖掉其资产或停止整个企业的运行而终止一个企业的存在。该战略就是企业按照《中华人民共和国企业破产法》的规定，通过拍卖资产、停止全部经营业务来结束公司的生命。显然这是一个对任何企业都无吸引力的战略，通常只有在其他战略全部失灵时才被迫采用。然而，如企业已符合破产条件，则应及时进行破产清算，相比顽固地坚持无法挽回的事业来讲，这是较适当的战略。如果不宣布破产，时间越久可清算的资产将越少，员工们的损失将越大。

# 第四节 企业经营战略

## 一、企业的经营方针

企业的经营方针是在一定的经营思想指导下，从事各种经营活动所必须遵循的基本纲领与准则。经营方针是企业经营思想的具体反映，是实现经营目标的行动指南。

依据不同类型企业的不同经营特点、不同时期不同的内外条件、要解决的不同经营问题，可将经营方针具体分为三种。

### （一）明确服务方向方针

企业是以提供具体的产品或服务为消费者服务的。企业的产品服务方向不同，经营管理要求则有很大区别。企业服务方向的方针，可以有多种选择：可以为国内市场服务或为国际市场服务；可以为农村消费者服务或是为城市消费者服务；可以为工业生产提供原材料、设备服务或者是为消费者提供直接服务等。每个企业都要确定具体的服务方向，才能做到有的放矢，进而做好经营管理工作。

### （二）坚持技术发展方针

企业技术发展对经济效益有着重要影响，企业应当有明确的技术发展方针。技术发

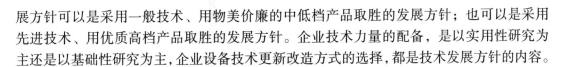

展方针可以是采用一般技术、用物美价廉的中低档产品取胜的发展方针；也可以是采用先进技术、用优质高档产品取胜的发展方针。企业技术力量的配备，是以实用性研究为主还是以基础性研究为主，企业设备技术更新改造方式的选择，都是技术发展方针的内容。

### （三）确定生产营销方针

企业生产经营活动，主要反映在品种、数量、质量、价格、交货期和服务等方面，企业应结合自身条件，发挥其优势，确定经营方针。

生产营销方针，可以是扩大产量薄利多销，可以是优质优价以质取胜，可以是以发展品种保持多样化经营为特色，也可以是提高服务质量促进生产发展等。

现代企业经营方针的制订，是一个周密的调查研究过程，要从长远考虑，从企业实际出发，扬长避短、发挥其优势，形成自己的经营风格和特色。同时，注意根据企业条件和市场形势的变化，适时地调整和修订经营方针。

## 二、企业的经营目标

现代企业的经营目标，是现代企业生产经营活动在一定时期内所预期达到的经营成果与水平。任何企业在一定时期内都有其经营目标，企业的各项生产经营活动都要围绕一定的预期目标来进行。企业经营目标的基本内容一般包括以下四点。

### （一）贡献目标

企业的存在取决于它对社会的贡献和贡献的大小。企业对社会的贡献，既包括提供产品或服务，以满足消费者的物质文化生活需要，又包括创造价值，为国家提供积累，满足促进社会经济发展的需要。

### （二）市场目标

市场是企业的生存空间。开拓新市场、提高市场占有率是企业重要的经营目标。市场目标是指在一定时期内，企业占领市场的广度和深度。对有条件的企业来说，还应提高产品在国外市场的竞争能力，从而开辟国际市场。

### （三）发展目标

发展目标是指企业在一定时期内，其生产规模的扩大、品种的增多和产品质量、技术水平等的提高。它不仅表现在生产规模的扩大、技术水平与管理水平的提高上，而且表现在企业员工素质的不断提高上。

### （四）利益目标

利益目标是指企业在一定时期内，为本企业和员工创造的物质利益。它表现为企业实现的利润、工资与奖金、员工福利等。利益目标是现代企业经营活动的内在动力，也是企业谋求生存和发展的基础。

企业的总体经营目标，是通过各个环节和各个部门员工的努力实现的，因此，应该围绕企业的总体目标制订本部门的具体目标，从而形成一个纵横交错、有机关联的目标体系。也正是通过企业经营目标的层层分解和层层保证，使各部门各环节的生产经营活动紧密配合，进而使企业的总体经营目标得到最终实现。

## 三、企业的经营战略

### （一）企业成本领先战略

企业成本领先战略又称低成本战略，是指企业的全部成本水平低于竞争对手。成本领先战略要求企业全力以赴降低成本，抓好成本与管理费用的控制，以及最大限度地减少研究开发、服务、推销、广告等方面的成本费用。为了达到这些目标，有必要在管理方面对成本控制给予高度重视，尽管质量、服务以及其他方面也不容忽视，但贯穿于整个战略中的主题是使成本低于竞争对手。

采用成本领先战略的企业，首先，可以抵挡住行业内现有竞争对手的对抗，通过压低价格来阻止竞争对手的进入，保持较高的市场占有率，即通过规模经济或成本优势建立起进入壁垒，使潜在进入者望而却步；其次，当面对强有力的购买商要求降低产品价格的压力时，处于低成本地位的企业在进行交易时握有更大的主动权；最后，当强有力的供应商抬高企业所需资源的价格时，采用低成本战略的企业可以有更多的灵活性来摆脱困境。

赢得总成本最低的地位，通常要求企业具备较高的相对市场份额或其他优势，如良好的原材料供应等，也可能要求产品的设计要便于制造生产，保持一个较宽的相关产品系列以分散成本，以及为达到批量规模化生产而对所有主要客户群服务。由此，实行低成本战略就有可能有大量地购买先进设备的前期投资，激进的定价和承受初始亏损，以获取市场份额，高市场份额又进而引起采购经济性，而使成本进一步降低。一旦赢得了成本领先地位，所获得的较高利润又可对新设备、现代化设施进行再投资，以维护成本上的领先地位。这种再投资往往是保持低成本地位的先决条件。

成本降低的主要渠道有两条：一是对已有的成本支出进行控制，控制成本的重点应放在总成本中所占份额较大的成本项目上，或与标准成本偏差较大的成本项目上；二是采用先进的专用设备，提高劳动生产率，实行大批量规模化生产，降低产品平均成本。这不仅需要具有领先于竞争对手的先进专用设备，而且需要具备足够的资金支持和足够的市场需求支持。

应该注意的是，在追求总成本最低时，一定要用系统的思维全盘考虑整个经营过程。有些企业为了降低总成本，往往要求每个部门、每个环节都以同样比例降低成本。事实上，有的部门或环节增加投入反而会引起总成本的下降，而有些部门或环节减少投入反而会造成总成本上升。

### （二）企业差异化战略

企业差异化战略是指在一定的行业范围内，企业向顾客提供的产品或服务与其他竞争者相比独具特色、别具一格，使企业建立起独特的竞争优势。企业实现差异化战略可以有很多方式，如产品设计或品牌形象的差异化、产品技术的差异化、顾客服务上的差异化和销售分配渠道上的差异化等，最理想的情况是企业使自己在几个方面都标新立异，树立自己的特色。这种特色使消费者对该企业的产品情有独钟，由此对产品价格的敏感程度下降，愿意为其支付较高的价格，这样，企业可以抵御现有竞争者的攻击，消费者不会因竞争者较低的价格而去选购他们的产品。由于产品的独一无二使其难以被替代，也使新进入者很难对其构成威胁。另外，在与经销商和供应商的讨价还价中，由于它的某种特色能帮助其从消费者那里获得较高的利润，企业也处于比较有利的地位，并具有较大的回旋余地。当然，差异化战略并不意味着企业可以忽略成本，但此时低成本不是企业的首要战略目标。

为确保差异化战略的有效性，企业必须注意：第一，充分了解自己拥有的资源和能力，能否创造出独特的产品或服务；第二，必须深入、细致地了解顾客的需求和偏好，及时满足他们。特别应该注意的是，产品或服务差异化是暂时的，某种产品在一个时期内是差异化产品，经过一段时间，就会逐渐变为标准产品，企业需要不断开发新的差异化产品，靠不断挖掘新的差异化优势来占领市场。

但是，实现产品差异化有时会与争取占领更大的市场份额相矛盾。它往往要求企业对于这一战略的排他性有思想准备，即这一战略与提高市场份额两者不可兼得。较为普遍的情况是：如果建立差异化的活动总是成本高昂，如广泛的研究、产品设计、高质量的材料或周密的顾客服务等，那么实现产品差异化将意味着以成本地位为代价。然而，即便全产业范围内的顾客都了解企业的独特优点，也并不是所有顾客都愿意或有能力支付企业所要求的较高价格。

### （三）企业集中战略

企业集中战略也称为企业雨点战略，是通过满足特定消费者群体的特殊需要，或者服务于某一有限的区域市场，来建立企业的竞争优势及其市场地位的策略。这种战略最突出的特征是企业专门服务于总体市场的一部分，即对某一类型的顾客或某一地区性市场做密集型的经营。

集中战略的核心是细分市场，即该企业所确定的目标市场与行业中其他细分市场之间具有明显的差异性。

集中战略是主攻某个特定的顾客群、某产品系列的一个细分区段或某一个地区市场。正如差异化战略一样，集中战略可以具有许多形式。低成本与产品差异化战略都是要在全产业范围内实现其目标，集中战略的整体却是围绕着很好地为某一特定目标服务这一中心建立的，它所制订的每一项计划都要考虑这一中心。这一战略的前提是：企业能够以更高的效率、更好的效果为某一狭窄的战略对象服务，从而超过竞争对手。

企业实行集中战略的优点是：由于经营目标和范围集中，管理简单、方便，可以集中使用企业的各项资源；能够深入研究与本企业产品有关的各项技术，深入了解市场用户的具体需要；可以在一定程度上提高企业的实力，从而提高企业的经济效益。此外，实行集中战略，企业还可以通过目标市场的选择，寻找现有竞争者最薄弱的环节去切入，避免与实力强大的竞争者正面冲突，因此，这种战略特别适合实力相对较弱的中小型企业。

# 第五章 现代企业生产管理与质量管理

## 第一节　现代企业生产管理

### 一、企业生产管理概述

#### （一）生产管理的含义

生产管理就是对企业生产活动过程进行计划、组织、指挥、协调和控制的综合管理活动。

生产管理的内容包括生产计划、生产组织以及生产控制。通过合理组织生产过程，有效利用生产资源，经济合理地进行生产活动，以达到预期的生产目标。

#### （二）生产管理的意义

生产管理是企业管理的重要组成部分，是企业经营管理的物质基础，也是实现经营目标的重要保证。

1. 严格生产管理有利于实现企业的经营目标

企业的经营目标是追求利润最大化。要实现这一目标，就必须加强企业生产管理，通过对产品生产的控制，确保产品的品种、数量和质量，降低生产成本并按期交货。只

有这样，才能实现企业的经营目标。

### 2. 提高生产管理水平有利于增强企业产品竞争力

在市场经济体制下，市场需求多变，竞争异常激烈，企业要想在激烈的市场竞争中求得生存和发展，必须不断地开发新产品，按质、按量、按时地生产出适销对路的产品，以提高企业的市场竞争力。要做到这些就必须加强生产管理，使企业生产系统灵敏地运转起来。

### 3. 搞好生产管理有助于提高整个企业的管理水平

生产管理是企业管理的重要组成部分。企业为了在激烈的市场竞争中获胜，必须利用新技术、新工艺提高产品质量，缩短产品生产周期和降低产品成本，这种多品种生产和需求的不断变化使企业的产品生产过程越来越复杂，而客观要求企业运用现代化、科学化的管理手段，严格生产作业秩序，加强生产管理。从这个意义上说，搞好生产管理有助于提高整个企业的管理水平。

## （三）生产管理的任务

生产管理的基本任务是根据企业的经营目标、方针和决策，充分考虑企业外部环境和内部条件，编制企业生产计划和作业计划，对各种生产要素和生产过程的不同阶段、环节、工序进行合理安排，在规定时间内，生产出一定数量符合产品质量标准和产品成本要求的合格产品。具体表现在以下几个方面。

一是按照市场需求，生产出适销对路、质优价廉的产品，以满足市场和消费者的需要。

二是全面完成企业生产计划所规定的目标和任务，包括产品品种、质量、产量、产值、交货期等技术经济指标。

三是合理组织劳动力，充分利用人力资源，最大限度地挖掘企业员工的内在潜力，调动广大员工的积极性、主动性和创造性，不断提高生产效率，以保证生产任务的完成。

四是加强物质资源管理，合理利用物资、能源，努力降低单位产品的物资和能源消耗，提高资源利用率。加强设备管理，提高设备的完好率和利用率，做到物尽其用。

五是不断采用新技术、新工艺和新装备，促进企业技术进步。

## （四）生产管理的内容

从企业生产活动过程的角度来看，生产管理的内容包括生产组织管理、生产计划管理和生产控制管理三个方面。

### 1. 生产组织管理

生产组织是生产过程组织与劳动过程组织的统一。生产过程的组织主要解决产品生产过程各阶段、各环节、各工序在时间和空间上的协调衔接，劳动过程的组织主要解决劳动者之间、劳动者与劳动工具和劳动对象之间的关系。生产过程组织与劳动过程组织是企业生产活动计划工作的基础和依据，两者必须实现动态平衡，既要保持相对的稳定性，又要随着企业经营方针、经营计划的变化而变化。提高生产组织形式和劳动组织形

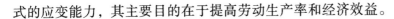

式的应变能力，其主要目的在于提高劳动生产率和经济效益。

2. 生产计划管理

生产计划主要包括产品生产计划和生产作业计划。产品生产计划主要规定产品品种、质量、产量等计划，以及保证实现生产计划的技术组织措施计划。生产作业计划是生产计划的具体内容，它保证产品生产过程各阶段、各环节、各工序之间在期量上的协调与衔接，使企业实现有节奏地均衡生产。

3. 生产控制管理

生产控制指围绕着完成生产计划任务所进行的各种检查、监督、调整等工作。其作用在于完善生产组织，实现生产计划，提高产品质量，降低生产消耗和生产成本。生产计划是生产控制的依据，生产控制是实现生产计划的手段。

# 二、企业生产组织管理

## （一）生产过程

生产过程就是从准备生产某种产品开始，直到把产品生产出来为止的全部过程。

任何产品的生产，都必须经过一定的生产过程。企业的生产过程包括劳动过程和自然过程。劳动过程是劳动者利用一定的劳动工具，按预定的步骤和方法，作用于劳动对象，使之成为产品的过程。自然过程是劳动对象在自然力的作用下，发生物理变化和化学变化的过程，如自然冷却、自然干燥和自然发酵等。

1. 生产过程的构成

生产过程可分为生产技术准备过程、基本生产过程、辅助生产过程和生产服务过程。

（1）生产技术准备过程

生产技术准备过程是指产品投入生产以前所进行的各项生产技术准备的工作过程。包括产品生产前的产品设计、工艺设计、设备设计与制造标准化工作及设备布置等内容。

（2）基本生产过程

基本生产过程是指通过加工直接把劳动对象变为基本产品的过程。如机械工业企业的铸造、锻造、机械加工和装配，纺织企业的纺纱、织布和印染。基本生产过程在企业整个生产过程中占主导地位，其他过程都是为实现基本生产过程而服务的。

（3）辅助生产过程

辅助生产过程是指为保证基本生产过程正常进行所从事的各种辅助性的生产活动的过程。如动力的供应、设备的维修、模具的制造等。

（4）生产服务过程

生产服务过程是指为了保证基本生产和辅助生产正常进行的生产服务活动的过程。如各种材料、工具的供应、保管、运输等。

2. 生产过程的组织要求

合理的生产过程组织，目标是使产品在生产过程中的行程最短、时间最省、耗费最少、效率最高，能取得最大的生产成果和经济效益，具体要求如下。

（1）连续性

生产过程的连续性是指产品在生产过程的各个阶段、各个工序在时间上紧密衔接，连续进行，尽量不发生或很少发生中断现象。实现生产过程的连续性，可以减少库存和在制品数量，缩短产品的提前期，加速资金周转，减少生产成本和其他费用。

（2）比例性

生产过程的比例性是指生产过程各个工艺阶段、各工序之间，在生产能力上和对产品生产的要求保持必要的比例关系。比例性也是实现连续性的基础。

（3）均衡性

生产过程的均衡性是指生产过程的各工艺阶段、各个工序在相同的时间间隔内，产品产量大致相等或均匀递增，使每个工作地的负荷保持稳定，避免出现前紧后松现象，保证生产正常进行。

（4）适应性

生产过程的适应性就是指生产过程的组织形式要灵活，能及时满足市场变化的要求。提高生产过程的适应性是企业管理从生产型转变为生产经营型以后的客观要求。它反映了企业对于市场的快速反应能力，在当今激烈的市场竞争中显得越发重要。

3. 生产过程的组织内容

生产过程的组织内容包括生产过程的空间组织和时间组织。

（1）生产过程的空间组织

生产过程的空间组织是指企业内部各生产阶段和生产单位的组织和空间布局。生产过程的空间组织有以下两种典型的形式。

①工艺专业化形式

它是按照生产工艺性质不同来设置生产单位的。在工艺专业化的生产单位里，集中着同类型的工艺设备和相同工种的工人，对企业的各种产品进行相同的工艺加工。因此，对产品品种多变的适应性较强，便于比较充分地利用机器设备和劳动力，同时，也便于对工艺进行专业化的管理。但由于工艺专业化的生产单位只能完成一种工艺，不能独立地完成产品（或零部件）的全部或大部分加工工序，每种产品的全部或大部分工序都要逐次通过许多生产单位才能完成。产品在生产过程中运输路线较长，消耗在运输、在制品上的辅助劳动较大，生产过程中的停放时间较长，生产周期也就较长，在制品资金占用也就较多，其生产单位之间的生产管理和成本核算工作都比较复杂。

②对象专业化形式

它是按照产品的不同来设置生产单位的。在对象专业化的生产单位里，集中着加工同种类产品所需要的各种机器设备和各种不同工种的工人，对同类产品进行不同工艺的加工。这种形式把一种产品的全部或大部分工序都集中到一个生产单位来完成。所以这

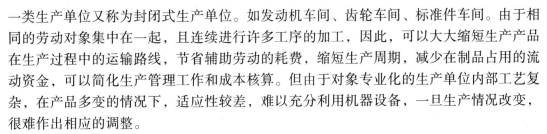

一类生产单位又称为封闭式生产单位。如发动机车间、齿轮车间、标准件车间。由于相同的劳动对象集中在一起，且连续进行许多工序的加工，因此，可以大大缩短生产产品在生产过程中的运输路线，节省辅助劳动的耗费，缩短生产周期，减少在制品占用的流动资金，可以简化生产管理工作和成本核算。但由于对象专业化的生产单位内部工艺复杂，在产品多变的情况下，适应性较差，难以充分利用机器设备，一旦生产情况改变，很难作出相应的调整。

（2）生产过程的时间组织

生产过程的时间组织是指产品在生产过程中各工序之间的移动方式。产品的生产过程必须经历一定的时间，经历的时间越短，越有利于企业提高经济效益。因此，对产品生产过程的各个环节，在时间上应当进行合理的安排和组织，保证各个环节在时间上协调一致，实现连续性和有节奏的生产，以提高劳动生产率，缩短生产周期，减少资金占用。

4. 生产过程的组织形式

（1）流水线

流水线是指劳动者按完整的工艺过程顺序通过各个工作地，并按照一定的生产速度连续不断地进行加工和生产产品的一种生产组织形式。流水线主要适用于产品结构和工艺稳定、产量足够大的产品。

（2）生产线

生产线是按产品专业化组织的一种生产组织形式。它拥有为完成几种产品的加工任务所必需的机器设备。生产线有较大的灵活性，主要适用于多品种、规格复杂、零部件较多、产量不大的产品。

（3）自动线

自动线是指由自动机器体系实现产品加工过程的一种生产组织形式。自动化生产是生产过程的高级组织形式，比流水线能带来更好的经济效益。自动线上的生产过程是完全自动进行的，工人的工作由直接操作设备变为调整设备和监视生产过程。

## （二）生产现场管理

生产现场是指从事产品生产、制造或提供生产服务的场所，它既包括生产前方各基本生产车间的作业场所，也包括生产后方各辅助部门的作业场所，如库房、实验室、锅炉房等。

现场管理就是指用科学的管理制度、标准和方法对生产现场各生产要素进行合理有效的计划、组织、协调、控制和检测，使其处于良好的结合状态，进而达到优质、高效、低耗、均衡、安全、文明生产的目的。现场管理是生产第一线的综合管理，是生产管理的重要内容，也是对生产系统合理布置的补充和深入。

1. 生产现场管理的基本内容

生产现场管理的基本内容包括工序管理、生产流程管理（物流管理）和生产环境管理。

（1）工序管理

工序管理就是按照产品加工工艺的要求，合理地配置和利用生产要素，并通过有效的控制达到最优的产出。主要要求是：配备的设备、劳动力和供应的原材料要同工艺要求相匹配；设备的能力和劳动工时都能得到充分利用；按期保质保量完成作业计划任务；尽量节约原材料和能源消耗，降低工序成本。

（2）生产流程管理

产品生产过程由多道工序组成。原材料投入生产过程后，经过各道工序顺序加工，最后成为成品。产品生产过程也是一个物流过程，即在制品的流动过程。产品生产过程的主要要求是，保证各道工序紧密衔接，避免生产流程中断；尽量减少在制品数量；尽量缩短物流路线；流转方式合理、高效。

（3）生产环境的管理

生产环境的管理就是努力创造一种井然有序、安全、文明、舒适、令人精神振奋的生产环境。其主要要求是：培养职工的社会化大生产意识和作风，随时随地注意保持环境的整洁有序；对现场的一切物品实行定置管理；落实各项必要的安全技术和劳动保护措施，保证生产安全和职工健康；尽可能美化和绿化生产环境。

2. 生产现场管理的基本要求

（1）通过现场定置管理，使人流、物流、信息畅通有序，现场环境整洁，生产文明。

（2）加强工艺管理，优化工艺路线和工艺布局，提高工艺水平，严格按工艺要求组织生产。

（3）以生产现场组织体系的合理化、高效化为目的，不断优化生产劳动组织，提高劳动效率，使生产处于受控状态，保证产品质量。

（4）健全各项规章制度、技术标准、管理标准、工作标准、劳动及消耗定额等。

（5）建立和完善管理保障体系，有效控制投入产出，提高现场管理的运行效能。

（6）搞好班组建设和民主管理，充分调动职工的积极性和创造性。生产现场管理是一个复杂的系统工程，开展现场管理工作需要做好三个方面的工作：一是治理整顿，着重解决生产现场脏、乱、差，逐步建立起良好的生产环境和生产秩序；二是专业到位，做到管理重心下移，促进各专业管理的现场到位；三是优化提高，优化现场管理的实质是改善，改善的内容就是目标与现状的差距。

3. 生产现场管理的方法

（1）现场

现场指的是现场指导，即在工作现场内，上司和技能娴熟的老员工对下属、普通员工和新员工们通过日常的工作，对必要的知识、技能、工作方法等进行教育的一种培训方法。

它的特点是在具体工作中，双方一边示范讲解，一边实践学习，有不明之处可以当场询问、补充、纠正，还可以在互动中发现以往工作操作中的不足、不合理之处，共同改善，也称为"职场内培训"。

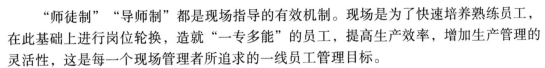

"师徒制""导师制"都是现场指导的有效机制。现场是为了快速培养熟练员工，在此基础上进行岗位轮换，造就"一专多能"的员工，提高生产效率，增加生产管理的灵活性，这是每一个现场管理者所追求的一线员工管理目标。

（2）8S管理方法

8S就是整理（Seiri）、整顿（seiton）、清扫（Seiso）、清洁（Seiketsu）、素养（Shitsuke）、安全（Safety）、节约（Save）、学习（Study）8个项目，简称为8S。8S管理法的目的就是使企业在现场管理的基础上，通过创建学习型组织不断提升企业文化的素养，消除安全隐患，节约成本和时间，使企业在激烈的竞争中，永远立于不败之地。

整理就是将工作场所中有用的和没有用的物品区分开来。其目的是腾出空间，活用空间，防止误送、误用，营造明朗的工作场所。

整顿就是将没有用的物品清除，把有用的物品整理好，方便存取。其目的是方便找到工作需要的物品，消除寻找物品的时间，消除物品积压，使工作环境整齐。

清扫就是将工作场所彻底清扫，保持干净、明朗，防止发生污染。其目的是减少工业伤害，稳定产品质量。

清洁就是将上面8S实施的做法制度化、规范化，保持物品分区、定位、标识、卫生的效果。其目的是减少工作失误，防止突然发生异常现象。

素养就是要人人依规定行事，遵纪守规，养成一种良好的习惯。其目的是端正态度，养成工作认真的习惯。

安全就是在管理上制订正确的作业流程，配置安全监督人员；对不合安全规定的因素及时消除；加强作业人员安全意识教育，签订安全责任书。其目的是预知危险，防患于未然，保障公司及员工的人身财产安全。

节约就是减少企业的人力、成本、空间、时间、库存、物料消耗。其目的是增强节约意识，培养降低消耗的习惯。

学习就是深入学习各项专业技术知识，提升综合素质，完善自我。其目的是使企业得到持续不断的发展，让企业和员工共同成长，相信"知识是第一生产力"。

（3）定置管理

定置管理是对生产现场中的人、物、场所三者之间的关系进行科学的分析研究，使之达到最佳结合状态的一种科学管理方法。

定置管理是以物在场所的科学定置为前提，以完整的信息系统为媒介，以实现人和物的有效结合为目的。通过对生产现场的整理，把生产中不需要的物品清除掉，把需要的物品放在规定位置上，科学地利用场所，向空间要效益；通过整顿，使生产中需要的东西随手可得，向时间要效益，从而实现生产现场管理的规范化与科学化，进行高效生产、优质生产、安全生产。定置管理是"8S"活动的一项基本内容，是"8S"活动的深入和发展。

# 三、企业生产计划与控制

## （一）企业生产计划

### 1. 生产计划的含义

生产计划是企业在计划期内应完成的生产任务的计划。它是关于企业生产运作系统总体方面的计划，是对企业总体生产任务的确定与产品生产进度的安排，一般为年度生产计划。

生产计划是根据销售计划制订的，是对企业的生产任务做出的统筹安排，规定着企业在计划期内产品生产的品种、质量、数量和进度等指标，是企业在计划期内完成生产目标的行动纲领。同时，它又是制订物资供应计划、设备管理计划和生产作业计划的主要依据。要使企业有较强的竞争能力和应变能力且使企业的生产与市场需求相适应，并能引导和开发潜在的市场需求，就必须加强企业的生产计划管理。

企业生产计划的任务主要包含两个方面：一是解决生产制造什么的问题，即生产什么才能满足和迎合市场的需要，才能获得利润；二是解决如何生产的问题，包括新产品的开发及所用的材料、机器、制造方法等。

### 2. 生产计划工作

生产计划工作是指生产计划的具体编制工作。它是通过一系列综合平衡工作，来完成生产计划的确定。生产计划工作的主要内容包括：确定生产计划指标、合理安排生产进度和核定企业生产能力。

（1）确定生产计划指标

企业生产计划的中心内容就是确定生产计划指标。生产计划的主要指标有品种、质量、产量、产值。

①产品品种指标

产品品种指标是指企业在计划期内应当生产的产品品名、规格、型号和品种数，它涉及"生产什么"的决策。确定品种指标是编制生产计划的首要问题，关系到企业的生存和发展。

产品的品种是以市场需求为基础，并考虑企业综合实力等因素，采用定性分析方法而确定的。常用方法是收入、利润顺序法，该方法是将生产的多种产品，按销售收入和利润排序，并用收入利润图来确定产品品种的一种方法。

②产品质量指标

产品质量指标是指企业在计划期内，产品质量应当达到的标准。质量指标包括：生产过程中的质量指标，如合格率、铸件废品率等；成品质量指标，如产品平均技术性能和产品等级率等。

③产品产量指标

产品产量指标是指企业在计划期内应当生产的合格产品的数量。产量指标通常用实物单位计量，如"台""辆"等表示。产量指标涉及企业"生产多少"的决策，这关系

到企业获得利润的多少。

产品的品种确定之后，就需要确定产品的产量。产量的确定方法有盈亏平衡点法和线性规划法。

④产品产值指标

产品产值指标是指用货币表示的产量指标，能综合反映企业生产经营活动的成果，以便与不同行业比较。企业产品产值指标主要有商品产值、总产值、净产值三种表现形式。

（2）合理安排生产进度

企业的生产计划不仅要确定全年的生产任务，而且要把全年的生产任务具体安排到各个季度、月份。合理安排产品的生产进度，对确保销售计划和订货合同的完成及有效利用企业的各种资源具有重要的作用。

（3）核定企业生产能力

生产能力是指在计划期内，企业参与生产的全部固定资产，在既定的组织技术条件下，所生产的产品数量。生产能力是反映企业加工能力及生产规模的一个技术参数。

生产能力的核定，一般先计算单台设备及设备组的生产能力，然后计划工段、班组及车间的生产能力，最后确定整个企业的生产能力。

①单台设备及班组生产能力的确定

车间内班组是最小的生产单位，每个班组配备一定数量的加工工艺相同的设备，但其性能与能力不一定相同。所以，班组生产能力的计算也是从单台设备开始的。

②车间生产能力的确定

由于班组的加工对象是零件，它们的生产能力应该以机时计量，而对于车间的生产对象，往往是产品或零部件配套数，所以它的生产能力应该以产量计量。车间的生产能力可以按关键设备能力来确定，能力不足的设备组，可以通过能力调整措施来解决。

③企业生产能力的确定

企业生产能力可以参照主要生产车间的能力来确定。

3．生产计划的编制

（1）收集资料，分项研究

编制生产计划时，需要收集下列资料信息，并进行分析研究。

①生产目标

生产计划是依据生产目标制订的，是对生产任务做出的统筹安排，是生产目标的实施。

②材料供应

原材料和各种辅助材料必须在规定的时间及时供应，确保生产正常有序，防止在生产过程中出现脱节而影响生产，合理确定库存量。

③生产能力

生产计划的拟定，必须考虑到企业现有的生产能力。要确保生产设备的完好，保障正常有序生产，要加强日常保养、检修、监督工作。

④人员状况

包括企业员工的技术水平、专业知识、经验积累、熟练程度、人员结构等方面。要根据生产计划提前做好劳动组织的安排工作。

（2）拟定方案，统筹安排

初步确定各项生产计划指标，包括产量指标的优选和确定、质量指标的确定、产品品种的合理搭配、产品生产进度的合理安排。

（3）编制草案，综合平衡

根据确定的各项生产计划指标，编制生产计划草案，并做好生产指标与生产能力的平衡，生产任务与劳动力、物资供应、能源、生产技术准备能力之间的平衡，生产指标与资金、成本、利润等指标之间的平衡。

（4）讨论修正，定稿报批

通过综合平衡，对计划做适当调整，修正部分生产指标，并报请企业主管领导或上级主管部门审批。

## （二）生产作业计划

生产作业计划是企业年度生产计划的具体执行计划。它是根据年度生产计划中规定的生产指标，具体分配给各个生产单位，并安排好在月、旬、周、日及轮班内的具体生产任务。

生产作业计划对每个生产单位在每个具体时期内的生产任务作出了详细规定，使年度生产计划得到落实。它与生产计划相比，具有计划期短、计划内容具体、计划单位小等特点。它是企业保证完成生产计划、组织好日常生产活动的重要依据。

1. 生产作业计划的任务

生产作业计划的主要任务包括以下几点：

（1）编制厂级生产作业计划和车间级作业计划

把企业生产计划的任务分解为具体的全厂生产作业计划，进而编制车间作业计划，然后把车间的短期生产任务分配给各工段、班组。

（2）编制生产作业准备计划

根据生产作业计划，进行原材料和外协件供应、设备维修、工具准备、技术文件准备和劳动力调配等生产技术准备工作，确保生产作业计划的顺利落实。

（3）进行设备负荷核算及平衡

将生产能力与生产任务进行比较细致的试算平衡，既保证生产任务的全面落实，又使生产能力得到充分利用。

（4）进行日常生产派工

根据车间、工段或班组短期作业计划，确定每个工人、每个工作地的生产任务和速度，下达生产指令。

（5）制订或修改期量标准

规定生产期限和生产数量的标准数据，作为编制生产作业计划的基本依据。

2. 生产作业计划的编制依据

（1）生产任务方面的资料

包括生产计划、订货合同及协议、新产品试制任务、车间之间协作任务等。

（2）设计工艺方面的资料

包括产品零部件的图样、加工验收技术条件、工艺规程、产品装配图、工艺路线、自制或外购零件清单等。

（3）生产能力方面的资料

包括人员配备、设备情况、厂房面积、产品工时定额等。

（4）生产准备方面的资料

包括原材料供应情况、材料定额、运输能力等。

（5）前期计划完成情况资料

包括各产品、零件的工时消耗定额及其分析资料、产品质量分析资料、期末在产品数量、工（台）时利用率、工人出勤率等。

3. 期量标准的制订

期量标准又称作业计划标准，是指科学地组织企业的生产活动而对生产过程中有关加工对象的生产期限和数量等方面所规定的标准数据。

先进合理的期量标准是编制生产作业计划的重要依据，是保证生产的配套性、连续性、充分利用设备能力的重要条件。制订合理的期量标准，对于准确确定产品的投入和产出时间，做好生产过程各环节的衔接，缩短产品生产周期，节约企业在制品占用，都有重要的作用。

期量标准主要有：在制品定额、生产提前期、生产周期等。

4. 生产作业计划的编制方法

编制生产作业计划时，一般先将生产任务分解到各车间，即编制各车间的生产作业计划，然后再将车间任务分配到各工段、班组乃至每个工人，即编制车间内部的生产作业计划。其中车间作业计划的编制，主要是根据车间生产组织形式和生产类型来进行。若是对象专业化车间，则将生产任务直接分配给各车间。若是工艺专业化车间，则根据车间的生产类型，采用以下几种不同的方法。

（1）在产品定额法

在产品定额是指从原材料投入到产品入库为止，处于生产过程各环节尚未完工的产品的总称，即生产过程各环节所需占用的最低限度的在产品数量。这种方法适用于大量大批生产类型。

由于大量大批生产的在产品占用量比较稳定，故可以用在产品定额做依据，确定车间生产任务，即按产品及工艺顺序逐个确定各车间的出产量和投入量。

（2）生产提前期法

生产提前期是指产品在生产过程的各工艺阶段投入或产出的日期比成品出产的日期要提前的时间。这种方法适用于需求稳定而均匀的成批轮番生产企业。

提前期是从产品装配出产日期开始，按各工艺阶段的生产周期和出产间隔期及工艺顺序推算的。

（3）生产周期法

生产周期是指从原材料投入生产到成品出产为止所经过的全部时间。这种方法适用于单件小批生产企业，用于计算零件的毛坯制造、机械加工、部件装配、总装配等工艺阶段的生产周期。

它可以根据每类产品的生产周期标准及交货期的要求按反工艺顺序依次确定各车间出产和投入时间。应用生产周期法确定车间生产任务的步骤是，首先根据订货合同规定的交货日期及事先编好的生产周期标准，编制各产品的生产周期图表，其次根据各产品的生产周期图表，确定各产品的零部件在各个工艺阶段的投入、出产进度表。

### （三）生产控制

生产控制就是指在生产计划执行过程中，对有关产品的生产数量和生产进度的控制。为保证生产计划的执行能顺利实现，在生产活动过程中，必须加强生产控制。

1. 企业生产控制的内容

企业生产控制的主要内容包括：生产进度控制、在产品占用量的控制等。

（1）生产进度控制

生产进度控制是指对原材料投入生产到成品入库为止的全过程所进行的控制。生产进度控制是生产控制的关键。生产进度控制一般包括投入进度控制、出产进度控制和工序进度控制等。

①投入进度控制

投入进度控制是指对产品开始投入的日期、数量和品种是否按生产计划进行的控制，也包括各生产环节、各种原材料、毛坯、零部件的投入是否按期按量进行，以及对设备劳动力、技术组织措施项目投入使用日期的控制。

②出产进度控制

出产进度控制是指对产品、零件的出产日期、出产提前期、出产均衡和成套性的控制。在大量生产条件下，控制的对象主要是整个流水线的生产进度，一般可用出产日期与出产进度表做比较，控制每日出产进度和累计出产进度。在成批生产条件下，不仅要控制产品的出产进度，而且要按不同的指标控制零部件的成套性。

③工序进度控制

工序进度控制是指对产品、零部件在生产过程中经过的每道加工工序的进度进行的控制。特别是在单件和成批出产的条件下，工序的出产任务经常变化，往往影响按时投入和出产，因而必须加强工序进度控制。工序进度控制的方法有：工序卡、加工路线单等。

（2）在产品占用量的控制

在产品占用量的控制是指对生产过程各环节的在产品和半成品的实物及账目进行控制。搞好在产品占用量的控制，不仅对实现生产计划有重要作用，而且对减少在产品积压、节约流动资产、提高经济效益也有重要的作用。

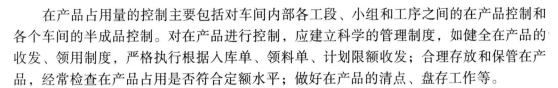

在产品占用量的控制主要包括对车间内部各工段、小组和工序之间的在产品控制和各个车间的半成品控制。对在产品进行控制，应建立科学的管理制度，如健全在产品的收发、领用制度，严格执行根据入库单、领料单、计划限额收发；合理存放和保管在产品，经常检查在产品占用是否符合定额水平；做好在产品的清点、盘存工作等。

2. 生产控制的措施

（1）事后控制

事后控制是指根据当期生产结果与计划目标的分析比较，提出控制措施，在下一轮生产活动中实施控制的方式。它是利用反馈信息实施控制的，控制的重点是以后的生产活动。这种方式在企业中有着广泛的应用，如产品质量控制与成本控制。这种控制方式简便，控制费用低，能起到亡羊补牢的作用。

（2）事中控制

事中控制是一种对进行中的生产系统做日常性控制的方式。事中控制是利用反馈信息实施控制的。通过作业核算和现场观测获取信息，及时把输出量与控制目标进行比较分析，做出纠正偏差的控制措施，不断消除由干扰产生的不良后果，确保计划目标的实现。事中控制活动是经常性的，且每时每刻都在进行之中，控制的重点是当前的生产过程。

（3）事前控制

事前控制是在生产活动之前进行调节控制的一种方式。事前控制是利用以前反馈的信息实施控制，重点放在事前的计划与决策上，即在生产活动开始以前根据对影响系统行为的干扰因素做种种预测，制订出控制方案。这种控制方式能够防患于未然。

3. 生产控制的方法

企业进行生产控制的方法有看板管理方法和目标管理方法。

（1）看板管理方法

"看板"又称"传票卡"，它是一张张的卡片，上面填列着在产品的名称、数量、编号、前后工序名称、加工地点、运送地点等内容，用来指挥生产，控制加工部件的数量和流向。看板有"生产看板""领取看板"之分。

看板是领货指令、运送指令和生产指令。"没有看板不领货"，后工序根据消耗掉的零件的看板量去向前工序领货；"没有看板不运送"，搬运工人根据看板的数量在工序之间运送零件；"没有看板不生产"，送来多少看板就生产多少零件。运用看板能够防止"过量制造""过量运送"。

看板管理方法就是运用"看板"这种信息控制工具，在企业内形成一个后工序，在必要的时间向前工序领取必要品种、数量的零部件，而前工序立即按被后工序取走的那部分零部件的品种、数量进行生产，控制过量生产，消除过量设备，将在产品占用量压缩到最低程度。其实质就是原先由前工序向后工序送货制改革成后工序向前工序取货制，去掉不必要的中间库存，达到及时化生产的目的，从而减少了生产资金占用，提高了生产效率。

（2）目标管理方法

目标管理是指生产现场的所有工作人员在生产设备、生产过程出现异常时，必须具有及时发现并查明原因、加以改善的责任和能力。

具体的方法是：在生产线每个工序上安装具有红、黄、绿三种颜色的指示灯。亮绿灯表示生产线工作运转正常；亮黄灯表示该工序生产进度落后，需要有其他员工来支援，进而改善作业"瓶颈"；当亮红灯后，应停止整个生产线的生产，这样就不会造成因其他工序继续作业而出现大量在制品的现象。同时，要求各个工序共同协作来解决出现的问题。这种方法的好处表现在能赋予员工高度的责任心，有利于发挥团队精神，防止出现不良品，避免发生大量在制品库存。

# 第二节　现代企业质量管理

## 一、质量管理概述

### （一）质量

#### 1. 质量的含义

产品质量是指产品的实际使用功能或适用性，即能够满足用户需要的各种性能或特征。在国际标准 ISO 9000 中把质量定义为"一组固有特性满足要求的程度"。

质量的内涵是由一组固有的特性组成，并且这些固有的特性是以满足顾客及其他相关方面要求的能力加以表征的。

#### 2. 质量特性

质量特性是指构成产品质量的一切外在的特征和内在的特性。不同类型的实体，质量特性不完全相同。

（1）硬件类产品质量特性

性能、可靠性、可用性、安全性、适应性、经济性和时间性等。

（2）服务类产品的质量特性

功能性、经济性、安全性、时间性、舒适性和文明性等。

（3）软件类产品的质量特性

性能、安全性、可靠性、专用性、可维修性、保密性和经济性等。

#### 3. 质量的特点

（1）质量不仅包括活动或过程的结果，还包括使质量形成和实现的活动及过程本身。

（2）质量不仅包括产品质量，还包括他们形成和实现过程中的工作质量。

（3）质量不仅要满足顾客的需要，还要满足社会的需要，并使顾客、业主、供方和社会都受益。

（4）质量问题不仅存在于生产企业，还存在于服务业及其他各行各业。

## （二）质量管理

### 1. 质量管理的含义

质量管理是指为了实现质量目标而进行的所有管理性质的活动。在质量方面具有管理性质的活动包括制订质量方针和质量目标以及质量策划、质量控制、质量保证和质量改进。

（1）质量方针

质量方针是由组织的最高管理者正式颁布的，是该组织总的质量宗旨和方向。

（2）质量目标

质量目标是与质量有关的、所追求或作为目的的事物。应建立在质量方针基础上，比较具体，尽量能够量化。

（3）质量策划

质量策划是质量管理中致力于设定质量目标并规定必要的作业过程和相关资源以实现其质量目标的一系列活动。管理者应对企业的质量方针、目标和要求进行质量策划，如产品策划、管理和作业策划、编制质量计划等。

（4）质量保证

质量保证是为了提供足够的信任，表明产品实体满足质量要求而进行的有计划、有系统的活动。质量保证分为内部保证和外部保证。内部质量保证的目的是向企业最高"管理者"提供信任，外部质量保证的目的是向用户或第三方提供信任。

（5）质量控制

质量控制是致力于满足质量要求的活动，包括产品形成过程的一系列作业、技术、组织和管理活动。质量保证与质量控制是相互联系的，质量控制活动是质量保证的基础。

（6）质量改进

质量改进是致力于提高有效性和效率的部分。有效性是指完成所策划活动并达到策划结果的程度。效率是指所达到的结果与所使用的资源之间的关系。质量改进的目的是为用户提供更高的效用，以更低的消耗、更低的成本来获得更高的收益。

### 2. 质量管理的意义

从宏观上来说，当今世界的经济竞争，很大程度上取决于一个国家的产品和服务质量，质量水平的高低从侧面反映了国家经济、科技、教育和管理的综合水平。产品质量代表了一个国家的形象，一个民族的精神。所以，企业只有将提高产品质量作为经营战略之一，才能有机会在国际市场上大显身手。

从微观上来说，质量是企业赖以生存和发展的保证，是开拓市场的生命线，正可谓"百年大计，质量第一"。对于一个企业的战略决策而言，不能不把战略管理置于一个核心的地位，这是因为战略管理是竞争中最具威慑力和震撼力的要素，是克敌制胜的强大武器。在当代，用户对产品质量的要求越来越高，提高产品质量能加强企业在市场上的竞争力。产品质量是构成顾客满意的必要因素，较好的质量会给企业带来丰厚的回报；质量是企业品牌的保护伞，严抓质量可以提高企业的美誉度；加强质量管理也是维护人们的生活及身心健康的必要措施。

## 二、全面质量管理

### （一）全面质量管理的含义

全面质量管理是指以产品质量为核心，以全员参与为基础，目的在于让顾客满意，使本企业所有者、员工、供方、合作伙伴或社会等相关方受益，建立起一套科学严密高效的质量体系，从而达到长期成功的一种管理途径。

全面质量管理是改善企业运营效率的一种重要方法，是对一个组织进行管理的途径。正是由于全面质量管理讲的是指导与控制组织各方面协调的活动和有组织的管理，因此"质量"概念扩充为全部管理目标，即"全面管理"。全面管理强调一个组织必须以全面质量为中心，以全员参与为基础，通过对组织活动全过程的指导和控制，追求组织的持久成功，使顾客、本组织所有者、员工、供方、合作伙伴或社会相关持续满意和受益。

### （二）全面质量管理的特点

全面质量管理与传统质量管理相比较，有三个显著特点：全员参与的质量管理、全过程的质量管理和全面性的质量管理。

1. 全员参与的质量管理

全员参与的质量管理即参加管理的人员是全面的。加强质量管理，不是某几个部门或少数几个人的工作。参与企业生产经营的每个员工的工作质量都会直接或间接地影响到产品质量。这就要求企业所有员工都要树立质量意识，履行质量职责，完成质量任务，认真执行各项质量标准，使质量管理建立在牢固的基础之上。

2. 全过程的质量管理

全过程的质量管理即管理的范围是全面的。产品的质量都有它形成和实现的过程，这一过程一般要经过市场调研、产品开发设计、生产技术准备、材料采购、生产制造、产品检验以及销售、服务等环节。这些环节环环相扣，相互联系、相互制约。企业为了实现全过程的质量管理，必须建立质量管理体系，将企业的所有员工和各个部门的质量管理活动进行有机组织，将产品质量产生、形成和实现全过程的各种影响因素和环节都纳入质量管理的范畴。只有形成全过程的管理体系，才能保证和提高产品质量，不断提升企业竞争力。

### 3. 全面性的质量管理

所谓"全面性"，包括三个方面的内容：一是管理对象的全面性，即全面质量管理的对象不仅包括产品质量，也包括工作质量；二是管理方法的全面性，即在质量管理过程中要针对不同的影响因素，灵活运用各种现代化的管理方法和手段，将专业技术、管理技术、数理统计等方法结合起来；三是经济效益的全面性，即企业除保证自身能获得最大的经济效益外，还应从社会和产品寿命循环全过程的角度考虑经济效益问题。

## （三）全面质量管理的内容

全面质量管理的基本内容包括设计过程、制造过程、辅助过程、使用过程四个方面的质量管理。

### 1. 设计过程质量管理

产品设计过程的质量管理是全面质量管理的首要环节，主要包括市场调查、产品开发、产品设计、工艺准备、试制和鉴定等过程。主要工作内容有：根据市场调查研究，制订产品质量设计目标；组织销售、使用、科研、设计、工艺、制造、质量部门参与确定适合的设计方案；保证技术文件的质量；做好标准化的审查工作；督促遵守设计试制的工作程序。

### 2. 制造过程质量管理

制造过程是指对产品直接进行加工的过程。它是产品质量形成的基础，是企业质量管理的基本环节。制造过程质量管理的工作内容有：组织质量检验工作；组织和促进文明生产；组织质量分析，掌握质量动态；组织工序的质量控制，建立管理点。

### 3. 辅助过程质量管理

辅助过程是指为保证制造过程正常进行而提供各种物资技术条件的过程。它包括物资采购供应、动力生产、设备维修、工具制造、仓库保管、运输服务等。辅助过程管理的主要内容有：做好物资采购供应的质量管理，保证采购质量，严格入库物资的检查验收，按质、按量、按期地提供生产所需要的各种物资；组织好设备维修工作，保持设备良好的技术状态；做好工具制造和供应的质量管理工作。

### 4. 使用过程质量管理

使用过程是考验产品实际质量的过程，它是企业内部质量管理的继续，也是全面质量管理的出发点和落脚点。使用过程质量管理的基本任务是提高服务量，保证产品的实际使用效果，不断促使企业研究和改进产品质量。它主要的工作内容有：开展技术服务工作，处理出厂产品质量问题，调查产品使用效果和用户要求。

# 三、产品质量认证和标准

## （一）产品质量认证

产品质量认证活动是社会经济发展到一定阶段的产物。在商品经济发展初期，当商品在市场上交易时，顾客需确认供方的商品是否满足其某种需要，供方为了推销产品，通常采用"产品合格声明"的方式来博取顾客的信任。随着科学技术的发展，产品品种日益增多，产品的结构和性能日趋复杂，仅凭买方的知识和经验很难判断产品是否符合要求，加之供方的"产品合格声明"并不总是可信的，这种方式的信誉和作用就逐渐下降。政府通过立法而开展认证，由不受供需双方经济利益所支配的独立第三方，用公正、科学的方法对市场上流通的商品进行评价、监督和产品质量认证，以正确指导民众的购买行为，进而保证民众的基本利益。

1.产品质量认证的含义

产品质量认证是依据产品标准和相应的技术要求，经第三方认证机构确认，并通过颁发认证证书和认证标志来证明某一产品符合相应标准和相应技术要求的活动。产品质量认证分为安全认证和合格认证两种形式。

2.产品质量认证的特点

（1）产品质量认证活动是由专门的认证机构实施的，在我国开展产品质量认证活动的认证机构必须经过国务院认可，以及监督管理部门批准，方可从事批准范围内的认证活动。

（2）产品质量认证的依据是相关标准和技术规范及要求。

（3）我国实行强制性认证和自愿性认证相结合的制度。国家对涉及国家安全、人体健康和安全、动植物生命和健康以及环境保护的产品实行强制性认证。实行自愿性认证的产品，其相关技术必须符合委托依法设立的认证机构进行的产品认证。

3.产品质量认证的意义

企业生产产品是为了销售给用户并盈利，只有质量过硬的产品才会被用户接受。通过产品质量认证，能使关心企业产品质量的组织和个人，确信通过认证的产品符合特定的产品质量标准和规定；通过产品质量认证有助于企业产品质量水平的提高，使企业建立健全有效完善的质量体系，为销售商和最终用户提供适当的信任；通过产品质量认证，有助于企业降低成本，增加社会效益和经济效益，树立形象，开拓市场。

4.产品质量认证标志

产品质量认证标志是指产品经法定的认证机构按规定的认证程序认证合格，准许在该产品及其包装上使用的表明该产品的有关质量性能符合认证标准的标志。此外，一些权威的国际机构和外国认证机构按照自己的认证标准，也向其申请认证并经认证合格后为我国国内生产的产品颁发其认证标志。

5.产品质量认证与质量管理体系认证的区别

（1）认证对象不同

质量管理体系认证与产品认证最主要的区别就是认证的对象不同。产品认证的对象是特定产品，既要对产品做型式试验，以确定产品质量是否符合指定标准要求，又要对组织的质量管理体系进行评定，评定组织是否具有质量保证能力，能否持续稳定地提供

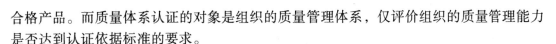

合格产品。而质量体系认证的对象是组织的质量管理体系，仅评价组织的质量管理能力是否达到认证依据标准的要求。

（2）认证依据不同

质量管理体系认证的依据是等同于 ISO 9000 族系列标准的有关国家标准。它的作用是能够提高顾客对供方的信任，增加订货，减少顾客对供方的检查评定，有利于顾客选择合格的供方。而产品认证的依据除了认证机构确定的质量管理体系要求外，还包括技术依据，即申请认证产品的相关国家或行业产品标准。

（3）证书和标志的使用不同

企业通过质量管理体系认证仅证明其质量管理水平达到了相应的认证依据标准的要求，并不能证明企业的每批产品都是合格的，所以，质量管理体系认证证书只能用于企业宣传，不能用在企业所生产的产品上。质量管理体系认证不能使用认证标志，而产品认证的对象是特定的产品，企业通过产品认证即证明其产品是满足相应产品标准要求的，所以，企业除可将产品认证证书用于宣传外，还可根据认证机构的要求在通过认证的产品上使用认证标志。

## （二）产品质量标准

质量标准是指对产品的结构、规格、质量、检验方法所做的技术规定。产品质量标准是产品生产、检验和评定质量的技术依据，是衡量产品质量的尺度。

我国现行的产品质量标准，主要包括国际标准、国家标准、行业标准和企业标准。

### 1. 国际标准

国际标准是指国际标准化组织（ISO）、国际电工委员会（IEC）和国际电信联盟（ITU）制定的标准。

其中，国际标准化组织是目前世界上最大的国际标准化组织，是一个全球性的非政府组织。ISO9000 认证标准是由国际标准化组织制定的国际标准，主要涉及各个行业各种产品的技术规范。由于该标准吸收国际上先进的质量管理理念，采用 PDCA 循环的质量哲学思想，对规范企业的市场行为、保护消费者的合法权益发挥了积极作用，受到了世界各国的普遍欢迎并被纷纷采用。世界已有 150 多个国家和地区将 ISO 9000 标准采用为各自国家标准。

另外，国际电工委员会也是比较大的国际标准化组织，它主要负责电工、电子领域的标准化活动。

### 2. 国家标准

国家标准是对需要在全国范围内统一的技术要求，由国务院标准化行政主管部门制定的标准。

### 3. 行业标准

行业标准又称为部颁标准，由国务院有关行政主管部门制定并报国务院标准行政主管部门备案，在公布国家标准之后，该项行业标准即行废止。某些产品没有国家标准而又需要在全国某个行业范围内统一技术要求时，则可以制定行业标准。

4. 企业标准

企业标准主要是针对企业生产的产品没有国家标准和行业标准的，制定企业标准作为组织生产的依据而产生的。企业的产品标准须报当地政府标准化行政主管部门和有关行政主管部门备案。已有国家标准或者行业标准的，国家鼓励企业制定严于国家标准或者行业标准的企业标准。企业标准只能在企业内部适用。

# 第六章 现代企业营销创新

## 第一节 营销创新理论与观念创新

### 一、营销创新理论

#### （一）营销创新的内涵

现代企业正处于一个瞬息万变的环境中。在这机遇与挑战并存的变革时代，经验式的营销模式效力正在逐步弱化，传统的营销观念和营销手段已显得不再适应。要想使企业长盛不衰，保持旺盛的活力，就必须在营销创新上付出坚持不懈的努力。营销创新是我国企业迎接挑战和走出困境的现实选择。

1. 营销创新的概念

营销创新，是指企业为实现经营目标，其营销行为在理念、措施、途径、方法、体现等方面实现的更新、改进和完善。营销创新，意味着企业在营销管理的过程中，对于新的营销观念、营销组织和技术的导入和应用，使企业在营销理念、营销战略与策略、营销方式和手段上不断变革。营销创新就是根据营销环境的变化情况，并结合企业自身的资源条件和经营实力，寻求营销要素某一方面或某一系列的突破或变革的过程。在这个过程中，并非要求一定要有创造发明，只要能够适应环境，赢得消费者的青睐且不触犯法律、法规和通行惯例，同时能被企业所接受，那么这种营销创新即是成功的。还需要说明的是，能否最终实现营销目标，是衡量营销创新成功与否的唯一标准。

营销创新的"新"的含义，至少体现在两个方面。一方面，营销创新必须是一种新的营销形式，创新就是要创造出一种与现有形式不同的新事物。从整体讲，就是创造出一种全新的，至今任何经营者都没有使用过的营销方式。

另一方面，营销创新必须创造价值，通过营销创新能给企业带来现实和潜在的经营成果。营销创新能否创造价值是创新的核心标准，否则也就失去了营销创新的本来意义。营销创新必须有实施的可能性，包括市场可接受程度、企业现有的或通过努力可具有的资源和能力，也就是说营销创新还要考虑到社会的效益，要在以市场为导向、满足消费者需要、实现企业目标的同时，兼顾消费者的长远利益和社会的整体利益，关心与增进社会福利，将企业利润、消费者的需要与社会利益三个方面统一起来。

更广义地看，企业为适应经济发展和市场竞争，在营销创新过程中，还应当树立起大市场的营销观念，在适应和服从外部宏观环境的同时，应采取适当的市场营销措施，影响外部宏观环境。企业市场营销战略的实施，除了考虑"目标市场"之外，还必须加上"政治力量"和"公共关系"的因素。这种观念所蕴含的竞争思想对企业国际化经营具有重大指导意义。

营销创新是我国企业与国际竞争环境接轨的必然结果，亦是企业在竞争中生存与发展的必要手段。

2. 中国营销创新的基础

中国营销创新的基础主要有两点：

（1）中国市场的差异性

中国转型市场的特殊环境给企业提供了创新的基础。多数跨国公司的高层管理者在进入中国市场数年后都曾感叹："中国市场太大、太复杂、变化太快。"中国市场环境和市场运作在不断转型，由此中国市场被称为转型市场。

（2）中国消费者行为的差异性

消费者行为的差异性为营销创新提供了另一个基础。中国消费者有着完全不同于外国消费者的消费习惯。有些特殊因素影响中国消费者的行为，如政府政策，房地产春天的来临主要是因为单位福利房政策的取消。此外，中国的消费环境在急速变化，如高速公路的迅速发展，给汽车市场提供了一个有利的环境。中国文化及价值观，收入的快速上升，这些都构成了中国消费者的购买行为会不同于外国。这为企业建立有自己特色的营销创新体系提供了一个更为广阔的创新空间，有利于提升企业的竞争能力。

将中国营销创新分成两条线，一条就是跨国公司的中国适应创新，也称为转型营销。转型营销是从环境的角度，对中国营销差异性的一个概括，它强调中国市场的特殊性不仅来自文化差异，还来自制度环境的差异。

另一条线就是中国本土公司的学习创新，也称为营销转型。本土公司中国营销创新主要体现在以下几个方面：

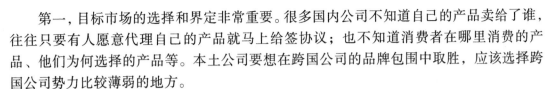

第一，目标市场的选择和界定非常重要。很多国内公司不知道自己的产品卖给了谁，往往只要有人愿意代理自己的产品就马上给签协议；也不知道消费者在哪里消费的产品、他们为何选择的产品等。本土公司要想在跨国公司的品牌包围中取胜，应该选择跨国公司势力比较薄弱的地方。

第二，低成本也是中国企业的资源优势。众多中国公司迫使外国公司在中国实施降价行动。

第三，通路也是本土企业创新的一个方向。中国的通路可谓是世界上最复杂的通路，而中国本土公司就会比跨国公司更懂得中国的通路情况。

第四，中国市场消费者的感觉。中国的消费者与外国的消费者完全不同，外国的那些打动消费者的营销手段可能在中国市场完全行不通。

### 3. 营销创新的必要性

市场营销作为连接企业与市场的桥梁，它要把企业的各种生产技术创新成果输送到市场上去接受检验；要把在营销过程中发现的市场变化反馈给企业，作为企业改善经营的依据。营销创新是市场环境变化对企业的基本要求，企业应在营销过程中不断实现创新，不断适应市场，不断扩大销售。营销创新的必要性主要体现在以下两个方面：

（1）战胜竞争对手需要营销创新

在信息自由流动和科技高度发达的知识经济里，任何一种高技术、新产品很难在较长的时间内保持领先地位，在大多数情况下，更多的是表现在同类产品之间进行竞争。如在中国市场中的家用电器、服装等商品，其性能、质量基本上是没有质的差异的，这就意味着，竞争将体现在营销方式及品牌认同等方面上。营销方式创意的新奇与否，与顾客消费心理的吻合程度如何，在很大程度上决定着消费者的选择，现实经济生活中，有许多企业的失败不是在产品的本身而是在营销手段的呆板和落后上面。因此在日趋同质化竞争的时代，生产者或经营者迫切需要通过营销创新来获得竞争优势。

（2）扩大产品市场份额、进入新市场需要营销创新

由于区域经济发展的不平衡、技术进步的差异以及风土人情、社会习俗等方面的不同，不同的地区、不同的消费群体的需求也体现着一定的差异。这意味要通过营销方式的创新，来适应和满足这种需求的差异，才能获得消费者的认可，才能占有这个市场。营销方式的创新对于一个新的市场和新的消费群体是一种必然选择。营销创新的必要性又体现在能够善于发现新的市场空白点和消费群体，以及能够成功地占领新的市场和争取到新的消费群体。

### 4. 新产品进入市场需要营销创新

新产品在问世之初，往往是不能被消费者所认可的，这就还需要企业通过营销行为把新产品介绍给消费者，使消费者能够认识、了解它，进而能够接受、消费新产品。任何一种新产品的问世，就应该伴随着一种新的营销方式的产生。如果用老产品的营销方式来推销新产品，新产品销售很有可能中途夭折。

### 5. 提高企业利润需要营销创新

成功的营销不仅要实现销售量的增长，而且要实现销售量和销售利润的同时增长。在风云变幻的营销环境中，谁具有新颖的、科学的、实用的营销观念，并指导有效的市场营销创新，谁就能在生产经营活动中立于不败之地。目前，企业所要面对的是更为激烈的国际竞争，所以营销创新成为当前企业营销管理的重要研究课题之一。

## 二、营销观念创新

观念作为人们对客观事物的看法，它虽无形、看不见，却直接影响着人们的行为。所谓创新观念，就是企业在不断变化的营销环境中，为了适应新的环境而形成的一种创新意识：它是营销创新的灵魂，支配着创新形成的全过程，没有创新观念的指导，营销创新就会被忽视，仍然一味地追求着传统的、已不适应新环境的模式。营销创新亦能更充分地发挥作用。

### （一）"4P 理论"和"4C 理论"

#### 1. 4P 理论

营销组合理论的营销要素是由 4P 变量组合而成，即产品（Product）、价格（Price）、渠道（Place）和促销（Promotion）。在企业制订和实施营销战略决策时，一般会受到许多因素的影响和制约。这些因素当中既有企业可以控制的微观因素，如产品、价格、渠道和促销等，也有企业不能控制的宏观因素，如政治、法律、经济、社会文化、市场竞争、科学技术、人口等。市场营销组合就是在充分考虑社会环境要求和制约的前提下，对企业可以控制的产品、价格、渠道和促销等四大要素进行最佳组合，使它们相互配合，达到最佳的营销效果。

这一理论强调以市场为导向，以产品销售为目的。企业主要应该生产优质的产品，采用合理的价格，通过适当的分销渠道，再加上必要的促销手段，从而实现企业的预期目的。

4P 理论对市场营销理论和实践产生了深刻的影响，被营销经理们奉为理论中的经典，实际上也是公司市场营销的基本方法。后来，4P 理论被加入了政治力量（Political Power）和公共关系（Public Relations）这两个营销工具，发展成"6P 理论"，即大市场营销组合理论。

#### 2. 4C 理论

整合营销传播理论即从买方的角度，提出每一个营销要素都是用来为消费者提供利益的：产品因素应满足消费者的需要与欲望；价格因素应考虑对消费者的成本；渠道因素应考虑消费者购买的便利性；促销因素应注意与消费者的沟通，简称 4C 理论。

整合营销传播理论是以消费者为核心重组企业行为和市场行为，综合协调地使用各种形式的传播方式，以统一的目标和统一的传播形象，传递一致的产品信息，实现与消费者的双向沟通，迅速树立产品品牌在消费者心目中的地位，建立产品品牌与消费者之间的长期密切关系，以便有效地达到广告传播和产品营销的目的。

整合营销理论主张把企业的一切营销和传播活动，如广告、宣传、促销、公关、新闻、营销网络、CI策划、包装装潢、产品开发、售后服务等进行一元化的整合重组，让消费者从不同的信息渠道获得对某一品牌的一致的信息，以增强品牌诉求的一致性和完整性，对信息资源实现统一配置、统一使用，提高资源利用度。这使得一切营销活动和传播活动有了更加广阔的空间。整合营销以市场为调节方式，以价值为联系方式，以互动为行为方式，是现代企业面对动态复杂的市场环境的有效选择。这一理论对企业市场营销战略管理有着现实的指导意义，被认为是21世纪企业竞争制胜的关键。

## （二）从"4P理论"到"4C理论"

4P理论和4C理论是在不同的营销背景下产生的两种市场营销理论。20世纪60年代，市场以生产者为主导，遵循自上而下的动作法则，重视产品导向。生产者在确定生产某一产品后，才设定一个既能收回成本又能赚到最大利润的价格，再经过由其掌握的销售渠道，将产品陈列在货架上，再运用广告、公共关系、营业推广、人员等各种促销手段刺激消费者的购买欲望，实现产品的价值。

随着社会生产力迅速发展，世界开始由短缺经济时代进入过剩经济时代，到了20世纪90年代，买方市场取代卖方市场，各生产厂商面临激烈的市场竞争，市场已由以生产者为主导转变为以消费者为主导，生产厂商意识到不能只站在企业自我利益角度生产产品，还要考虑消费者的需求和欲望；不能只站在企业本身利润的角度来做产品，还得考虑消费者的承受能力，还要考虑是否方便购买，应该多与消费者进行沟通。在这种时代背景下，营销理念、营销方式、经营方式发生了根本性的改变，市场营销的战略由4P理论转向4C理论，成为必然选择。

### 1. 顾客的需求与欲望

顾客的需求与欲望是整合营销传播的第一个要素。现代企业只有深刻地理解和领会消费者的需求与欲望，才能获得成功。忘掉产品，瞄准消费者需求，首先要做的是了解、研究、分析消费者的需要与欲求，而不是先考虑企业能生产什么产品。有一些生产企业为了提高自我产品的市场竞争力，纷纷推出附加许多功能的产品。结果越是别出心裁的产品，由于使用太过复杂，而且有些功能未必是消费者所需要或经常使用的，因而并没有得到消费者的青睐。

随着竞争的日益激烈，消费者的需求也在不断发生变化。不同的人对同一产品的需求不一样，同一个人对同一产品在不同时期的需求也不一样。正是消费者需求的千变万化制造出层出不穷的市场机会。因此，企业只要能够发现和掌握消费者需求变化的规律，就能够充分把握市场机会。在消费者需求变化之前抢先开发新产品，就能主导消费新潮流，提高产品的竞争力。

### 2. 顾客成本

顾客成本即消费者购买和使用消费品所花费的物质和精神代价。物质代价包括消费者购买和使用消费品过程中所支付的购买成本和使用成本；精神代价包括消费者在购买和使用过程中品牌、服务、商品等因素所带来的一系列心理影响程度。例如，消费者在购买手机时要按手机的价格付费，使用过程中要支付信息费、电费、维护费、折旧费等各项费用。

另外不同的品牌，不同的服务，不同的产品质量、价格、款式会给消费者带来不同的心理感受。因此，任何一个消费者在选购任何产品时都会考虑产品的价格与价值比。只有当物品的价值大于或等于价格时，消费者才会购买。不同的消费者对价值的理解不同，有的人较注重物质价值，有的人则较注重精神价值。

### 3. 顾客的便利性

顾客的便利性就是要求企业忘记自己的营销渠道，而是站在消费者的角度看待产品的流动，企业应在消费者最需要的时候，以最快的速度、最便利的方式将产品传送至消费者手中。为此，企业应当深入消费者，了解其需要什么？何时需要？需要多少？何地需要？然后通过现代物流手段以最便利的方式将产品提供给消费者。抓住消费者的一个关键是方便消费者交易与消费。要求在交易地点、空间距离与交易手段、交易方式、结算方式、送货上门和服务手段等方面提供全方位的方便。广义地说就是为顾客提供尽可能多、尽可能优质的服务。

随着社会经济发展水平的提高，人们的收入越来越可观，生活质量越来越高，但工作的强度和紧迫度也越来越高。因此，人们在日常生活中追求休闲放松，不希望花费很多的精力和时间去购买日常生活用品，普遍希望能够省时、省力地购买到自己称心的商品。这是企业面临的新的机遇与挑战。

### 4. 营销沟通

营销沟通就是企业与消费者站在平等的立场进行"对话"，通过双向沟通以了解消费者的心理，使消费者了解企业、了解产品、接受产品的过程。忘记促销，记住与顾客沟通，改变促销时将顾客看成是被动接受者的观念与做法，加强资讯和情感的沟通。

但是随着市场竞争激烈化，传播媒体多样化，企业传播信息的方式和消费者接收信息的方式都发生了深刻的变化。媒体的多样化导致各媒体的传播受众分散细化，其传播内容难以影响到所有的消费者。消费者每天都要接收成千上万条信息，使消费者陷入信息的海洋。传统的营销传播方式、宣传方式面临越来越多不能适应新的营销环境和消费者要求的风险。"对话"式的双向沟通方式是对传统营销传播方式的创新，先充分了解消费者对媒体的选择习惯和类型，对信息的需求和接收的特点，然后再来确定自己的信息传播策略。

消费者大多数是理智的，也是有感情的。企业与主要的消费者加强沟通，提供资讯，建立感情，是维护老顾客、开拓新顾客的有效手段。

在实施整合营销过程中，应重点放在营销沟通整合和营销职能整合上。营销沟通整合就是要选择好接触目标顾客的渠道，建立数据库，利用多种沟通工具，在不同媒体上传播相互关联的信息，与目标顾客双向沟通，以达到对目标顾客产生最大的影响的目的。

企业营销沟通系统的构成非常复杂，包括企业—中间商、企业—消费者、企业—员工、企业—股东、企业—公众、中间商—消费者、消费者—消费者、公众—公众、员工—员工、股东—股东等沟通子系统，沟通工具主要有广告、公共关系、人员、推广等，沟通的内容主要有产品、价格、企业文化、人员风格、服务等。

营销职能整合就是以业务流程为核心，将整个营销业务流程分成市场分析、数据库建立、产品开发、制造、包装、定价、分销、物流、沟通等各项功能与环节，各环节的工作人员在统一的思想、统一的观念、统一的看法、统一的目标的基础上各自履行自己的职责，将整个企业的各项要素和各个环节整合成一个有生命力的整体，从而提高企业的整体竞争力。

# 第二节　绿色营销研究

## 一、绿色营销的界定

绿色是三原色之一，红、绿、蓝相互结合，可以显现出万紫千红的缤纷色彩。绿色是生命的原色，约在 1 万年前，人类为了生存，开始栽培植物，从此绿色象征着生命、健康和活力。绿色也代表着人类生活环境的本色，是春天的颜色、常青永恒的标志，是对未来美好的向往与追求。绿色还意味着和谐的生态环境，沉静恬适的精神境界，民族与事业的蓬勃发展，哪里有绿色，哪里就有生命在这里。"绿色"是一个特定的形象用语，既不能简单地认为"绿色＝植物＝农产品"，又不能将绿色理解为"纯天然""回归自然"的代名词，它泛指保护地球生态环境的活动、行为、计划、思想和观念等。具体地讲，绿色的含义包括两方面内容：一是创造和保护和谐的生态环境，以保证人类和经济的持续发展；二是依据"红色"禁止、"黄色"示警、"绿色"通行的惯例，以"绿色"表示合乎科学性、规范性，能保证永久地通行无阻的行为。

绿色营销是指以促进可持续发展为目标，为实现经济利益、消费者需求和环境利益的统一，市场主体根据科学性和规范性的原则，通过有目的、有计划的开发及同其他市场主体交换产品价值来满足市场需求的一种管理过程。

定义强调绿色营销的最终目标是可持续性发展，而实现该目标的准则是注重经济利益、消费者需求和环境利益的统一。因此，企业无论是在战略管理还是在战术管理中，都必须从促进经济可持续发展这个基本原则出发，在创造及交换产品和价值以满足消费者需要的时候，注重按生态环境的要求，保持自然生态平衡和保护自然资源，为子孙后代留下生存和发展的权利。实际上，绿色营销是人类环境保护意识与市场营销观念相结合的一种现代市场营销观念，也是实现经济持续发展的重要战略措施，它要求企业在营销活动中，要注重地球生态环境的保护，促进经济与生态的协同发展，以确保企业的永续性经营。

对于绿色营销的定义，很多学者还从不同的角度进行了界定，概括起来，具有代表性的观点可以归纳为以下四种类型。

### （一）产品中心论

产品中心论认为，绿色营销是指以产品对环境的影响作为中心点的市场营销手段。它强调以环境保护为宗旨，从本质上改革产品的构成以及与之联系在一起的产品的生产过程和消费后废弃物的处理方式。它主要从以下四个方面考虑：

1. 产品本身

为保护环境，企业要设计生产绿色产品，即企业生产的产品无论从生产过程到消费过程，还是从外包装到废旧后的回收都要有利于人体的健康，有利于环境的保护和改善，能够在创造企业内部经济的同时带来社会外部的经济性。

2. 产品包装

产品的包装设计，必须考虑对环境的影响。企业应选用对环境污染轻甚至无污染的材料来制作包装物，并应考虑包装废弃物处理等问题。

3. 产品加工过程

为了减轻对环境的污染，产品的加工过程应该符合"清洁生产"的标准，即尽量避免使用有毒有害的原料及中间产品，减少生产过程的各种危险性因素；采用少废、无废的工艺和高效的设备，做到物料的再循环，采用简便的操作和控制等。

4. 倡导赞助环保的组织和事业

为很好地推进绿色产品的生产，实施绿色营销，必须呼吁社会尽快成立具有权威性的、与"国际绿十字会"接轨的绿色组织，承担起对有关"绿色知识"的教育培训、宣传推广、监督控制等任务，针对不同对象、采取不同方式进行教育培训，提高全社会的绿色意识，利用各种宣传工具和宣传形式，开展各种保护生态环境的活动，发动全社会的力量来促进企业增强环保意识，监督企业实施"绿色营销"。

### （二）环境中心论

这种观点认为，绿色营销是指企业在市场营销中要重视保护地球生态环境，防止污染以保持生态，充分利用并回收再生资源以造福后代。绿色营销是以环境问题作为推进点而展开的营销实践。这种观点的着眼点是利用绿色问题来推销产品，而并不是真正意义上帮助解决环境问题。

### （三）利益中心论

这种观点认为，绿色营销是实现企业自身利益、消费者需求和环境利益的统一，而对产品和服务的观念、定价、促销和分销的策划和实施过程。它强调企业在实施绿色营销时，不仅要满足消费者的需求并由此获得利润，而且要符合环境保护的长远利益，正确处理消费者需求、企业利益和环境保护之间的矛盾，把三者利益协调起来，统筹兼顾。

### （四）发展中心论

发展中心论将绿色营销与企业的永续性经营和人类社会的可持续发展联系起来，认为绿色营销是一种能辨识、预期且符合消费者与社会需求，并可带来利润及永续性经营的管理过程。

## 二、绿色营销与传统营销的差异

### （一）营销观念的升华

经过近一个世纪的探索和发展，企业的营销观念已从以产品为导向发展到以人类社会的可持续发展为导向，并在此基础上提出了绿色营销观。与传统的营销观念相比较，绿色营销观是在 20 世纪 50 年代由产品导向转向顾客导向的、具有根本性变革的基础上的又一次升华。绿色营销观与传统营销观的差异主要表现在以下几个方面：

1. 绿色营销观是以人类社会的可持续发展为导向的营销观

90 年代以后，由于生态环境的变化，自然资源的短缺，严重影响人类的生存与发展，世界各国开始重视生态环境的保护，企业界则以保护地球生态环境、保证人类社会的可持续发展为宗旨提出了绿色营销。

首先，企业在营销中，要以可持续发展为目标，注重经济与生态的协同发展，注重可再生资源的开发利用，减少资源浪费，防止环境污染。其次，绿色营销强调消费者利益、企业利益、社会利益和生态环境利益等四者利益的统一，在传统的社会营销观念强调消费者利益、企业利益与社会利益三者有机结合的基础上，进一步强调生态环境利益，将生态环境利益的保证看作前三者利益持久地得以保证的关键所在。

2. 绿色营销观念更注重社会效益

企业作为社会的一个组成部分，不仅要注重企业的经济效益，而且要注重整个社会的经济效益和社会效益。

绿色营销观要求企业注重以社会效益为中心，以全社会的长远利益为重点，要求企业在营销中不仅要考虑消费者欲望和需求，而且要符合消费者和全社会的最大长远利益，变"以消费者为中心"为"以社会为中心"。企业一方面要搞好市场研究，不仅要调查了解市场的现实需求和潜在需求，而且要了解市场需求的满足情况，以避免重复引进、重复生产带来的社会资源的浪费；另一方面要注意企业和竞争对手的优劣势分析，以扬长避短、发挥自身的优势，来提高营销的效果，增加全社会的积累。同时，企业要注重选择和发展有益于社会和人民身心健康的业务，放弃那些高能耗、高污染、有损人民身心健康的业务，为促进社会的发展、造福子孙后代作出贡献。

3. 绿色营销观更注重企业的社会责任和社会道德

绿色营销观要求企业在营销中不仅要考虑消费者利益和企业自身的利益，而且要考虑社会利益和环境利益，将四者利益结合起来，遵循社会的道德规范，实现企业的社会责任。

（1）注重企业的经济责任

实施绿色营销的企业通过合理安排企业资源，有效利用社会资源和能源，争取以低能耗、低污染、低投入取得符合社会需要的高产出、高效益，在提高企业利润的同时，提高全社会的总体经济效益。

（2）注重企业的社会责任

企业通过绿色营销的实施，保护地球生态环境，以保证人类社会的可持续发展；通过绿色产品的销售和宣传，在满足消费者绿色消费需求的同时，促进全社会的绿色文明发展。

（3）注重企业的法律责任

企业实施绿色营销，必须自觉地以目标市场所在地所制订的，包括环境保护在内的有关法律和法规为约束，规范自身的营销行为。

（4）遵循社会的道德规范

企业实施绿色营销，必须注重社会公德，杜绝以牺牲环境利益来取得企业的经济利益。

## （二）经营目标的差异

传统营销，无论是以产品为导向，还是以顾客为导向，企业经营都是以取得利润作为最终目标。传统营销主要考虑的是企业利益，往往忽视了全社会的整体利益和长远利益。其研究焦点是由企业、顾客与竞争者构成的"魔术三角"，通过协调三者间的关系来获取利润。传统营销不注意资源的有价性，将生态需要置于人类需求体系之外，视为可有可无，往往不惜以破坏生态环境来获得企业的最大利润。

绿色营销的目标是使经济发展目标同生态发展和社会发展的目标相协调，促进总体可持续发展战略目标的实现。绿色营销不仅考虑企业自身利益，还考虑全社会的利益。

企业实施绿色营销，往往从产品的设计到材料的选择、包装材料和方式的采用、运输仓储方式的选用，直至产品消费和废弃物的处理等整个过程中，都时刻考虑到对环境的影响，做到节约资源、安全、卫生、无公害，以维护全社会的整体利益和长远利益。

## （三）经营手段的差异

传统营销通过产品、价格、渠道、促销的有机组合来实现自己的营销目标。绿色营销强调营销组合中的"绿色"因素；注重绿色消费需求的调查与引导，注重在生产、消费及废弃物回收过程中降低公害、符合绿色标志的绿色产品的开发和经营，并在定价、渠道选择、促销、服务、企业形象树立等营销全过程中都要考虑以保护生态环境为主要内容的绿色因素。

此外，从影响营销的环境因素来比较，传统营销受到人口环境、经济环境、自然环境、技术环境、政治环境、文化环境的制约，而绿色营销除受到以上因素的制约外，还受到环境资源政策及环境资源保护法规的约束。

### 三、我国企业实施绿色营销的现状

在国内外形势的促动下，我国企业也开始实行绿色营销，主要表现在：

第一，许多企业社会责任意识开始形成。随着营销观念在我国逐步推广，企业日益认识到，作为社会的一分子，企业应当承担社会责任。而当今激烈的竞争现实，使企业也开始关注其在公众心目中的良好形象。

第二，生产绿色产品已成为部分企业的宗旨。由于我国不少企业已具有环境意识，同时，由于许多消费者要求提供健康、无害的产品，因而许多企业已将生产绿色产品作为企业经营的宗旨和竞争的法宝。

第三，我国绿色标志进入实施阶段。

第四，营销技术绿色化成为越来越多企业的选择。

近年来我国已有越来越多的企业在营销中采用绿色营销技术开展营销活动。从中央电视台各种公益广告的迅猛增加可以看出，我国企业营销技术绿色化已有一定的发展。

### 四、企业实施绿色营销的内容与步骤

#### （一）搜集绿色信息，分析绿色需求

绿色信息包括如下内容：绿色消费信息、绿色科技信息、绿色资源和产品开发信息、绿色法规信息、绿色组织信息、绿色竞争信息、绿色市场规模信息等等。在此基础上，分析绿色消费需求所在，及其需求量的大小，为绿色营销战略的制订提供依据。

#### （二）制订绿色营销战略计划，树立良好的绿色企业形象

企业为了适应全球可持续发展战略的要求，实现绿色营销的战略目标，求得自身的持续发展，就必须使自己向着绿色企业方向发展。为达到此目的，企业必须制订相应的战略计划。

1. 绿色营销战略计划

在生产经营活动之前，制订一个全盘的总的计划 —— 绿色营销战略计划，包括清洁生产计划、绿色产品开发计划、环保投资计划、绿色教育计划、绿色营销计划等等。

2. 绿色企业形象塑造战略

导入企业形象识别系统 CIS，制定绿色企业形象战略，对于统一绿色产品标志形象识别，加强绿色产品标志管理，提高经营绿色产品企业自身保护能力，增强企业竞争意识，拓展市场，促进销售等均十分重要。

#### （三）开发绿色资源和绿色产品

全球可持续发展战略要求实现资源的继续利用，企业要适应该战略要求，利用新科技，开发新能源，节能节源，综合利用。绿色资源开发的着眼点可放在无公害新型能源、资源的开发，如风能、水能和太阳能以及各种新型替代资源等；节省能源和资源的途径

及工艺，采用新科技、新设备，提高能源和资源的利用率；废弃物的回收和综合利用。

绿色产品的开发，是企业实施绿色营销的支撑点。开发绿色产品，要从设计开始，包括材料的选择，产品结构、功能、制造过程的确定，包装与运输方式，产品的使用至产品废弃物的回收处理等都要考虑对生态环境的影响。

### （四）制订绿色价格

在制订绿色产品的价格时，首先，要摆脱以前投资环保是白花钱的思想，树立"污染者付费""环境有偿使用"的新观念，把企业用于环保方面的支出计入成本，从而成为价格构成的一部分。其次，注意绿色产品在消费者心目中的形象，利用人们的求新、求异，崇尚自然的心理，采用消费者心目中的"觉察价值"来定价，提高效益。

### （五）选择绿色渠道

选择恰当的绿色销售渠道是拓展销售市场，提高绿色产品市场占有率，扩大绿色产品销售量，成功实施绿色营销的关键，企业可以通过创建绿色产品销售中心，建立绿色产品连锁商店，设立一批绿色产品专柜、专营店或直销点，来拓展绿色产品的经营。

### （六）开展绿色产品的促销活动

运用绿色产品的广告战略，宣传绿色消费。绿色产品已进入中国消费品市场，运用绿色营销观念，指导企业的市场营销实践已成为必然趋势，其中重要的一环是要推行绿色广告。绿色广告是宣传绿色消费的锐利武器，是站在维护人类生存利益的基础上推销产品的广告，它的功能在于强化和提高人们的环保意识，使消费者将消费和个人生存危机及人类生存危机联系起来，使消费者认识到错误的消费影响到人类的生存并最终落实到个体身上，这样消费者就会选择有利于个人健康和人类生态平衡的包括绿色食品在内的绿色产品。运用绿色广告可以迎合现代消费者的绿色消费心理，对绿色产品的宣传容易引起消费者的共鸣，从而达到促销的目的。目前在我国，绿色广告作为一种市场营销战略还未引起广大绿色产品生产经营者的普遍重视。因此，绿色产品企业应该利用各种广告媒体，推行和运用绿色广告，引导绿色消费。

通过绿色公共关系，开展促销活动。绿色公关是树立企业及产品绿色形象的重要传播途径。绿色公关能帮助企业更直接更广泛地将绿色信息传播到广告无法达到的细分市场，给企业带来竞争优势。绿色公关的主要对象是：客户、环保集团成员；法律团体；一般性团体以及企业内部人员。绿色公关的方式多样，可通过一定的大众媒体开展，诸如通过演讲、文章、环境保护教材及资料、有声音像材料、信息服务中心等。还可通过某些有关的公关活动来宣传企业的绿色形象，诸如通过绿色赞助活动及慈善活动等开展与环境有关的有价值的公关活动。

进行绿色人员推销和销售推广。人员推销是工业企业主要的促销通道。要有效地实施绿色营销策略，推销人员必须了解消费者绿色消费的兴趣，回答消费者所关心的环保问题，掌握企业产品的绿色表现及企业在经营过程中的绿色表现。绿色销售推广是企业用来传递绿色信息的促销补充形式。通过免费试用样品、竞赛、赠送礼品、产品保证等

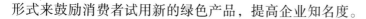

形式来鼓励消费者试用新的绿色产品，提高企业知名度。

### （七）实施绿色管理

"绿色管理"，就是融环境保护的观念于企业的经营管理中的一种管理方式。一方面，通过建立企业环境管理新体系，将强制企业搞好环境保护工作变成企业自觉搞好环保工作。另一方面，通过全员环境教育，提高企业的环境能动性。绿色营销的实施涉及企业生产经营活动过程的每一方面，需要企业全体人员的积极参与。公司决策者通过学习，了解本国和他国有关规定以及有法律约束力的国际环境协议的内容，以便对公司的发展项目和产品生产作出决定；技术专家需要不断学习新的环境技术以设计废物处理装置和污染控制设备，以及重新设计工业过程，不断减少污染和污物产量，提高生态效率；对生产第一线的员工进行教育和培训，使其掌握清洁生产的技术和绿色营销的方法。

## 五、绿色营销和可持续发展

营销环境的变化，既给企业创造营销机会，又带来威胁。可持续发展从五个方面寻求实现途径：人口、环境、资源、技术进步和制度。这五个因素既是可持续发展的影响因素，又是企业营销环境中的重要因素。可持续发展已成为全球关注的战略问题，国际组织、政府、公众、消费者等有关组织和人员都在行动。毫无疑问，随着可持续发展战略的实施，人们的生产方式、消费方式、价值观念都会发生很大变化，企业在营销活动中，必须顺应可持续发展的要求，注重地球生态环境保护，促进经济与生态协调发展，以实现企业利益、消费者利益、社会利益及生态环境利益的统一。

### （一）可持续发展的人口战略与绿色营销

人口统计因素是影响和制约市场营销活动的重要因素。可持续发展的人口战略包括控制人口规模，提高人口素质，引导可持续消费等内容。绿色营销必须对人口统计因素进行研究，探索如何寻找市场机会和适应可持续发展的人口战略。

1. 控制人口规模与绿色营销

实现可持续发展要求控制人口规模，使人口与资源、环境和社会可承受力相协调，即保持最适度人口。控制人口规模政策的实施，会改变人口结构和人口分布，从而要改变消费结构、消费的区域特征。绿色营销应该适应这种变化，而且还要研究人口的长期趋势，为持续营销提供理论依据。

2. 提高人口素质与绿色营销

可持续发展要求提高人口素质，一要提高人口的科学教育水平和创新能力；二要加强可持续发展伦理、道德观念的宣传教育，提高民众的环境意识、资源意识。为配合可持续发展战略，绿色营销应适应人口素质政策，向人们提供安全、健康、无污染的产品，并向营养、保健、医疗、教育等方面投资，寻找市场机会，全面提高人的身体素质和文化素质，倡导绿色文化，关注人的价值，全面提高人的生活质量。

### 3. 引导可持续消费

消费习惯和消费方式在某种程度上制约和引导企业的生产活动。消费者需求是原生需求，企业对生产资料的需求是派生需求。因此，消费习惯、消费观念决定了各种产品的具体形式和比例，从而拉动供应链，启动分销、加工制造、对各种资源的采集。人类的消费模式对环境和资源这两个可持续发展的生态因素产生重大影响，重建人类消费观是实现可持续发展的主要途径。

营销是生产和消费的中介。生产和消费是互动的关系，而营销在其中应发挥协调作用，促进生产和消费方式适应可持续发展的要求。从目前看，可持续消费要求降低对资源依赖性较强的低层次消费，增加对人类劳动依赖性较强的高层次消费，减少对环境不利的产品的生产和消费。

### （二）可持续发展的环境战略与绿色营销

环境问题的提出和环境问题的解决对市场营销提出了新的课题，绿色营销正是在环保时代背景下孕育产生的。环境因素是可持续发展的重要组成部分，必须纳入经济发展的体系中。可持续发展的环境战略对企业营销活动将产生深刻影响，要求企业进入绿色营销时代。

环境问题的产生要求企业进行绿色营销。首先，随着环境问题的恶化、消费者环保意识的增强，越来越多的消费者趋于追求绿色产品，追求产品的安全性、健康性、无害性，这要求企业生产和销售绿色产品。其次，环境问题要求企业改变生产技术，采用无废工艺、减少对环境的污染，在生产和消费过程中，减少对环境的干扰。

可持续发展的环境战略的思路包括市场机制和国家干预。市场机制有两种具体思路：一种是强调市场机制的作用，认为环境污染所产生的外部性，可以通过征税形式使之内部化；另一种是产权管理思路，强调在环境问题上通过界定产权，使外部性内部化，从而控制污染。国家干预思路则是从非市场途径对环境问题进行干预。可持续发展的环境战略对企业的经营活动提出的要求，要求企业把环境问题作为企业重要的决策变量，对整个供应链进行改造，使之适合可持续发展的环境要求。

### （三）可持续发展的资源战略与绿色营销

可持续发展的资源战略要求企业进行绿色营销，树立新的资源观。可持续发展要求企业在进行经营活动时，加强对资源的养护和综合利用，在资源的开发利用中实行节约，建立资源节约型的生产、运输和消费体系，发展替代资源，用相对丰裕的资源替代相对稀缺的资源。在绿色营销中，企业要特别注意引导消费观念，倡导和建立科学合理的消费模式，实现消费中的替代，即以某种产品替代另一种产品，如果不影响消费需求的满足，不降低生活质量，则可由消费模式的改变，调整产品结构，进而改变产业结构，减少资源依赖性产业，从而节约资源。

可持续发展的资源战略要通过国家的一定政策措施提供保证，如要加强立法与执法，把资源开发利用纳入法制轨道，推进资源价格的合理化，发挥市场对自然资源的配置作用；通过调整产业结构，建立节约型的社会经济体系，实行资源核算。这些政策的实施，都会改变企业营销环境，例如，提高企业资源成本，有些资源反会受到限制，还有些资源耗竭，产业的发展要受到抑制等。这一切都要求企业进行绿色营销，树立新的资源观，为可持续发展建立资源永续利用的基础。

### （四）可持续发展的技术战略与绿色营销

为实现可持续发展战略，企业经营活动必须在绿色营销观念指导下，进行技术创新，向高新技术产业以及与可持续发展的相关的产业进行投资，增加产品附加价值，培育和开拓高新技术市场，推行清洁生产，开发环境友好产品。技术开发的导向应从生产中减少资源，生活过程无污染或少污染，生产出来的产品在使用和最终报废处理的过程中不对环境造成损害。

### （五）可持续发展的制度安排与绿色营销

实施可持续发展的制度安排包括征收环境保护税费制度、财政刺激制度、排污权交易制度以及环境损害责任保险制度等。这些制度安排，都迫使企业必须进行绿色营销，减少对环境、资源的损害，同时降低成本，提高竞争力。

综上所述，可持续发展战略要求企业把人口、资源、环境、技术和制度等因素纳入企业决策和管理体系中，进行绿色营销，协调好需求、环境、资源和企业经营目标之间的关系，以实现生态、社会、经济持续发展和企业持续经营的双重目标。可见，绿色营销是可持续发展的要求，可持续发展是绿色营销的理论基础，可持续性是绿色营销的核心概念。

# 第三节　知识营销与关系营销

## 一、知识营销

20世纪70年代以来，伴随着世界高新科技革命，尤其是计算机、信息技术及其产业化革命的浪潮，这种新型的经济形态——知识经济开始迅速发展。21世纪人类进入知识经济时代，知识经济新文明即将来临。

知识经济是和农业经济、工业经济相对应的概念，信息化和网络化是其两大特点。知识经济是基于知识资源的开发和利用的一种新型经济形态，知识成为关键性的战略资源和经济增长的重要动力。知识作为一种经济资源不同于一般的物质资源，它有这样的特点：一是非消耗性，运用越多，成本越低；二是共享性，不受时空的局限，不具排他性；三是非稀缺性，可以无损耗使用而产生更多；四是易操作性，易于传播和处理。

### （一）知识营销是"创新"营销

在知识经济中，技术创新、制度创新、观念创新、产品服务的创新成为企业生存和发展的根本。丰富多彩、不断发展的个性化消费需求诱发着生产技术的日新月异，产品和技术的生命周期迅速缩短。激烈的竞争环境和全球化市场要求企业为顺应社会飞速发展的要求不断创新，在创新中求生存，在创新中求发展。应用知识、添加创意不仅用于企业的生产，同时也应用于企业的营销战略中。不断地创造新的营销方法和营销策略，做到出奇制胜，是 21 世纪企业营销的灵魂。

创新营销主要包括营销观念创新、营销产品创新、营销组织创新、营销方式和渠道的创新等几个方面。而其中观念的创新是根本，企业的营销观念、指导思想跟上时代潮流，其营销才有可能成功。20 世纪 90 年代出现的权力营销观念、关系营销观念、整合营销观念都是营销观念创新的成功案例。产品的创新是营销创新的起点，新产品创造新市场。组织创新是营销创新的制度基础，渠道的创新是实现营销创新的中间环节。

### （二）知识营销是"合作"营销

和平、合作与共存是 21 世纪的三大主题。知识经济条件下的合作型竞争要求企业在进行营销活动时特别注重与同行及客户、供应商等的合作。知识具有共享性，大家在共享知识的同时，共同合作，又能创造更多的知识，"三个臭皮匠，胜过个诸葛亮"。大家在合作中共同开发市场，创造良好的营销条件，而不是像过去互相拆墙，互相攻击。

知识经济时代高科技企业的发展战略，强调高科技企业要发展就必须培育新的商业生态系统，所谓商业生态系统就是由客户、供应商、主要生产厂家以及其他有关人员相互合作配合组成的群体，这个群体还应包括融资机构、行业协会、政府、工会和其他中介机构。像生物生态系统一样，商业生态系统内各成员的能力是共同进化的，每个成员在自我改善与改造的同时，都必须对群体内其他成员予以关注和配合。

创新和合作是知识经济时代企业的思维方式。高度发达的信息系统和互联网已经为这种合作提供了良好的物质技术基础。企业进行营销特别注重借助这些高科技手段，主动与客户交流。真正做到对客户关怀备至，企业营销管理才能适应时代发展的要求。

在合作营销中，企业与消费者的关系已经突破了传统营销的主动和被动关系，二者通过互联网可直接交互式交流，实现完全信息共享。企业建立消费者信息档案，根据消费者需求来生产，实行"定制销售"和"零库存销售"，既满足了消费者的需求，又节约了社会资源。因此，合作营销是实现社会资源优化配置的必然要求，是 21 世纪营销的主题。

### （三）知识营销是"学习"营销

知识经济时代人类进入学习社会，即学习意识普遍化和学习行为社会化的社会，人类将由此跨入知识普及和创新的时代。学习社会的到来，知识和信息的大爆炸决定了知识经济时代的营销是"学习营销"。学习营销主要包括两个层面的内容。

一是企业向消费者和社会宣传其智能产品和服务，推广普及新技术。由于知识型产品技术含量高、专业性强、功能复杂，消费者不可能具备足够的百科知识来识别自己的需求，从而难于购买和消费。在这种情况下，企业就必须进行"学习营销"，实现产品知识信息的共享，消除顾客的消费障碍，从而扩大市场需求。"把蛋糕做大"，中国联想在这方面颇有成就：联想开办了许多各种各样的电脑培训班，同时让培训师对消费者面对面、手把手地教导，使更多的中国消费者掌握电脑知识和技术，扩大了市场，同时提高了联想的知名度和信誉，为联想做了无形广告，联想最终也坐上了中国电脑业的头把交椅。

二是企业向消费者、同行和社会学习。企业在进行营销的过程中不断地向客户及其他伙伴学习，发现自己的不足，吸取好的经验方法，补充和完善自己的营销管理过程。因此，"学习营销"是一个双向过程，相互学习、相互完善，最终达成整体的和谐。

### （四）知识营销是"网络营销"

随着互联网络"Internet""及万维网""www"的盛行，利用无国界、无界域的Internet 来销售商品和服务已成新潮，发展速度飞快。互联网络作为跨时空传输的"超导体"媒体，可以为世界各地的消费者提供及时的服务，同时互联网络的交互性更加有利于供求的适时平衡，因此互联网络可以说是最富魅力的营销工具。网络营销主要是通过在 Internet 上建立虚拟商店和虚拟商业街来实现的。虚拟商店又称为电子空间商店，它不同于传统的商店，不需要店面、货架、服务人员，只要拥有一个网址连通Internet，就可以向全世界进行营销活动。它具有成本低廉、无存货样品、全天候服务和无国界区域界限的特点。

另外，在网络上进行广告促销和市场调查以及信息收集等都是网络营销的范围，Internet 企业和客户间建立了一个即时反映交互式的信息交流系统，拉近了企业与消费者之间的距离，带来了市场营销的一场革命。网上贸易具有快捷、准确、主动、生动丰富和直接等优点，具有很好的发展前景。

### （五）知识营销是"绿色营销"

因为知识资源的特殊性，消费的日益健康化、自然化，知识经济将创造人类新型的生态文明，知识经济时代人类更加重视生态文化。各国政府将更加注重保护自然资源和生态环境，实现可持续发展。WTO 及国际标准化组织等国际机构更加注重"绿色贸易"法规标准的制定。

国际标准化组织制定的国际环境管理系列认证标准 ISO 14000 和绿色标志，将成为企业下个世纪市场营销的通行证。所以，企业在进行知识营销时应特别注重"绿色"概念，开发绿色型产品，实施绿色营销组合策略，比如在定价时加入生态环境成本核算，树立绿色产品优质的形象。同时在营销策略上注重"绿色"情怀，关心生态，健康营销，这样，才会得到社会的肯定和顾客的信任，企业营销也将取得良好的社会效益和经济效益。另外，企业应该积极申请 ISO 14000 和绿色标志认证，取得 21 世纪绿色营销的"合格证"。

### （六）知识营销是"全球营销"

知识经济时代将是全球一体化的时代，高度发达的信息技术通信网络将全球各地连成一体。同时知识经济的发展将逐步消除国与国间的经济和文化障碍，推动世界经贸一体化。如果说 21 世纪全球市场还处在初级阶段的话，那么 21 世纪将出现真正的全球市场、全球企业、全球营销。世界将是一个大村庄，所有的企业都将在这个村庄中进行生产和营销活动，即使不参与国际竞争，也会受到外来企业的竞争和挑战。因此，此时的营销应该有全球概念，注意区别国际文化差别，把握全球经济动向，做到高屋建瓴，从一开始策划就以全球市场为导向和目标，只有这种企业营销战略才能适应知识经济浪潮的挑战。

## 二、关系营销研究

传统的市场营销理论认为，企业营销理论的实质是企业利用和组合内部可控因素，对外部不可控因素及时做出积极反应，从而达到服务顾客、促进产品销售的目的。20世纪 90 年代以来，许多产业领域广泛采用一种全新的营销概念和方法 —— 关系营销。而基于企业生存和发展的事业生态系统思想与顾客、供应商、分销商及其他伙伴群体的共同利益建立起来的一种长期有效的交换关系便是关系营销的理论基础之一。

### （一）关系营销的概念

"关系营销"的概念最初在 20 世纪 80 年代被提出。最早的定义是伦纳德·贝瑞提出的："关系营销是吸引、维护和增进与顾客的关系。"关系营销理论最早应用于工业市场上，其最重要的理论基础是社会交换理论、企业间行为理论和技术交换理论，同时，吸取系统论、协同论、传播学等相关学科的重要思想。后来被广泛地应用在工业、商业等多个产业领域。

关系营销，以系统的思想来分析企业的营销活动，认为企业营销活动是企业与消费者、竞争对手、供应商、分销商、政府机构和社会组织相互作用的过程，市场营销的核心是正确处理企业与这些个人和组织的关系。采用关系营销的企业进行营销活动，其重点不是在创造购买，而是在建立各种关系。关系营销是创造买卖双方相互长期依存关系的方法和艺术。

关系营销具有以双向沟通为原则的信息交流，以协同合作为基础的战略运行，以互利互惠为目标的营销推广，以反馈协调为职能的管理方针的本质特征，着眼点放在卖方如何稳定顾客资源，提高企业和品牌的忠诚度，以期取得长期的盈利和发现创新的需求。关系营销更好地抓住了现代营销的实质，是对市场营销的发展和深化。

### （二）营销制胜 —— 用关系营销的思想整合企业的营销

关系营销的作用就在于用一个宽广的视野谋求相关群体的长久支持，这种思路对于面临着不确定性的企业营销来讲具有重大的实用价值，具体表现在以下几个方面。

### 1. 关系营销可以促进企业营销大整合

关系营销所强调的宽视野正是将企业放在一个关系复杂的企业生态链中，全面考察企业的营销环境与营销客体，并努力探讨企业的营销措施如何影响与改变整个企业生态链的结构与效率，进而协调各种关系，以期求得企业所能调动资源的效率的最大化。企业在供货商市场中寻求原材料、半成品、劳动力、技术、信息等资源的合理配置；在分销商市场中寻求合理资源配置并取得市场基础的强力支持；在内部员工市场，寻求员工的协作以实现在资源转换过程中的最大化；在竞争者市场中寻求资源共享和优势互补；在影响者市场中寻求无形资源对企业市场终端的强力推动，这些努力最终将增强企业的竞争实力，获得顾客资源。

另外，从顾客价值的角度来看，企业的相关市场也参与了顾客价值的创造与传递过程。这种描述进一步扩展了顾客价值创造的空间，将传统的企业内部的价值创造跃升为全部关系方都参与的过程。

关系营销群体的价值传递系统包括：选择顾客细分市场进行价值定位、选择合作供应商、选择合作竞争者、选择产业基础、选择培训激励员工、选择合作供销商、产品开发、产品定价、分销服务、支持性活动扶助、信息沟通、服务开发、人员推销、业务推广、广告、合作分销商推介、产业基础推介等。

### 2. 关系营销提高信息获取能力，降低企业经营风险

关系营销强调信息的双向流动与反馈。一方面企业将信息传递给相关群体；另一方面相关群体也有企业建立的相关渠道向企业反馈信息。通畅的信息交流与反馈渠道是增强关系的纽带。同样，良好的关系进一步增强了信息与情感的交流。这种良好的关系拓展了企业的边界，将相关群体纳入到企业的经营中来，增强了企业在风云变幻的高技术市场中获得真实的市场数据，及时作出反馈，有利于企业有效把握机会，规避风险。同时，良好的信息交流与反馈机制也可以造就良好的顾客关系，良好的顾客关系也可以长久地留住顾客，获取顾客的终生价值，同样，也可以获得相关群体的长久支持，获得相关群体的长久价值。

### 3. 关系营销追求多赢策略，可增强企业竞争能力

传统的观念中，企业处在一个敌对的环境中。企业与供应商，企业与经销商，企业与竞争者，企业与内部员工，甚至企业与顾客都是敌对的。关系双方为了获得自身的最大利益，努力挤压对手的利益空间。这种思路在企业的高强度竞争中就有点不合时宜了。由于高技术的特性，使得单个企业往往无法独自完成某项技术创新。成本高昂或贻误时机都会给企业带来毁灭性的打击；而且在制定行业标准时，单个企业也往往无能为力，必须得到多个关系方的支持。因此，企业摒弃狭隘的竞争策略，逐渐采纳了竞合的观念——既竞争又合作：在竞争中求合作，在合作中有竞争。

企业与供应商、经销商结成战略同盟，一荣俱荣，一损俱损；企业与竞争对手合作研发降低成本，合作渠道开发市场，互惠互利；企业与内部员工形成新的契约关系，可以更好地吸引和留住稀缺资源人才；企业与顾客保持长久关系赢得顾客终身价值；企业

与政府合作争取政府的政策支持，企业由此形成自己稳固的网络关系，增强了开拓市场、抵御风险的能力。竞合的目的在于使参与方都获得收益，达到多赢。

4. 关系营销整合营销资源，可扩展企业营销思路

传统产品的营销因其技术性并不复杂，营销对策中对消费者的说理教育，地位是次要的，往往通过强有力的广告和花样繁多的推销手段就能打开市场，这种策略称为"市场推销"；而消费者普遍对产品特别是高技术产品存在 FUD 疑虑（Fear、Uncertainty、Doubt），而产生滞后效应，不能仅凭常规的方式就能成功，这里要采用"市场推动"的营销，多方整合与消费者相接触的资源，分析市场结构，开发出强有力的产品，与产业基础建立牢固的战略地位。

这里所指的产业基础是指与企业有关的销售链、风险投资者、金融家、新闻记者、报刊评论员、经济分析员、律师、产业界知名人士、控制该产业的信息流、高等学府、科研院所的理论权威、政府职能部门的主管官员，以及广大用户等。这些人士组成强大的产业基础，企业决策者应该与他们中的关键人物建立良好的战略关系。通过产业信息流的介绍、新闻媒体的宣传、老用户的推荐、行业权威的评论以及职能部门的引导，可以取得千金难买的信誉与市场重视，而这些都是广告手段所买不到的。一家公司的产业基础越宽，与产业基础的关系越密切，它的产品便越能被消费者所接受。

### （三）营销客户管理

在开展关系营销时，需要有强大的信息和互动的能力，仅靠人工服务是难以建立信任的。90 年代后期，一些公司开始把 SFA 和 CSS 两个系统合并，再加上营销策划、现场服务和集成计算机电话集成技术（CTI）形成集营销和服务于一体的呼叫中心，在此基础上产生了客户关系管理（CRM）系统。从营销角度考察，也称为营销客户管理。

CRM 是一种使用先进的信息技术来帮助管理部门实现业务功能运作和提高效率的管理系统，以优化顾客关系，从而获取、保持和增加顾客的关系营销过程。其核心内容是通过不断改善企业营销管理、顾客服务和支持等与顾客关系有关的业务流程，提高各个环节的自动化程度，以缩短销售周期、降低销售成本、扩大销售量、增加收入与盈利、抬高市场份额、寻求新的市场机会，最终从根本上提高企业的核心竞争力。

CRM 借用 Internet 的交流渠道及电子商务技术，简化了营销、销售、洽谈、服务、支持等各类与顾客相关联的业务流程，将企业的注意力集中于满足顾客的需要上，将传统的面对面、电话及 web 访问等交流渠道融合为一体，企业可以按顾客的个性化喜好使用适当的渠道及沟通方式与之进行交流，从根本上提高了营销者与顾客或潜在顾客进行交流的有效性，提高了企业对顾客的反应能力，有助于企业对顾客个性化需求的全面了解。

# 第四节  全球营销与互联网营销

## 一、全球营销

经济全球化是当今世界经济发展的最重要趋势，现代化大生产本身的客观规律必然要求实现全球化分工。在这一经济规律的驱动下，各国企业和产品纷纷走出国门，在世界范围内寻求发展机会，许多产品都已成为全球产品，许多支柱产业也已成为国际支柱产业，而不是某一国的产品或产业。特别是实力雄厚的跨国公司，早已把全球市场置于自己的营销范围内，以一种全球营销观念来指导公司的营销活动。

为了应对经济全球化这一趋势，与世界各国特别是发达国家在同一市场条件下竞争，中国企业必须站在国际市场营销的起点重新调整、审视和制定市场营销的体制、观念和战略，培养全球化的营销方式以及战略实施组织体系。

### （一）全球营销的定义

知识经济和信息社会将全球融合为一个巨大的没有时空差异的统一市场，社会的发展客观上把现代企业营销置于一个国际化的环境中。全球营销指企业通过全球布局与协调，使其在世界各地的营销活动一体化，以便获取全球性竞争优势。全球营销有三个重要特征：全球运作、全球协调和全球竞争。

全球化营销是企业国际化的高级阶段，其核心内容在于"全球协调"和"营销一体化"。全球营销可细分为初级阶段和高级阶段。初级阶段的全球营销一般只在个别职能，如采购或生产方面实现了全球化；高级阶段的全球化营销则差不多所有的营销环节都实现了全球化，建立了全球营销网络，在全世界范围内进行采购、生产、研发、信息扫描、人力资源等重要职能分工，各自相对专业化，又高度相互依赖。

全球化营销面临最常见的问题之一，是标准化与差异化的两难选择。在全球营销实践中，全球营销者更重视各国消费者需求的共性，也许他们会对各市场的需求特点，对营销组合作适当的调整，但是全球营销公司会要求在部分的营销组、在要素上保持绝对的统一。这些标准和环节都由总公司统一设计并控制实施。

初始阶段为多国扩张阶段，即通过渐进的方式进占外国市场。第二阶段为多国扩张阶段，让位于以竞争为中心的全球化方法，即竞争者驱动阶段。公司为对付激烈的市场竞争而不得不采取全球战略。第三阶段是顾客驱动阶段，企业必须迈向全球化的原因在于顾客的需求与偏好已经全球化了。将价值传递给顾客，而不是首先考虑避开竞争，这才是全球化的真正原因所在。

并不是所有的产业都适合全球化，有些产业依然保持国别，甚至是地区性的产业。确定是不是全球化的产业主要应考虑三方面的条件，即该产业的需求特点、供给特点及其所处的经济环境。适宜于全球化的产业，在需求要素方面：用户对产品有相同的工作要求；技术统一；消费需求相同等，如机床、家用电器、小汽车等。在供给方面：研发、采购、制造和分销等具有规模经济、资源获得优势等。在经济环境方面：较低的关税；允许资本自由流动等。

### （二）全球营销战略

企业的全球营销战略包括四个主要方面：确定全球营销任务、全球市场细分战略、竞争定位及营销组合战略。

全球营销任务的内容是确定主要目标市场，市场细分原则及各个市场的竞争定位。全球营销对于企业获取其全球性战略目标有着重要的作用，所以企业的全球战略应与其总体战略相适应。

全球细分战略，主要有三种战略可供选择：

第一，全球市场细分战略——此战略重在找出不同国家的消费者在需求上的共性。如人口的统计指标、购买偏好、习惯等。

第二，国别性市场细分战略——此战略强调不同国家之间文化或品位上的差异性，市场细分主要以地理位置和国别为基准。

第三，混合型市场细分战略——大体上是前两种战略的结合型战略，某些国家市场规模很大，可是存在个别化，而另一些较小的国别市场则可组合成一个共同的细分市场，如营销区域化是一种重要的混合型市场细分战略。

竞争定位战略，企业有四种主要的竞争定位战略，即市场领导者、市场挑战者、市场追随者和小市场份额占有者。如果公司在所有外国市场采取同样的竞争定位战略，则称为全球性竞争定位战略；反之，公司在不同的国别市场采取不同的市场定位，则称为混合型竞争定位战略。

理想的全球营销战略指采取统一的营销计划，在一个全球性细分市场上营销一种标准化产品；理想的国别营销战略则是要求对营销组合进行专门的调整，以满足各个国别市场的需要。

## 二、互联网营销研究

网络营销，说通俗点就是通过网络来宣传自己的企业，推广自己的产品或服务。在被称为"e时代"的今天，互联网正在彻底改变着我们的生活。据统计，目前中国的网民已经达到几亿人，而且这个数字还在不断激增。企业在竞争中求生存，求发展，忽略网络这一重要营销渠道，失去的不仅是客观的客户群体，还有新一轮经济整合中抢先一步的绝佳机会。网络到底能提供哪些比传统媒体更经济的营销手段？这些已经成为人们日益关注的问题。

### （一）网络营销的概念

#### 1. 网络营销的定义

网络营销的实质是以计算机互联网络技术为基础，通过与顾客在网上直接接触的形式，向顾客提供良好的产品和服务的营销活动。可以再进一步定义为：网络营销是企业整体营销战略的一个组成部分，是建立在互联网基础之上，借助于互联网特性来实现一定营销目标的营销手段。网络营销具有跨时空、多媒体、快捷、经济等优势的整合新方式。

由于互联网进行信息交换不受时间和空间的限制，使企业与顾客之间更自由地达成交易成为可能，企业可以在 24 小时随时随地向全球提供营销服务。互联网被设计成可以传输多媒体的文字、声音、图像等各种信息，使得达成交易的信息交换可以多种形式进行，可以充分发挥营销人员的能动性和创新性，在网络上企业可以随时更新营销服务的内容，使企业营销随时富有变化性，并通过变化来吸引顾客。

网络营销不仅是一种技术手段的革命，还包含了更深层次的观念革命，它是目标营销、直接营销、分散营销、顾客导向营销、双向互动营销、远程或全程营销、虚拟营销、无纸化交易、顾客参与式营销的综合。同时还要认识到，网络营销不是网上销售，网上销售是网络营销发展到一定阶段产生的结果。网络营销的效果是多方面的，如发布信息、沟通顾客、提升品牌等，实现网上销售的目的是网络营销的一项基本活动而已。网络营销建立在传统营销理论基础之上，因为网络营销是企业整体营销战略的一个组成部分，网络营销活动不可能脱离一般营销环境而独立存在，网络营销理论是传统理论在互联网环境中的应用和发展。

#### 2. 网络营销的优势

相对于传统营销模式，网络营销具有许多无可比拟的优势，这些优势来源于互联网络本身的特性：互动性、虚拟性、私人性、全球性和永恒发展性。

（1）网络营销可提供多种销售服务，以满足顾客购物方便快捷的需要

在销售前，商家可以通过网络向顾客提供丰富的商品售前技术支持，比如对产品的质量认定，专家的品评和用户意见等这些技术有助于顾客在不受干扰的环境下，理智地对比、选择并做出正确的购买决策。在购买过程中，顾客无须花费时间和精力亲临店铺完成购买行为，只需访问该商家的网页，进行网上订购，并以电子货币支付结算，就可坐等商品送货上门。购买后，顾客可随时在网上进行双方交流、反馈，得到来自商家及时有效的技术指导和服务。

（2）网络营销具有极强的互动性，有助于商家实现全程营销目标

商家在网络营销过程中，利用电子公告栏、线上讨论广场和电子邮件等方式，以极低的成本，全程与消费者进行即时的信息交流。消费者则有机会就产品从构思、创意、定价、服务等一系列问题与企业交换意见。

（3）网络营销可以节约促销流通费用，降低企业成本

运用网络营销可以降低采购成本，企业通过计算机与互联网络技术加强了与各供应商之间的协作关系，将原材料的采购与产品的制造有机地结合起来，形成一体化的信息

传递和信息处理体系。

一些大型企业建立一体化的电子采购系统，可为企业节省10%的成本，同时与供应商建立了稳定的合作。运用网络营销可以降低促销成本，通过强大的企业管理信息系统结合网络营销系统和互联网技术，降低了材料费用，企业简介、特征等信息均可直接在线更新，节省了广告费用，有资料表明在互联网发布广告费用仅为传统媒体的3%，也明显地降低了市场调查费用。

（4）网络营销有利于企业增加产品销量，提高市场占有率

商家在网络上可以全天候地提供广告宣传和服务，并不需要增加费用。能把广告与订购连在一起，促成购买意愿，成交率大增。同时通过互联网可以在全世界范围内展开营销活动，消除市场壁垒，提高销售量和市场占有率。

## （二）网络营销的内容

互联网循环商业系统由网络和网络内容、用户和商业访问、流行三个因素构成，每一个因素从另一个因素获得支持而对接第三者。该系统的核心是用户的迷恋。用户迷恋这种新技术，各种自由媒体在网上传播大量的各类信息，引起广大消费者的强烈兴趣，导致消费者的访问、使用、在线内容等迅速地增长。

现代企业建立互联网络分三个主要阶段：信息发布，数据库检索和个性化互动。第一阶段，互联网络向所有人发布同样的信息，用户只需要点击链接就能获得信息材料。第二阶段，互联网将第一阶段的信息发布与响应用户要求的信息检索能力结合在一起，这种响应被动态地转换成互联网网页或电子邮件，使互动和对话已经开始了。第三阶段，互联网络为投合某一特定的个人兴趣而动态地创造出一个网页，它超越了互动过程而进入对话，并且可以预见到用户的选择以及可供选择的提议。用户输入表格发出请求或者通过点击一个图像作出选择，对此网站做出反应。当网站迎合用户的需求并且产生相互交流时，用户就戏剧性地增加了对网站的使用。

任何产品和服务项目都可以在网络上进行在线营销，网络营销主要包括以下的主题。

### 1. 客户支持和在线质量

互联网的力量主要是用于增进服务质量和消费者的满意程度，这是通过改进产品，通过几个消费过程中对客户更好地支持、理解达成的。要赢得客户的支持，首先要降低成本。网络营销过程更容易控制对客户提供服务支持上的成本。降低成本和增加利润可以使企业为改善服务质量和增进客户满意程度提供动力。

提高在线质量可以通过客户满意程度来衡量。客户是否满意，一是取决于在线技术支持，即客户网络通信的速度和便捷程度；二是取决于网络信息的深度与广度；三是取决于产品和服务；四是取决于企业营销措施。

### 2. 提供个性化的顾客服务

个性化反映了市场营销的基本思想，顾客希望得到最符合他的需求的产品和服务，

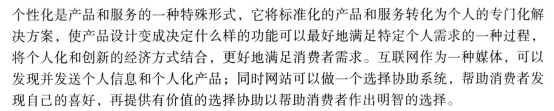

个性化是产品和服务的一种特殊形式，它将标准化的产品和服务转化为个人的专门化解决方案，使产品设计变成决定什么样的功能可以最好地满足特定个人需求的一种过程，将个人化和创新的经济方式结合，更好地满足消费者需求。互联网作为一种媒体，可以发现并发送个人信息和个人化产品；同时网站可以做一个选择协助系统，帮助消费者发现自己的喜好，再提供有价值的选择协助以帮助消费者作出明智的选择。

### 3. 新产品开发

如果一个企业能够比他的竞争对手提早 6 个月把一个新产品推向市场，那么他就能把这种优势转化为大于 3 倍的生存期利润。可是如果比竞争对手晚 6 个月推出产品，那么利润损失是惨重的。网络营销可以加快这一进程，网络营销的一个重要的目标就是促进迅速变化和新产品开发。运用网络开发新产品有三个基本的理念，弹性、模块化和快速反馈。弹性是在新产品的研发过程中迅速地对变化的市场条件做出有效的反应。模块化使得各协作单位能够独立地和非时序地工作。改进的沟通和用户的反馈使得企业得到用户更高质量的信息来得更早。

为了加快网络营销的推销速度，企业可以建立一套信息加快系统，该系统把用户置于一个虚拟的购物情境中，为用户提供在作出购买决定时所能获得的各种信息的仿真，如果这个仿真与真实情境越靠近，越能衡量用户对模拟产品或服务的需求，那么企业就有可能显著地改进新产品过程。

### 4. 创建品牌

网络营销面临的最大挑战之一，就是让访问者浏览他们的网站。网络营销的主要手段有两种：第一种方式是主动出击型——企业为什么要做广告？因为你不知道你的客户在哪里，只好端起机枪一阵扫射，所谓"宁肯错杀一千，不可放走一个"。但是这样兴师动众往往耗资不菲，而且网络媒体特有的互动性也常常使广告主颇为无奈，消费者对满屏乱窜的活动窗口以及源源不断的垃圾邮件已经不胜其烦，鼠标一动一概关掉删掉，你也无可奈何。第二种方式是守株待兔型——建一个网站或做一个网页，让消费者浏览、点击。这样的方式对消费者的影响更有针对性，通过网络营销，使得新产品快速上市，把产品销售周期的时间损失造成的危害降得更低。

创建品牌网站，第一步是确定用户能够很轻易地找到你的网站。这需要你十分重视你的域名战略，同时要将你的网站列到主要目录和搜索引擎上，还要注意你的网站在传统营销文学中的宣传，即门户形象设计。设计门户形象设计时要选择恰当的关键词、描述词和目录将网站信息进行分类。第二步是联盟和付费广告。新用户能被互联网上的条幅广告和赞助站上的按钮所吸引。联盟就是与外部网站结为联盟，互为链接。

搜索引擎在网站网址推广方面的作用是毋庸置疑的。当客户输入关键字时，实际上是在主动告知相关产品销售者自己的需求。一般用户会点击搜索结果前 50 名的链接。排名位置的不同对搜索营销效果的影响非常大。在成千上万条搜索结果中，你的网站出现的位置直接关系着客户接收到你产品信息的概率，搜索排名的广告价值由此产生。企业要综合考虑这些情况，做出适当的反应。

### 5. 在线社区

在线社区是网民相互沟通交流的网上社交场所，在线社区里的留言板、聊天室、即时信息、虚拟世界等网页成为密友、熟人以及陌生人之间新的沟通形式。这种新的社交形式，可以是简单的信息张贴，也可以是深入的敏感话题或个人化主体的实时讨论，且不受地域、时间、性别、年龄、身份的限制，吸引大量的网民每天花上几个小时集聚在这里。

企业营销者如果能够建立在线社区，其作为产生忠诚成员、消费者关注以及恢复客户流量的一种途径，必定能带来忠诚、快速发展和高收益。在线社区的核心是沟通工具，主要的工具分为两类，包括电子邮件列表、在线寻呼、群体游戏和模拟等的沟通链环和新闻用户组、公告栏、聊天室、虚拟世界、网站等的内容树。

### 6. 在线定价

不管是什么样的营销手段，价格在竞争中的主导地位是不可动摇的。价格是企业利益的载体，合理性的价格是达成交易的重要条件。定价策略是企业竞争策略的重要组成部分。网络营销应重视产品的定价策略。

网络销售的产品价格有透明度高、灵敏度高的特点。网络无机密，消费者可以查阅商品的各种信息，同类商品不同品牌的价格可以通过价格监视网站迅速收集。正因如此，网络销售具有高价格弹性的特点。因此，网络营销者在制定产品价格时，应把握以下几点：

（1）利用网络了解顾客对产品价格的理解和接受程度，根据顾客对价格产生的理解及对价格的接受程度来确定自己产品的价格。

（2）利用网络与顾客沟通，为顾客提供自己产品价格的各项依据和说明，以提高顾客对产品及价格的理解程度。

（3）寻找产品的独特价值，独特的功能和好处会降低顾客对价格的敏感程度，并且会提高消费者的购买欲望。

（4）分析产品的市场寿命周期，根据产品的供求特点来制定产品的价格。

### 7. 电子商务

电子商务是利用信息技术进行经济和贸易活动的总称，是一种对传统商务活动进行革命性的改造。企业管理人员，利用电子商务可随时得到企业即时的收入、毛利、订单、成本消耗等数据。若采用传统方法，需要几天、几个星期甚至更长的时间才能获得。电子商务的兴起对社会经济、人们日常生活带来重大的影响。

电子商务对比传统的销售方式有自己很独特的优势。电子商务利用互联网联结世界。利用电子商务，企业产品销售不受地域、时间的限制，实现非人员接触式的销售和无货币结算，交易费用极低，从而降低了经营成本，赢得竞争优势。

电子商务的销售要注意完成以下步骤：

第一步，要做好交易前的准备工作。卖方首先要建立自己的网站和网页，利用网络全面收集信息，对市场进行调查分析，制订营销策略和销售方式，发布网络信息和网络广告宣传，理顺与金融机构、保险机构、物流公司、税务系统、海关、商检等部门的关系,为电子商务做好准备工作。

第二步,交易谈判和签订合同买卖双方利用现代电子通信和网络技术,就交易的对象进行认真的谈判和磋商,达成一致意见后,将双方在交易中的权利、义务、责任及交易对象的品种、数量、价格、质量、规格、交货时间、地点、交易方式、运输方式、违约和索赔等合同条款以电子交易合同的形式作出全面详细的规定,合同双方可以 EDI(电子数据交换)形式进行签约。

第三步,办理交易相关的手续。凡是在交易中要涉及的金融、保险、物流、税务、海关、商检等部门,买卖双方利用 EDI 与有关各方进行各种电子票据和电子单证的交换。

第四步,交易合同的履行和索赔,这与传统的商务活动没有什么两样。

第五步,售后服务。这在电子商务活动中是十分重要的步骤,作为卖者要利用网络经常与用户进行沟通、交流,了解用户在使用产品或服务中的状态,随时为用户解决使用过程中的各种问题和相关事宜,尽可能使顾客满意,增强与顾客的感情,树立品牌形象。

# 第七章 企业文化与企业经济发展

## 第一节 文化与经济发展的关系

### 一、文化因素与经济发展的关系

#### （一）提升文化竞争力是内在要求，是提高生产力发展水平的必然选择

当今世界，文化与经济和政治相互交融，在综合国力竞争中的地位和作用越来越突出。这是对信息时代世界发展新趋势和新特点的敏锐反映和准确把握，是对文化认识上的新概括和新表述。在当今经济全球化浪潮中，一个国家综合国力的增长、经济的振兴，对国家或地区文化竞争力的依赖性越来越强。促进经济的快速协调发展，不仅要进行相应的经济体制改革，而且必须提升其文化竞争力，这是促进经济社会和人的全面发展的必然选择。

所谓文化竞争力，概括地说，就是各种文化因素在推进经济社会和人的全面发展中所产生的凝聚力、导向力、鼓舞力和推动力。主要表现为以下三个方面：一是文化创新能力。同其他领域的创新相比，文化创新更具有特殊的意义。创新是文化的生命，文化产品有无竞争力，主要取决于文化创新。二是文化产业的科技含量。文化产业的兴起，把科技、市场和文化结合在一起，赋予文化新的发展形态。文化产业的竞争越来越多地

表现为科技实力竞争。大力发展高科技媒体及相关产业，推进文化产业与高新信息技术的联姻，才能提升文化产业的竞争力。三是高素质的人才。无论是推动文化创新，还是应用高新技术发展文化产业，都离不开高素质的人才。因此，提升文化竞争力的根本点在于构筑发展文化产业的人才高地。随着科技经济的发展，文化已渗透到社会生活的各个领域，经济与文化的融合已成为当今社会发展的一种趋势，文化所产生的经济效益和社会效益越来越高。在我国，不仅经济发展需要文化来支撑，而且文化产业本身也已成为经济的重要组成部分。这种文化与经济的相互依存、相互促进，使文化与经济的发展呈现出明显的一体化趋势。显而易见，文化竞争力是综合竞争力的重要组成部分之一。因此，增强一个地区的竞争力，不仅要提高区域经济的增长能力，而且应该是经济、社会、文化和自然协调一致的发展能力的全面提高，尤其是文化竞争力的提高。

## （二）知识经济与文化产业的发展

知识经济是高技术与高文化相结合的经济。当今时代，具有竞争力的商品和劳务，不仅具有高技术含量，还具有高文化含量。提高商品和劳务的文化含量与提高其技术含量同样重要。提高商品的文化含量是创造高附加值产品的重要途径。在提高商品和服务的文化含量中，注重弘扬民族文化，创造出具有我国独特风格和特色的商品和服务，不仅可以增强我国的国际市场竞争力，而且可以扩大中华民族文化的世界影响力和吸引力。伴随经济全球化的发展，人们在消费其他国家的商品和服务时，也就潜移默化地受到浓缩其中的意识形态、价值观念等文化因素的影响，文化的主体性问题同样将在商品和服务的贸易中突显出来。

文化产业是当代人类社会新的社会财富的创造形态。在世界范围内进行的经济结构的战略性调整中，文化产业的比重日益增大，文化产业现已成为一些发达国家扩大对外贸易的主导型产业和国民经济与社会发展的支柱产业。发展文化产业已成为扩大就业的重要途径。文化投资即就业投资，因为投资与就业之间的最佳途径就是文化。积极采用新的科学技术成果，发展新的文化产业形态，已成为新的经济文化增长点，高科技成果对文化产业的渗透和改造越来越明显。向数字媒体转移是将传统文化资源开发为经济资源的必要步骤，实质上是为规模空前的产业整合准备条件，具有巨大的经济意义。

当今，跨国文化产业集团的影响日益增大，渗透力越来越强，跨国文化资本的全球流动和在资源配置分工的巨大作用，已经成为影响国际文化产业格局的变动、世界文化市场的走向、国际文化秩序和文化关系重组的重要力量。面对这种形势，一个国家文化产业的发展和壮大，关系到民族文化的生存和发展，关系到国家的文化安全。中国文化是一个有鲜明特色的文化，上层建筑是不断随时代发展的需要而变动的，是有能力随着经济基础的发展而产生与其相适应的上层建筑的。

## （三）文化因素与经济发展的关系

### 1. 文化与经济从来密不可分

文化与经济是人类所创造的财富中的整体与部分的关系，即文化是整体，是物质财富、经济财富的总和，经济只是其中之一。生产力越发达，经济与文化的关系就越密切。从这个角度说，今后的经济是文化经济。经济的竞争，归根结底是文化的竞争。如果中华民族在文化问题上变得自觉了，对中华文化的来龙去脉搞清楚了，并且把中华传统文化和现代文化结合好，可以预见中华民族未来的民族经济地位一定是举足轻重的。从另一个角度说，只有发达的经济而没有先进的文化，并非真正的强大；如果只谈经济，不谈文化，经济的发展也难以持久。

2. 文化渗透于经济的全过程

从经济活动中的人到对经济活动的处理，从产品的设计、生产到产品的交换以及使用，无不渗透着文化，因为经济的全过程都是人的活动。马克思说，劳动首先是人和自然之间的过程，是人以自身的活动引起、调整和控制人和自然之间物质变换的过程。简单地说，就是人主动地采取一种运动，用它来改变人和物的关系。人与人的关系，归根结底也是在劳动当中产生的。而中央在决策过程和操作方法上也渗透着丰富的中华文化，在思维方式里包含很多中华文化，很重要的一点，就是因为不仅看到了物与物、实体经济与虚拟经济的关系，还看到了中国社会人与物、人与人的关系。

3. 经济全球化下的文化自觉

现在，经济全球化和科技现代化风行世界，这既会给各国带来快速发展的经济和良好的效益，又有可能带来文化一体化的问题。如果抹杀了民族特性，经济肯定会萎缩。这个问题在年轻人身上表现得比较集中，一旦民族文化衰落、消亡了，民族也就名存实亡了。因此，文化自觉的问题在当代历史上任何时候都更为重要而紧迫。

4. 文化自觉之后经济活动中的文化因素

当人们对文化有了自觉意识之后，就会注意经济活动中的文化因素，透视它，体现它。经济活动中的文化因素，应该包括文化的各个层次。人们通常所说的企业文化是亚文化中的一支，现在企业提倡的所谓文化，基本上只来自经济本身，甚至是企业本身的需要，这个问题比较普遍。只有把民族文化传统和时代环境相结合，才是骨子里的文化，并不是随经济发展亦步亦趋地发展。文化有自己的独立性，一旦形成，就有其相对稳定性。文化除受经济的根本作用外，还受历史积淀、传统演化等多种因素的影响。一个地区过去经济发达，后因多种因素导致落后了，其文化影响力仍可能因惯性持续很长时间。一般来说，先进的文化造就发达的经济，落后的文化只能伴随着贫困的经济。

经济与文化一体化是当代社会发展的大趋势。现代市场经济绝不是没有主体的单纯经济运作过程，其主体就是具有健全的经济理性和道德约束的人。经济发展离不开人的文化素质的提高，一定的经济土壤必然生长出与之相适应的文化。文化产业已经成为当代产业结构中的重要一环，虽属第三产业，但又依托第一、二产业，具有极大的经济潜力，对于丰富文化生活、提高公民素质、促进经济发展具有重大作用。

当今世界正逐步进入文化经济时代。在这个时代，文化与经济已经密不可分，经济化的文化和文化的经济化已成为重要的全球趋势，文化对经济发展的推动、引导和支撑作用已越来越明显。大到区域经济发展战略和产业政策的制定，小到企业生产管理和名牌产品的创立，既是经济活动也是非常复杂的文化活动，需要文化的力量和智慧。甚至一个国家或地区的经济发展模式和产业结构特点，都突出相当的文化背景和人文因素。在我国，发展社会主义市场经济，既是经济建设课题，也是社会科学文化建设课题。没有文化的协调发展，经济伦理和经济规范确立不了，经济建设就难以搞好，社会主义市场经济体制也建立不起来。正是从这个意义上说，现代市场经济就是文化经济，就是知识化经济，就是文化知识作支撑的经济。发展文化经济，提高企业及其产品的文化含量，提升产业结构的文化层次和品位，已成为提高国民经济整体素质和重要途径，成为推动经济增长和生产力发展的内在动力。我们必须十分注重经济增长的文化内涵，进一步发挥文化因素在经济社会发展中的重要作用，加快发展文化产业，不断提高产业层次和经济发展质量，为提前实现基本现代化提供强大的文化动力。

## 二、文化与经济发展关系

在文化的视野里，价值观、信任等文化因素不仅规范着社会的经济金融行为，还是影响经济金融发展的重要因素，这不仅得到理论的证明，还受到经验研究的支持。以儒家文化为代表的传统文化虽然在经济金融发展中的作用备受争议，但是传统文化对中国乃至东亚的经济金融发展模式都有深远的影响。

近年来，文化与经济学的研究可谓是异军突起，不仅表现为越来越多的相关论文在主流期刊上发表，也反映在该主题的实证研究思路与研究方法的日益丰富上，还突出体现为研究对象的日益集中和研究范式的逐步形成。

### （一）关于文化概念的界定

文化的概念在社会科学中的应用一直是比较混乱和模糊不清的。从分析经济系统的环境、探索经济发展的外部条件出发，将文化定义为"人类在社会历史实践中创造的不同形态的精神财富及相互关系、相互作用所构成的系统"，并主张将其区分为智慧文化、规范文化、意识文化和组织文化四种形态。

### （二）文化与经济发展的理论

对文化与经济金融活动关系的分析主要体现在以下两个方面：

一是讨论文化在经济活动中的规范、引导和执行的作用。在人们的经济活动中，不仅要考虑经济动机，还要考虑到个人的道德和理想。经济金融合约的执行机制主要有两种，一是以法律为代表的外部显性执行机制，二是以文化为代表的内部隐性执行机制，文化是一个因经济需要而内生的隐性合约执行机制。后代作为父母养老金、保险金、信贷这种隐性金融合约主要依靠内疚等（属于文化范畴）来执行，而中国家族文化中的血缘关系能够很好地帮助这些金融合约在家族这个隐性的金融交易市场中得到执行。

二是分析文化这个独特的因素在经济发展中的作用。文化对资本主义发展具有决定意义，勤勉、自律、克己、节俭等品质与资本主义市场经济发展所要求的储蓄、投资、人力资本、企业活动是相容的，而这些因素不仅是资本主义经济发展所必需的，还能够以一种价值合理的行动"创造"出了资本主义。

### （三）文化与经济发展的经验研究

不同的价值观、信任水平和宗教信仰对经济金融发展的影响。

一是价值观与经济发展。个人选择是经济学研究的出发点，文化影响的微观基础也应当是个体行为。这一层面研究的假定有两种：一是认为文化会影响人们的偏好，偏好进而会影响到经济结果；二是认为文化会影响人们的经济决策行为。

二是信任与经济增长。信任观通常被看作影响经济发展的重要条件。因为市场经济的成功发展可以描述为熟人群体之间的互动在匿名者之间交易的扩展。在这一过程中，信任非常重要。信任被看作经济发展成果的关键，特别是在法律法规还不够完善，实施成本太高的情况下，信任这样的良好价值观念在合作与交易中成为替代性的治理机制，这一点在国内贸易和国际贸易中都有所体现。

## 三、生态文明建设与经济发展的关系

生态文明：生态文明是在工业文明之后的相对于物质文明、政治文明、精神文明的一种文明形态，是人类改造生态环境、实现生态良性发展成果的总和。狭义的生态文明着眼于人类同自然的和解，而广义的生态文明还要求实现人类本身的和解。

经济发展：经济发展和经济增长不是一个概念。经济增长只是一种物质的吸收和累积所表现出来的数量性增加，而经济发展是一种质量性的改进和潜力的实现。通过从有限的环境中吸取和积累物质而达到的经济规模的数量性增加是不可持续的，而质量性改进和潜力的实现则可永远持续。

科学发展观：科学发展观是建设生态文明、发展绿色经济、构建和谐社会的理论前提和生命线。科学发展是以绿色、和谐发展为核心的全面协调可持续发展。

随着市场经济体制改革的深入，人们的思想认识、价值趋向发生了剧烈变化。越来越多的企业认识到文化与经济发展联系的重要性。文化将会给经济发展带来无限的生机和活力。

### （一）文化与经济的辩证关系

文化与经济发展构成了文化经济一体化。一方面，文化具有创造性功能，可以把文化规律用于生产，以促进经济的发展，从而把文化功能经济活动转化为有形的经济价值。另一方面，经济的发展又给文化水平的提高奠定了丰厚的物质基础，形成文化经济发展的良性循环，相互促进，相得益彰。

1. 经济的发展离不开文化的外部包装

经济基础决定上层建筑，文化适应社会经济的发展。而经济的发展是离不开文化的，更离不开文化的外部包装。作为一定形式的生产经营活动，如果借助文化的优势和力量进行外部包装，无疑对企业自身形象起到意想不到的作用。

2. 经济的发展离不开文化因素的外力

这种文化因素的外力主要靠的是宣传。每一种产品在成为商品之前，有一个转化或运行的过程。这个过程一般由两种因素构成，一种是通过宣传形成的直接动力；另一种是政府指导形成的潜在动力。宣传形成的直接动力，本身就体现了纯文化的特征。事实说明，现代经济发展过程中，企业的产品一刻也离不开运用多种传媒进行知名度的宣传。大型经济活动与大型文化活动同步举行，杜绝了枯燥乏味的产品宣传，使供销交易与经济洽谈置身于万花筒般的艺术世界，富于人情味，吸引力强。文物资源、人文景观及民间艺术的开发，对万里跋涉而来的游客有着非同小可的魔力。因此，宣传这种外力对经济的推动力就显而易见了。

3. 经济发展渴求文化渗透的升温加热

尽管我国各地生产力水平很不平衡，但总的来说经济建设与文化建设的相互依存关系更充分地凸显出来，经济成果越来越高。劳动者由体力型到机械型再向科技型演变；劳动手段由单性能的工具到机器体系再向电脑调控的智力机器体系演变。所以说经济发展不再只是经济部门的事了，它从深层呼吸到文化的渗透，文化的渗透同样顺应了这种呼吸，使一切生产和经济活动与特定的文化背景产生交融，生产者的文化素质与生产单位及社会的文化活动更紧密地融合在一起。

## （二）文化、经济存在的问题与对策

经济发展离不开文化，说明在加强经济建设的同时，一刻也不能忽视文化建设。但从当前的实际状况来看，现有的文化格局、文化管理体制和文化传统观念等，还不能适应经济的发展，出现了新情况和新问题。这些问题归根到底就是认识问题。一是一些人认为文化属于文化事业，是单纯意识形态的，无非是看、玩、乐等纯消费，它同经济建设无关。二是一些人认为我国当前仍然是个经济文化落后的国家，应先发展经济，然后再搞文化建设。三是一些人把文化当作"软指标"，很少投入。四是文化管理水平不高。五是文化经济政策不够完善。

1. 树立科学的文化观念

科学技术是文化和经济发展的基础与载体，我国古代的灿烂文化以及辉煌的现代文化都说明了科学与艺术的发展是相互依存、兴衰与共的。因此，文化观念是人们行为的先导。没有现代科学的文化观念，在高科技的今天也不会产生高效益的经济行为。

2. 加强对文化经济一体化的研究

要坚持中国特色社会主义理论，结合我国国情加强对跨世纪文化的预测研究。根据"奔小康""三步走"的战略方针，制定出切实可行的文化发展战略目标，以适应我国的经济发展和社会发展。

3. 发挥文化为经济服务的作用，促进经济发展

充分挖掘当地的文化资源，弘扬民族传统文化，展示当地文化特色，以此推动外向型经济的发展。

### 4. 加强文化市场的建设和管理

要发展健全的文化市场，为广大人民群众特别是为广大青少年创造一个良好的社会环境。对娱乐市场、音响市场、书刊市场，要一手抓繁荣，一手抓管理，只有这样才体现出精神文明重在建设。

### 5. 加大对文化建设的"硬投入"

各级政府应在尽可能的情况下，对文化建设给予财力、物力以及人力上的投入，以保证文化建设不断地向前发展。完善各项文化政策，包括电影、文化馆、图书馆等各个文化领域的有关政策，更好地开办好相关事业，增强文化事业的生存能力和发展能力。提高文化工作者的思想素质，强化文化队伍的自身建设，使文化工作者适应快速发展的文化事业，高质量地完成好各项文化工作，把文化事业推向一个新的高峰。综上所述，文化事业的发展离不开经济基础，经济的快速发展带动文化快速发展，而文化的快速发展，反过来也能促进经济更快地发展。

## （三）文化与经济的交集就是文化产业

文化产业是极具发展潜力的朝阳产业，同其他产业相比，具有低能耗、无污染、文化资源能在使用过程中不断积累和增加价值等特点，是新的经济增长点。一般来说，经济社会发展程度越高，文化对于综合国力的贡献就越大，占 GDP 的比重就越高。

### 1. 文化为经济发展提供"引擎"

文化与经济的交集就是文化产业。文化产业发展空间巨大，在国家能源紧缺、倡建节约型社会的大背景下，文化产业应该成为我国转变经济增长方式的战略选择，为我国经济腾飞增添新的"发动机"。

企业文化的出现也足以证明文化在经济生活中的重要地位。成功的现代企业往往有其自身的企业文化，这是企业的核心软件，通过企业文化的强大凝聚力、感染力和亲和力聚集人心，创造企业文化形象的高附加值产品，企业之间的竞争、兼并或广告宣传大都在文化层面上展开。

### 2. 文化为经济发展提供"燃料"

人是生产力中决定性的因素，以人为本，进一步激活人的潜能，可推动社会生产力向前发展。文化是实现人的自由和全面发展的重要条件，人越是发展，创造的物质文化财富就越丰富。现代社会中经济发展越来越离不开高素质的人才，离开高素质人才的经济就像没有燃料的汽车，不过是一堆废铁。高素质人才，除了应该具备精深的专业水平，还必须有良好的人文精神和丰富的艺术修养，才能真正创造出自己独特的东西，成为杰出的人才。激发广大人民群众的创新热情，是发展社会主义经济和文化的根本出发点和落脚点。

### 3. 文化为经济发展提供"减震"

经济建设需要一个稳定的社会环境，而我国经过多年的改革开放，目前正处于各种矛盾集中爆发期，化解矛盾、保持稳定是各级政府的中心任务之一。

　　文化不仅是政治与经济之间的黏合剂，也是政治与经济之间的缓冲层，在建设和谐社会过程中可起到连接或润滑的作用。文化的多元化使得社会各阶层都能发现符合自己利益的游戏规则，从文化上找到情绪宣泄口，有效降低社会动荡的风险和处理社会危机的成本。

　　在全球化大潮中，不同的文化相互碰撞，必然会引起矛盾冲突，但文化也是化解矛盾、弥合伤痛的良药，文化交流有助于我们和世界加深了解，密切友谊，为我国的和平崛起赢得良好的国际环境和加速发展的重要战略机遇期。

　　在物质需要得到满足以后，人们更多地关注文化的、精神的、心理的需要，即便是物质层次上的需要，也尽可能地与文化结合起来，这就是信息时代的重要特征：经济文化和文化经济化，文化与经济相互交叉、相互融合、相辅相成。但文化毕竟姓"文"，它具有观念性、精神性的特质，必须遵循自身的发展规律，防止将文化当作经济来抓，或将经济都套入文化框中的倾向。

　　经济和文化是社会有机体的重要组成部分，它们的复杂程度不亚于自然的有机体，对它们的了解并不比对身体的了解更多，继续深入探讨这个话题对建设全面小康社会与和谐社会是必需的。

# 第二节　企业文化对企业经济的影响

## 一、浅谈企业文化对企业经济管理的影响

　　企业文化是一个组织由其价值观、信念、仪式、符号、处事方式等组成的其特有的文化形象，是企业的灵魂，对提高企业凝聚力，指导员工言行有着十分重要的作用。特别是近年来，随着我国经济的发展和国际化交流的加深，加强企业文化建设已经成了现代企业制度建立的重要标志，因此有效地提高企业文化对企业经济管理的积极作用和实现企业持续发展具有十分重要的意义。

### （一）企业文化建设对企业经济管理的积极作用

　　在传统的观念中，企业之间的竞争必须有着规范合理的经济管理制度作为保证，但在新的时期，企业之间的竞争已经变成企业软件、硬件等相关因素的综合性比拼。企业文化是现代企业发展必不可少的因素，能够为企业提供良好的软环境，凝聚员工思想，形成统一的企业价值体系，从而为企业生产经营等活动提供保障；企业经济管理为企业发展提供必需的硬件条件。同时，健康、经济的企业文化能够极大地促进企业经济管理的质量和效益，达到事半功倍的效果。

1. 企业文化能使经济管理更具认同性

经济管理作为一种管理模式，规范性和严肃性是其本质的特点。而作为被管理者，自然而然会产生一种抵触情绪，造成管理效益的低下，因此一直以来，国内外大型企业都在寻找能够使经济管理成为企业员工自觉行动的方法。在这样的背景下，企业文化以其对员工思想观念、价值观所产生的巨大影响，从而能够使企业通过企业文化的熏陶，使员工将自身利益与企业利益进一步统一起来，进而将被动的遵规守纪变为主动的行为，提高对企业经济管理行为的认同感。

2. 企业文化能使经济管理更有推动力

每个企业员工的人生经历不同、学历背景不同，因此具有不同的价值观和人生观。而对企业而言，就是要通过经济管理的一系列活动来规范和统一员工的言行，从而形成合力，使企业发展具有足够的推动力。经济管理作为一种硬性的管理行为，难以对每个员工的思想和行为制订出针对性的措施，而企业文化则可以通过对员工思想的渗透，来规范和调整其观念，从而使经济管理行为变为员工自觉的行动，进而推动经济管理的落实。

3. 企业文化能使经济管理更有互动性

经济管理的模式就是一种从上至下的单方向的管理行为，其强调的是企业管理层对被管理者的制约和管理，易使管理对象产生不良的情绪，同时一些企业基层和一线的情况没有良好的渠道向企业管理层进行反馈。而企业文化能够通过对员工思想的改造，促进其主动地向企业反馈意见、建议，对经济管理的效果进行反向的传递，使得经济管理更具针对性和实效性。

## （二）企业文化对企业经济建设的促进作用

1. 企业文化建设促进企业经济发展的作用

企业文化在企业的建设发展过程中能否很好地发挥出应有的作用，最好的检验方式就是看其是否促进了企业经济的发展进步。企业的成功归根到底是企业经济的发展进步，建立起适应经济发展的企业文化是关键，规范的企业文化，是企业适应环境变化和发展需求及企业各层次成员的共同需求。企业文化从企业的层面上来看是企业所依赖的一种文化价值观念，企业是社会经济发展中的一个经济实体，企业中进行的是经济活动，一切都是围绕生产活动和经营活动展开的，追求的是经济价值和社会效益。企业文化是企业经济发展的深层推动力，用文化手段促进国际经济贸易，已经成为发达国家的国际营销手段和艺术。经济的发展进步离不开企业文化的良好基础，需要建立优秀的企业文化，才能很好地促进企业的经济发展。

2. 企业文化建设提高企业的凝聚力和竞争力

凝聚力和竞争力是一个企业发展进步的关键因素，只有整个企业的全体员工具有良好的凝聚力与向心力，才能更好地推动企业的发展进步。借助企业文化建设提高企业的凝聚力与竞争力，进而增强企业生存能力和经济效益，使企业更好地立足于激烈的市场

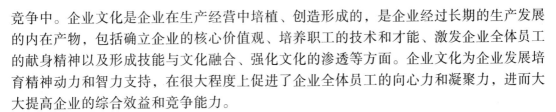

竞争中。企业文化是企业在生产经营中培植、创造形成的，是企业经过长期的生产发展的内在产物，包括确立企业的核心价值观、培养职工的技术和才能、激发企业全体员工的献身精神以及形成技能与文化融合、强化文化的渗透等方面。企业文化为企业发展培育精神动力和智力支持，在很大程度上促进了企业全体员工的向心力和凝聚力，进而大大提高企业的综合效益和竞争能力。

### 3. 企业文化建设有助于树立良好形象

在市场竞争日趋激烈的现代社会，企业必须注重塑造自身的企业形象，塑造强大的企业品牌，提高企业的信誉，使企业长盛不衰，在竞争中立于不败之地。企业经济活动中的产品、质量、利润等构成了企业形象的骨骼，每个员工构成了有血有肉、活生生的企业形象。必须积极培养全体企业员工的企业文化素质，提高企业全体员工的特色企业精神，严格企业产品质量管理体系，提出"质量是企业的生命、质量是进入市场的通行证"的口号，将企业的良好形象、品牌树立起来并发扬光大，使企业源源不断地焕发出强大的生命力，进而稳步提高经济效益和社会效益。

### 4. 企业文化建设有利于和谐社会的构建

企业的健康发展进步，是构建社会主义和谐社会的重要基础。构建社会主义和谐社会必须抓好企业的经济发展，使有与之相对应的物质基础。企业作为社会的一分子，必须充分调动一切积极因素，在大力推进技术创新、知识创新、管理创新和制度创新方面，发挥重大作用。在现代社会，企业的发展离不开企业文化，世界上每个优秀企业的成功背后都有独特的企业文化。企业文化建设不仅有利于精神文明建设的发展，而且可以促进企业的发展进步，有利于物质文明建设的发展，成为构建社会主义和谐社会的重要环节，对构建和谐社会有重要的基础作用。

### （三）企业文化建设的必要性

企业文化建设是一个企业不断发展进步的不竭动力，为企业的健康发展提供有力的思想基础与精神文化基础，为企业的发展进步把好关。企业文化不仅反映企业的精神面貌，提高劳动生产力和员工素质，起到导向、凝聚、协调、规范、鼓励的重大作用，还是提升企业形象、推动企业发展和社会进步的关键性因素。提倡企业文化建设，深化企业改革、增强企业活力、推动企业发展，建立起一种新形势下的适应社会主义市场经济体制发展、适应现代化科学技术发展的企业文化尤为必要。

企业文化是社会经济长期发展进步的产物，是企业长期开展经济活动的智慧结晶，可以不断地促进企业树立良好的社会形象。企业文化建设对企业的经济发展与企业在社会发展中的地位将起着越来越大的促进作用。企业文化建设需要根据企业自身的发展情况不断进行总结、完善、创新和升华，发挥企业文化建设的全面积极作用，实现使企业充满生机和活力、稳定及高效发展的目标。

### （四）提高企业文化对企业经济管理积极影响的举措

企业文化对企业经济管理的巨大推动作用，要求企业上下必须将企业文化建设作为

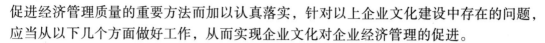

促进经济管理质量的重要方法而加以认真落实，针对以上企业文化建设中存在的问题，应当从以下几个方面做好工作，从而实现企业文化对企业经济管理的促进。

### 1. 企业文化要将经济管理作为建设目标

企业经济管理是实现企业经营战略的具体举措，因此企业文化建设同样要严格按照企业经营战略的要求，服务于企业的发展，将企业经济管理作为文化建设的目标。一是企业文化建设要与企业管理制度相结合。企业经济管理作为一个系统工程，包括企业生产经营活动的方方面面，特别是随着市场经济的日益激烈使得经济管理工作要求更高、标准更严，但这种管理模式只是硬性的规定，缺乏对员工思想的影响，因此企业文化能够很好地解决这一问题，能够与管理制度相互补充。二是企业文化要渗透到经济管理每个环节。企业文化作为企业精神的浓缩，只有渗透到经济管理的每个环节，才能真正发挥其应有的作用，促进企业经济管理目标的达成。

### 2. 企业文化要将以人为本作为建设基础

在新的历史时期，企业间的竞争已演变成人才的竞争。企业经济管理行为的落实依靠的是人才。因此企业文化建设同样要树立以人为本的观念，通过对人的培养实现经济管理水平的提高。一是统一员工思想。企业员工背景不同，因此企业文化建设要将统一员工思想作为工作的基础和关键，通过培养统一的企业价值观，为企业经济管理奠定基础。二是和谐人际关系。就是在上下级之间、部门之间构建良好的人际关系，通过共同目标来感召员工。三是培养员工素质。企业文化要有着积极向上的精神内涵，能够激励员工不断进步，从而为企业的发展提供动力。

### 3. 企业文化要将注重实效作为建设手段

企业文化要注重实际的建设，摆脱当前存在的形式主义问题。一是建立详细的企业文化建设计划。能够拿出具体可行的举措，促进企业文化的形成，从而发挥企业文化应有的作用。二是能够贯彻企业经济管理各个环节。从企业高层到普通员工，都能自觉地遵循企业文化的宗旨，在生产经营各个环节、各个领域都能够体现企业文化的精神。三是企业文化要将沟通交流作为建设重点。建立上下畅通、及时高效的沟通渠道，确保企业员工能够及时反映企业一线的信息，确保企业管理层能够详细掌握真实信息，为经济管理提供数据支撑。

## 二、企业文化对振兴企业经济的影响

当今社会，文化在促进企业的经济发展中发挥着越来越大的作用。当前不仅要从战略的高度重视文化建设，而且要正确地把握文化与经济相互交融的发展趋势，深刻认识企业文化对振兴企业经济影响的重要性。

## （一）企业文化与企业经济相互交融是社会发展的客观趋势

### 1. 从经济的角度看

只有实现物质生产力的发展和经济的发达，才能有文化的昌盛，这是经济社会发展的一般规律。当前，我国正处于全面建设小康社会阶段，群众的文化消费也将进入更加旺盛的时期。社会消费需求的新变化，一方面要求企业生产出更多更好的文化精神产品，去满足广大人民群众在文化、精神上的需求；另一方面则要求物质产品中的文化含量不断提高。企业生产出的产品中的精神文化含量越高，其经济附加值也就越高。

### 2. 从文化的角度看

随着社会主义市场经济的深入发展，文化在保持其意识形态属性的同时，其产业属性也愈加明显。一方面，在文化产品生产和服务的过程中，价值规律、市场机制等经济因素的作用越来越大，文化产业和社会化大生产已成为现实，文化产业已普遍具有生产、流通、交换、消费等市场条件下经济运行的基本特点；另一方面，随着高新技术尤其是数字技术、网络技术的广泛运用，文化产品的生产效率将越来越高，文化传播的力度将越来越大，文化的覆盖面将越来越广，文化的表现力和感召力将会得到空前的发挥。

### 3. 文化是一种精神力量

随着社会的规范化发展，人类文化素养的进一步提高，文化在综合国力竞争中的作用确实越来越突出，甚至会具有全局性的决定意义。因此，面对文化与经济相互交融的发展趋势，应当切实把握好企业文化与企业经济的辩证关系，更好地发挥文化在经济发展中的支撑作用。

## （二）企业文化将对企业经济产生重大影响

### 1. 企业文化影响企业经济中生产要素的质量

尤其影响作为生产要素中最重要的因素——创业者和普通劳动者的素质。劳动者具有什么样的文化背景，有着什么样的价值观念，会极大地影响他们对待生产劳动的态度，从而影响到工作的质量。所以精神气质是人力资本不可忽视的组成部分。是否具有坚韧不拔、百折不挠的创业精神，是否能够承受创业活动的辛劳，这和文化有着十分密切的关系。衡量一种文化能否对创业有积极的促进作用，核心的标志在于这种文化能否培育大批具有创新精神和创业能力的企业家。

### 2. 企业文化影响企业经济活动的软环境

从具体内容来看，企业文化表现为与民众参与经济活动过程中有关的思想理念、价值标准和精神状态，即民众个体的价值观和意识形态，这是企业文化的微观内容；企业文化也包括鼓励并支持民众参与经济活动的环境和制度，这是它的宏观内容。在硬件条件一定的前提下，企业经济发展的主要决定因素就是一个企业的软环境。软环境本质上是人的素质问题，软环境的好坏影响到市场秩序、投资水平和经济发展的可持续性。

### 3. 企业文化影响企业经济的产业结构

具体来说表现在三个方面。第一，特定的文化类型决定了特定的企业组织形态。第

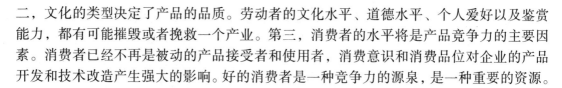

二，文化的类型决定了产品的品质。劳动者的文化水平、道德水平、个人爱好以及鉴赏能力，都有可能摧毁或者挽救一个产业。第三，消费者的水平将是产品竞争力的主要因素。消费者已经不再是被动的产品接受者和使用者，消费意识和消费品位对企业的产品开发和技术改造产生强大的影响。好的消费者是一种竞争力的源泉，是一种重要的资源。

### （三）建设先进的企业集团文化，促进企业经济振兴和协调发展

#### 1. 充分发挥文化的教化功能

塑造蓬勃向上的人文精神，为振兴集团经济发展提供强大的精神动力。文化是人类历史发展过程中创造的伟大成果，作为其核心内涵的理想信念、民族精神、道德风尚和行为规范等，基本功能就是教育人、引导人、培育人、塑造人，为经济社会发展提供持续的、稳定的、不竭的精神动力。建设企业文化是一项重要任务，就是要在企业内部塑造蓬勃向上的人文精神，为振兴企业经济发展提供强大的精神动力。第一，要着力形成创新发展的思想理念。第二，要着力塑造积极向上的人文精神。第三，要着力营造健康祥和的社会风尚。

#### 2. 充分发挥文化的支撑功能

促进文化与经济融合，为振兴企业经济发展培育新的增长点。当代经济发展的一大特征，就是文化对经济的影响越来越大，经济与文化的相互作用日趋明显。经济是文化发展的基础，文化是经济发展的重要支撑力量。发挥文化的支撑功能，重点是促进文化与经济的融合，既要增加经济中的文化含量，又要增加文化中的经济含量，从而促进经济与文化的良性互动发展。

企业成功的关键是建立起适应经济发展的企业文化。企业文化为企业管理提供方向、动力及精神文化资源，可以说企业文化是企业的根系，是企业的灵魂，是企业发展和延续的血脉。

# 第三节　企业文化特征与企业建设发展

## 一、搞好企业文化建设决定了企业的发展和未来

企业文化是在一定的社会经济条件下，企业在长期的生产实践过程中逐渐形成和发展起来并为绝大多数成员所认可和遵循的价值观念、企业团队精神、工作作风和行为准则等，它是一个企业以物质为载体的精神现象。如何塑造企业文化，最大限度地激发企业的活力，使企业立于不败之地，成为人们关注的焦点。

### （一）企业文化要注重树立良好的企业形象

企业的知名度与美誉度有机结合即构成了企业在公众中的形象。企业形象直接与企

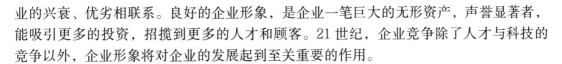

业的兴衰、优劣相联系。良好的企业形象,是企业一笔巨大的无形资产,声誉显著者,能吸引更多的投资,招揽到更多的人才和顾客。21世纪,企业竞争除了人才与科技的竞争以外,企业形象将对企业的发展起到至关重要的作用。

### (二)培养企业精神,增强企业凝聚力

"人心齐,泰山移"。培养企业精神,增强企业凝聚力是企业文化建设的核心部分。它要求企业在经营管理的实践中培育能表现本企业精神风貌、激励职工奋发向上的群体意识,并以此引导职工树立正确的价值观念,强化职业道德。企业组织成员的自我价值的实现,都有赖于组织成员之间的相互协作,有赖于企业的发展。协作与团队精神培育是企业文化建设的基本要求,它包括管理人员和员工的感情紧密度、团队精神、向心力等。任何一个有文化内涵的企业,都会建立一种感情投资机制。要管理就应尊重对方,与被管理者建立起信任,有了这个感情上的纽带,企业员工对管理人员就有了感情依附意识,管理就比较顺畅;同样,企业管理人员也会充分尊重员工的人格。

### (三)建立高效的激励机制,调动员工积极性

激励的作用:激励一方面可以调动员工的工作积极性,使其能为企业做更多的工作;另一方面可以对员工进行引导,鼓励员工去做正确的事,使员工素质有所提高,从而使人才增值。

激励的方法:激励可以通过满足员工的物质需求和精神需求两种方法去实现,满足物质需求可以通过工资、奖金、福利等多种方式实现,满足精神需求可以通过提供晋升或发展机会、感情关怀、工作成绩认可等方式来实现。

企业要保持永久的创造力,必须建立起激励机制。将调动员工积极性当成企业的日常经营管理行为,在企业中养成一种尊重创新、尊重人才的文化氛围,使每个员工都能从中感受到事业的成就感。

### (四)注重企业价值观的人格化和"人企合一"的境界

价值观是企业文化的核心,而"英雄人物"则是企业价值观、企业精神的人格化。在"英雄人物"中有"共生英雄"的提法,值得重视。"他的心在企业,企业在他心中",这就是企业"共生英雄"的概括。这样的人,与企业同呼吸、同成长、同发展、共命运。实现这种"人企合一"的境界,创造、构建这样的文化氛围,对发挥员工的主动性、积极性、创造性极为重要。

良好的企业文化氛围能增强企业人才的归属感和认同感。企业"公平、平等、竞争、择优"的用人原则,制度规范、透明公正、运行有序的用人方针,和谐的工作环境等都能赢得人才的忠诚,使其心甘情愿地充分发挥自己的才能,为企业的发展奉献自己的一切。

## 二、企业文化在企业市场竞争中的重要作用

由于中国市场经济的快速发展,企业之间的竞争也不断加剧,而企业要想在激烈的

市场竞争中立足，就必须不断改革发展创新，提高市场竞争力。企业文化作为企业制度中的一个重要组成部分，对于促进企业发展、社会经济繁荣有着至关重要的作用，尤其是 21 世纪的知识经济时代，企业要想获得长远发展就必须充分重视企业的文化建设，积极调动企业文化在市场竞争中的作用。

### （一）优秀的企业文化，对于企业的存在和发展有着非常重要的作用

1. 有利于企业扩大产品知名度，占据市场份额

企业文化在市场竞争中所体现出来的价值是不可估量的，它可以形成企业巨大的凝聚力、亲和力和战斗力，这种效果，是单纯的硬件设施和工资福利手段所达不到的。顾客的反映和需求在其技术创新、个性化设计的延伸服务上体现出来，从而增加用户对品牌的忠诚度和满意度，最终扩大市场份额。

2. 有利于提升良好的企业形象

企业文化决定企业的形象，实施科学的企业形象管理，需要企业文化的支持。企业形象管理的成果又会凝结成企业文化，融入员工的思想，支配着员工的行为。

3. 有利于提高企业的绩效

企业文化对长期经营业绩有着重大的作用，企业文化在决定未来成功或失败方面是一个更为重要的因素。企业经营业绩与企业文化之间，存在着一种正比例关系，企业文化对企业的影响程度越大，企业的经营业绩越好；反之，企业的经营业绩越差。优秀的文化帮助企业取得高绩效，这是因为这种文化能产生不同寻常的激励效果，能使员工感觉到为公司工作是有益处的，同时，员工对公司更有责任心、更为忠诚，员工会觉得他们的工作更有回报。

### （二）中国企业塑造企业文化建设

面对世界经济一体化，企业文化的创新已成为企业创新不可分割的重要组成部分。要发展有中国特色的企业文化，就需要从理论和实践两方面来把握中国企业文化的发展方向，要加强企业文化的研究，创建有中国特色的企业文化理论。

1. 价值标准的界定

正确的价值观是塑造企业文化的首要战略问题。要立足于企业自身的基础，如行业特点、企业成员的构成，以及政治、经济、法律意识等，选择适当的价值观和经营理念，否则，企业不被他人所认可。同时，要把握好价值观与企业精神、企业形象等各要素之间的相互协调关系，使价值标准与企业宗旨、管理战略和发展方向相统一。

2. 不断创新

只有不断创新，企业才有活力，才能发展，才能增强竞争优势。以观念创新为先导、以战略创新为方向、以组织创新为保障、以技术创新为手段、以市场创新为目标。

3. 要加强企业文化研究

21 世纪中国企业文化的研究应该坚持理论研究与应用研究相结合、定性研究与定

量研究相结合的原则，主要侧重于在中国文化背景下，探讨中国企业文化的基础理论，研究企业文化与中国传统文化和当代社会文化的关系，企业文化与企业管理、企业环境、企业发展和企业创新的关系等，提出有中国特色的企业文化理论；同时加强企业文化的应用研究，关于企业文化的测量、诊断、评估和咨询的实证研究，在此过程中，推动企业文化实践的发展。

4. 要正确处理好企业文化与社会文化的关系

企业文化作为社会文化的一个组成部分，它既是社会文化变迁的缩影，又通过其新技术、新产品所倡导的理念引导市场潮流、引领社会时尚，改变人们的生活方式，改变人们的观念，从而为社会文化的发展注入新的活力，丰富社会文化的内涵。社会文化通过企业家这个载体，将其在长期社会生活中形成的关于人性的基本假设、价值观、人生观和世界观运用于企业发展和企业管理过程中，形成独特的、相对稳定的行为准则、行为规范、企业内部的文化氛围和企业产品的文化品位。

5. 注重企业环境变化对企业文化发展的影响

21 世纪是个快速变化的时代。企业要立于不败之地，就要在其发展战略、经营策略和管理模式方面及时做出相应的调整，企业文化的内涵也要反映出环境的复杂性和紧迫性所带来的挑战和压力，对企业内部要保持较高的整合度，对外要有较强的适应性，通过对企业主导价值观和经营理念的改革推动企业发展战略、经营策略的转变，使企业文化成为蕴藏和不断孕育企业创新与企业发展的源泉，从而形成企业文化竞争力。

发展中国的企业文化一定要立足于中国文化的背景，结合我国企业管理实践和现代化进程，也要借鉴国外关于企业文化研究的理论和方法，建设有中国特色的社会主义的企业文化。

# 三、企业文化建设与发展

## （一）政府应加强对企业的"文化扶持"

近年来，各级政府对企业的发展日益关注，在立法、政策、融资、人才等方面给予了大力扶持。可以说，企业能够蓬勃发展仰赖于政府的大力扶持。企业文化在企业培育自身的核心竞争能力的过程中起着重要的作用，在特定时期，能起到决定作用。因此，国家应引导企业建立健康积极的企业文化，并大力促进我国企业文化的研究和普及工作，在文化研究和企业之间架起一座桥梁。针对企业极为缺乏文化建设所需人才的现实困境，国家可以利用研发机构或建立专门组织先为企业义务代培文化建设骨干，投资不大但意义显著。

## （二）企业应不断推进自身文化的变革

企业文化变革需要企业建立一种开放性、学习性的团队文化。这样一种文化的建立必须有一个明确的经营宗旨，否则文化的变革将无动力和方向。此外，企业文化建设的关键在于企业家对文化建设意义的了解和方法的熟识,企业家必须在其中发挥导向作用,不断加强自身的学习,尤其是要建立同管理学最新进展共同前进的同步关系。针对我国企业对人才吸引力差的状况,企业文化建设的重点还应放在对自身人才的培养挖掘和对外部人才的吸引和挽留上。为此,企业文化氛围应力图给员工以使命感、光荣感和自豪感,并建立完善的人才考评和激励机制。

伴随着中国企业市场化程度的日益加深,对中国企业的外部适应能力和内部的管理整合能力提出了新的挑战。以企业文化为纲,开辟一条真正的企业文化管理道路,对中国企业的系统变革和绩效提升无疑是值得坚持和笃行的管理之道。

# 第八章 新经济背景下现代企业经营管理工作创新探究

## 第一节 改革企业经营管理模式

### 一、21世纪企业面临的竞争和挑战

21世纪，科学技术飞速发展，全球化信息网络以及全球化市场初步形成，使得以新产品为核心的市场竞争更加激烈，企业面临的竞争压力越来越大，主要表现在以下几点：

#### （一）全球经济一体化趋势给企业带来更大竞争压力

随着信息技术的发展以及互联网的普及，世界已经发展成为一个紧密联系的统一体，国家和地区间的经济、技术壁垒逐渐消除。尤其是信息技术的发展突破了经济活动中时间与空间的限制，企业可以在更广泛的时空中寻找客户与合作伙伴。当然，企业也在全球化市场建立过程中，面临更多、更强的竞争对手。企业比以往有更多机会占领更大的市场，也更有可能因为竞争失败而被市场淘汰。经济一体化使得企业不得不面对更大范围内的市场竞争。

#### （二）产品研发压力增大

随着技术更新速度加快，新产品更新换代的速度会越来越快，产品的寿命周期缩短，对企业产品开发能力的要求越来越高。

与此同时，因为产品结构逐渐复杂化，产品功能越来越强，增加了产品研发难度。

现阶段，很多企业开始认识到开发新产品在企业发展中的重要性，所以很多企业不惜加大成本投入，然而资金利用率以及投入产出比不尽如人意。其主要原因在于，产品研发难度增大，周期加长，尤其是那些规模大、结构复杂及技术含量高的产品，研发过程不仅涵盖多领域，还要求多学科交叉。因此，恰当处理产品开发问题已经成为企业需要面对的重要事项。

### （三）用户个性化需求增长

用户的信赖是推动企业不断发展的重要因素，这不仅取决于产品质量，还需要依靠售后的技术支持以及服务。很多著名国际企业已经在全球范围内建立起健全的服务网络，就是很好的例证。随着社会发展、产品市场繁荣，用户对产品和服务的要求与期望也更高了，消费者的需求结构也发生了变化。第一，多样化和个性化的需求越来越多，这一需求带有较大的不确定性。企业要在新环境下谋求发展，就要扭转生产管理模式，从标准化生产向定制化生产转变，由以往"一对多"的生产模式向"一对一"的定制化服务转变。第二，不断提高产品的功能、质量以及可靠性。第三，在满足个性化需要的同时，产品价格仍能保持批量生产时的低廉水平。

个性化需求使得多品种、小批量生产在企业生产中逐渐占据更重要的地位，同时也导致企业生产成本控制出现较大困难。而全球供应链的出现有效连接了制造商与供货商，为定制生产的成本控制带来新思路。企业应该认识到，尽管个性化定制生产可以提高质量，提升客户满意度，但要保持相对低廉的价格，对企业经营管理提出了很高的要求。

### （四）产品品种数量增长带来库存压力

为满足消费者多样化需求，企业加大产品研发的力度，新产品上市周期缩短，产品品种、数量成倍增长，从而带来很大的库存压力。库存占用生产资金，又对企业资金周转率提出了更高要求。

## 二、全球竞争对企业管理模式提出挑战

管理模式是系统化的指导和控制方法，其将企业中的人、财、物以及信息资源以一定的模式转化为市场所需的产品与服务。从企业建立的那天开始，质量、成本与时间就成为企业运作的核心，管理模式就是在这三者的基础上发展起来的。质量是企业的立足之本，成本控制是企业的生存之道，时间是企业得以发展的源泉。

如果产品质量不好，就无法获得消费者信任，企业也就不能在市场中立足；缺乏成本控制，企业就丧失了进行价格竞争的资格，无法保障生产过程有序运转；为满足消费者需求，企业需要在一定的时间范围内为消费者提供产品和服务，因此生产周期是企业发展中的重要一环。

## （一）转变企业管理模式

### 1. 从"纵向发展"向"横向发展"转变

出于资源占有以及生产控制的需要，企业以往常常倾向于通过向上、下游延伸扩大自身规模，例如，参股供应商或收购销售商，即"纵向发展"的模式。中国企业尤其是传统国有企业大都属于"大而全"和"小而全"的经营模式，就是"纵向发展"的典型表现形式。

比如，很多企业在发展过程中逐渐具备了零件加工、装配、包装、运输等能力，但产品开发与市场营销能力却没有相应提升，产品开发、生产和市场营销呈现中间大、两头小的"腰鼓形"模式。"腰鼓形"企业在新的市场环境下无法快速响应用户需求，因此失去了很多机遇。在市场比较稳定的条件下，"纵向发展"模式是非常有效的，然而在市场需求逐渐变化、市场竞争越来越激烈的情况下，"纵向发展"模式显现出诸多弊端，主要表现在以下几个方面：

（1）企业投资负担增加

纵向发展要求企业投入较多资金，无论是新建工厂还是参股、控股其他企业，企业都需要拿出真金白银，占用了大量企业资源。

（2）企业需要经营不擅长的业务

纵向发展使得企业或者"大而全"或者"小而全"，管理人员膨胀，并花费大量时间、精力、资源在多项辅助性管理工作中，甚至忽略了关键性业务，最终导致企业丧失竞争优势。

（3）面临多业务领域竞争

纵向发展模式存在的另一个问题就是，由于企业业务链条长，需要在多个业务领域与不同的竞争对手展开竞争。企业的资源、管理精力有一定的局限性，纵向发展模式的结果可想而知。

随着信息网络化的不断发展，企业之间开展业务合作更加方便，企业生存和发展更聚焦打造核心竞争力，集中精力夯实自身优势。因此，横向发展成为企业扩张的主流模式。这一模式的发展要点是做好核心业务，在产品价值链中深挖关键技术。

### 2. 企业资源管理核心从内部向外部转变

在生产计划和管理控制层面，企业在各个时期的发展重点是不同的。20世纪60年代之前，企业通过批量生产、安全库存与订货确定来保障生产过程的稳定；20世纪60年代之后，精细化生产等方式出现，提高了企业的经营效益；20世纪90年代后，全球经济一体化格局逐渐形成，消费者需求特征有了很大改变，对企业的市场竞争能力提出了新的要求，传统管理思想已不再能与新的竞争形势相适应，市场要求企业能以最快的速度回应用户需求。想要达到这一目标，仍依靠企业现有资源是远远不够的。因此，纵向联合、横向深挖成为企业管理模式调整的必然选择。

## （二）供应链 WS 模式产生

### 1. 传统管理模式的盲区

在现阶段市场竞争格局中，仅依靠企业自己的资源是很难满足市场需求的，自身经营也很难取得理想效果。面对全球化竞争买方市场，企业必须能够快速重构生产单元，以充分自治性和分布式协同取代金字塔式多层管理结构，追求员工创造性的充分发挥，将企业间的市场竞争转化成有竞争、有合作的共赢。

### 2. 供应链管理

因为纵向管理模式存在很多不足，从 20 世纪 80 年代开始，很多企业从该类型经营管理模式中突围出来，开始运用横向管理模式。对企业管理来说，就是从企业内部扩张转向外部扩张，以共同利益为目标，实现企业之间的结盟。横向发展建立起由供应商到制造商到分销商的链条。在链条中，各节点企业需要实现同步、协调发展，也只有这样，才能使链条上的企业受益。因此出现了供应链管理模式。

敏捷制造与供应链管理都是将企业资源管理范畴由传统的单个企业扩展到整个社会。不同企业因市场利益达成战略联盟，联盟共同解决满足顾客需要的问题。

供应链管理需要运用现代信息技术改造业务流程，重塑供应商与企业及客户的关系，提升企业竞争力。运用供应链管理模式，能够使企业在较短时间内寻找到合作伙伴，通过更低成本、最快速度以及最优质量在市场中占据一席之地，受益的不仅是生产制造企业，还包括供应链上的企业群体。

# 三、新型企业管理模式和管理工具 —— ERP

ERP( Enterprise Resource Planning )，即企业资源计划。ERP还是一种企业管理思想，也是新的管理模式。作为企业管理工具中的一种，它的突出特点是必须基于先进的计算机管理系统。

## （一）ERP 的内涵

制造业企业的基本运营目标，是通过较少的资金投入获得最大利润。要达成这一目标，以下几个方面的任务是企业管理者必须面对的：一是制订合理的生产计划；二是合理地管理库存；三是充分利用设备；四是均衡安排作业；五是及时分析财务状况。

随着市场竞争越来越激烈，技术优势变得更加重要。企业如果没有技术优势，也就失去了竞争优势。所以，谋求技术优势成为企业发展的重点。企业管理也要与时俱进，与市场竞争需求相适应，为企业发展提供竞争制胜的武器。也因此，ERP 才有了更加广泛的应用。

ERP 管理将企业内部制造流程与供应商资源结合起来，体现了按照用户需求进行生产的管理思想。它将制造企业流程看作紧密连接的供需链，包括供应商、制造工厂、分销网络以及客户；将企业内部分为相互协同的支持子系统，如财务、市场营销、生产制造以及质量控制、服务和工程技术支持等。

企业资源可以简单地概括成三大流，即物资流、资金流与信息流，三者共同组成了ERP信息管理系统。ERP是以信息技术为前提建立的，通过现代化企业管理思想，对企业资源信息进行集成并为企业提供一定的决策、计划与控制的平台。

### （二）ERP 的发展

整合企业内部资源，合理规划采购、生产、库存、分销、财务等。ERP的"触角"会伸展至企业生产经营活动的每个环节，通过对诸多环节的"再造"，使企业生产实现最佳资源组合，进而提高经营效益。

### （三）ERP 的应用

1. ERP 的有关概念

（1）物料编码

物料编码也称物料代码，是计算机系统中物料的唯一代码，主要涉及物料技术信息、物料库存信息、物料计划管理信息、物料采购管理信息、物料销售信息以及物料财务相关信息等。

（2）物料清单

所谓物料清单，是指对产品结构进行详细描述的文件。物料清单特别强调资料的准确性，要求重复率为零。此外，在BOM资料上，准确率要超过98%；库存数据的准确率要大于95%；工艺路线的准确率要大于95%。

（3）虚拟件

所谓虚拟件，是指为了对物料清单实施简化管理，在产品结构中出现的虚构物品。它们并不出现在图纸和加工过程中，其主要作用是便于管理，如组合采购、组合存储和组合发料等。在处理业务的过程中，计算机系统只要对虚拟件进行操作就能够生成业务单据，为企业管理提供极大的便利。

（4）工作中心

工作中心是对生产加工单元的统称。由一台或者几台功能一样的设备以及员工、小组或者是工段组成的装配场地，甚至是一个具体的车间都可被看作工作中心，这一概念使生产流程大大简化了。

（5）提前期

生产准备的提前期是指由生产计划到生产准备完成的过程；采购的提前期是指从采购订单下达之后到物料入库的阶段；生产加工的提前期是指从生产加工的投入开始到生产完工入库的阶段；装配的提前期是指从装配投入装配结束的过程。企业生产提前期是指整个产品生产周期，主要包括产品设计提前期、生产准备提前期、采购提前期、加工、生产等提前期。

（6）工艺路线

工艺路线是对物料的具体加工、装配顺序以及每道工序的工作中心进行说明，对各项工作的时间要求、外协工序时间以及费用进行的说明。

（7）主生产计划

该生产计划简称为 MPS，这是对所有具体产品在不同时间段生产状态的计划。主生产计划是按照生产计划预测与客户订单对未来不同生产周期的产品种类以及数量进行规划，以便使生产计划有效地转换为产品计划，平衡物料与生产能力，落实时间、生产数量等信息。主生产计划是对企业一段时期中生产活动的具体安排，是通过生产计划和具体订单以及对历史销售数据的分析综合制订的。

（8）能力需求计划

能力需求计划，简称 CRP，是指对生产所有阶段和工作中心必需的资源进行精确计算，最终获得人力负荷和设备负荷等数据，并依此制订的计划。企业据此实现生产能力和生产负荷之间的平衡。

（9）粗能力计划

粗能力计划简称 RCCP，是指对关键工作能力展开评估后制订的生产计划，对象是指"关键工作中心"。主生产计划的可行性是通过粗能力计划校验的。粗能力计划评估按照以下步骤进行：一是建立关键工作资源清单；二是确定工作中心的负荷和能力，框定超负荷范围；三是确定负荷是由哪些因素确定的，需要占用的资源现状如何，以便管理者对工作中心的生产能力进行评估。

（10）无限能力计划

无限能力计划指在制订物料需求计划的过程中不考虑生产能力方面的局限，对工作中心能力和负荷进行计算，获得工作中心负荷数值，出具能力报告。如果实际生产负荷大于能力，就需要调整工作中心的负荷。

（11）有限能力计划

这一计划是指在工作中心能力没有发生任何改变的情况下，生产计划需要根据优先级安排。如果工作中心的负荷已经满了，优先级别低的物料就会被推迟加工，也就是订单被推迟。这一计划不需要评估负荷与能力。

（12）投入产出控制

它还被称为输入、输出控制，是衡量生产执行情况的一种方法，是计划和实际投入与计划和实际产出的控制报告。

2.计算机技术中 ERP 的发展

这主要表现在软件方面，如客户终端与服务器的体系结构、数据库技术、图形用户界面、面向客户的技术及开放等。总而言之，ERP 彻底突破了以计划为生产核心的管理思想，更看中对企业供需链和信息集成的管理，能迅速提供企业内部供销渠道、市场营销以及金融动态等方面的最新信息，便于企业管理者分析处理，进而以最快的速度做出反应。

# 第二节　加强财务控制

## 一、财务控制

### （一）管理学视角的控制

现代管理学家亨利·法约尔被誉为现代管理理论的创始人，他对管理要素做了细致的划分，主要包括计划、组织、指挥、协调与控制五方面。他认为控制是为实现计划目标提供重要保证的实施手段，是对所有工作项目与计划实施内容符合与否的确定，是对所有计划的实施以及所指定原则一致性的保证。在管理工作中，控制手段实施的目的是明确工作中存在的问题，弥补工作缺陷，以此提高工作效率。亨利·法约尔认为，正确控制手段的实施需要明确控制对象的工作范围，防止各部门领导干预基层工作，避免出现"双重领导"或者控制不利等情况的发生。

在管理控制中，财务控制最为重要。但在管理实践中，管理者对财务控制工作的重视不够、缺乏专业性是企业发展效益难以提高的重要原因之一。因此，加强财务控制工作，将其作为企业管理的独立一环很有必要。

### （二）财务、会计和审计学中的财务控制

《经济学大词典》将会计控制定义为通过会计信息与经营决策制订会计计划，明确会计预算、考核经营成果、推动生产活动与业务工作在既定范围内有效运行。

在近年来市场经济快速发展的背景下，财政部等为推动企业内部会计工作制度建设，促进内部会计监督工作更好开展，为社会主义市场经济秩序的良好运行提供保障。

## 二、财务控制的主要手段

企业所有的财务活动都需要通过控制实现，企业通过规章制度对预算的实际运行过程进行控制，对结果进行评估，将评估结论反馈给管理层，推动企业管理不断接近、实现经营目标。通过对财务活动的管理实现企业的短期与长期发展目标，是财务控制的主要内容。通常而言，财务控制具体的实施方式分为四种。

### （一）定额标准控制

将定额作为企业资金运动中的控制实施标准。凡是与定额相符合的业务即提供支持，确保资金充足；当业务超出定额要求时，需要对超出原因展开分析，采取有针对性的处理措施。

定额管理是企业通过明确的定时、定量要求对财务工作实施管理，构建具有科学依据且行之有效的多种定额标准，根据其内在联系建立对应体系。根据管理内容，定额体系主要包括资金、费用成本、设备、物资；根据性质，定额体系又可划分为效率定额、状态定额和消耗定额。

企业实施定额管理需要保障两项基础工作，即计量与验收。计量工作对原材料的使用、物资采购、入库、使用以及出库、转移等各环节内容进行监管，对实施效果进行验收、评估。

## （二）授权控制

授权控制属于事前控制的一种，可以事先防范财务活动中不合理、不合法、不正确的经济行为，将其控制在活动产生效用之前。授权管理的实施方法是借助授权通知书明确责任事项与资金使用范围、额度。授权管理实施原则是对授权范围内展开的行动给予百分之百的信任，对授权之外的行为坚决予以制止。

授权分为两种形式：一般授权与特别授权。一般授权是企业内部基层管理者根据既定预算标准、计划内容与制度规范，在其权限范围内对合理合法的正常经营行为予以授权；特别授权指对于非常规经营行为需要对其展开专门研究之后再实施授权。与一般授权不同，特别授权是以某些特别的经营业务为对象，此类业务具有一定的独特性，通常不会有预算标准与计划内容作为参考依据，需要在实施中根据实际情况对其进行具体的研究与分析。

在企业财务管理中，一般授权普遍存在，通常将其权限授予基层管理人员即可。一般授权不仅能提高工作效率，还能保证企业经营的灵活性与主动性。特别授权由于缺少参照依据与成熟规章，基层管理者无法直接对其负责，也不具备直接处理相关业务的权力，需要高层管理者甚至企业领导者在专门研究后做出决定。

通常而言，大部分经营业务的授权都无法在一次过程中完成，而是需要经过两次或两次以上相关程序实现授权。例如采买业务，需要事先由物资使用部门填写购物申请，得到授权后递交采购部门，后者展开订货活动。物资到位后，需要向会计部门递交发票、运单与验收报告等信息资料，经过会计部门审查同意之后才可以付款。至此一次经营业务活动完成了，授权也完成了。换言之，采买业务的授权通常包含先后两次授权活动。第一次授权是在采购活动开始之前，对该活动的展开予以批准；第二次授权是在付款之前，为采购活动的结束提供保证。

企业经营活动中的授权控制需要确保存在不合法行为不能授权，这是最基本的授权控制要求。"责、权、利"三者结合为授权控制的基础，拥有授权权力的责任人要根据企业相关规定，在权限范围内展开授权活动，不能越权授权。未经授权，企业所有经营活动都不能付诸实施。这一授权原则能够确保企业经营活动的合理性与合法性，能够将不合规定的经营活动控制在实施之前，为企业安全、合法经营提供保障。

一方面，是必须合规授权；另一方面，已被授权的经营活动必须严格执行。如果因故无法执行，需要及时向上级报告，不得擅自更改授权内容或方案，以保证经营活动按

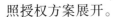

照授权方案展开。

### （三）预算控制

财务预算属于控制机制的一种，在实施过程中对预算主体与预算单位展开的经营活动起指导和调节作用，体现为"自我约束"与"自我激励"。换言之，预算起一种标杆作用，能帮助预算执行主体明确目标，掌握现阶段发展状况，明确实现预算目标的路径。预算是否能够完成应与其自身利益相关联，因此预算控制是对预算行为的约束。同时，预算也是对财务预算主体实施有效考核的依据。因此，在企业整体发展中，财务预算不仅控制执行主体的行为本身，而且控制行为的结果，属于企业管理机制中的重要组成部分。预算控制的作用包含以下几个方面：尽可能为预算的实现提供保障；将预算目标与实际业绩进行比较，使高层管理者充分掌握企业业务经营情况；对目标与实际经营成果之间的差异展开分析，对差异产生的原因进行研究，以诊断企业经营中存在的问题；定期对实际与预算两种业绩展开比较，为企业经营效率的提高提供保障；强化企业的经营管理工作，提高企业运营效率。

企业应从三个层次构建规范化的预算管理体系：第一，在高层管理者中建立规范的预算体系观念，如在《公司章程》与股东大会等层次制定相关预算条款。第二，在中层管理者中推行预算规范。第三，在具体业务部门建立规范的预算制度与预算管理办法。

财务预算以董事会、经营者以及公司各部门包括所有员工的"责、权、利"三者关系为基本出发点，要使企业全体员工明确各自的预算权限、预算目标，以确保预算工作中的决策、执行、结果三者之间统一协调发展，推动企业整体效益的提高。

企业应将预算作为加强管理的重要手段。财务预算的本质要求是所有经营活动以财务目标为中心，促进经营策略在预算执行中有效落实。以预算目标为中心编制预算，所谓预算目标主要包括利润、成本、销售、现金、流量等内容。当预算指标确定后，其在企业内部便被赋予了一定的法律效力，各部门为推动生产营销与相关活动的展开需要对财务预算中存在的可能性做全面考虑，以实现财务预算目标为中心推动经营活动的开展。

以实际效益为预算结果的考核依据，实施奖惩制度。企业最终决算与预算目标比较，根据各责任部门的预算执行结果，进行绩效考核。此外，预算委员会需要根据预算执行情况对出现偏差的原因进行分析，制定有针对性的改善措施，必要时对预算方案进行调整。

### （四）实物控制

企业实物包括资产、物资、会计账目等。对实物实施控制是为了对所有实物的安全性与完整性提供保障，避免出现舞弊等行为。实物控制工作内容包括：

#### 1. 实物限制接近

该措施是为了防止或降低实物被盗或被损毁等情况出现，通过明确责任为实物实体提供保护。例如，对接近实物的人员进行严格控制，必要时须经相关部门批准。通常而言，企业特别需要对两类实物实施限制保护：其一，现金。现金管理必须严格，只有专职出纳人员才可接近。应设置专职保管人员进行管理，未经批准，任何人员不准入库。

其二，账目报告。包括与企业资金项目等相关的资料报表等，此类实物涉及企业发展状况，是企业商业机密，应该严格限制接近，未经批准无关人员不得接近与浏览，以避免篡改数据、销毁资料或数据外泄等情况的发生。

### 2. 实物保护

实物保护能够有效避免实物被盗或被损毁等情况发生。例如，安装保险门、保险柜等设备避免被盗；设置灭火器等消防设备，避免火灾发生等。对实物保护情况应定期进行检查，及时消除安全隐患，避免实物受损。

### 3. 定期清查

企业需要根据经营特点，定期对财务、物资等实际存储数量进行全面检查，通过定期盘点与轮番盘存相结合的方法，充分了解与妥善处理盈亏情况，确保实存数与账存数两者相符。

# 第三节　创新管理理念

## 一、观念创新

管理活动属于创新活动。创新是改变旧事物，创造新事物、新规则，是发展的根本动力，是事物内部新因素与旧因素矛盾斗争最终形成事物的发展过程。

### （一）创新的意义

思想观念影响人们的行为，社会变革以思想解放为前提，创新需要观念引导。企业管理理念创新就是通过新的思维方式分析与研究企业管理工作中的现实问题，并据此采取有针对性的措施，发展新途径，创造新成果，开拓新局面。

变化是企业发展中唯一不变的。不变是相对因素，变是绝对条件。企业发展就是不断改革组织结构与经营流程，使其与消费者需求相适应。其中变所体现的就是创新。社会发展，企业通过创新实现与时代发展同步；科技进步，企业通过创新将科技成果转化为市场需求。在激烈的市场竞争中，创新是企业制胜的关键因素，是企业发展的根本。

### （二）创新的特征

创新具有一些突出特性：

### 1. 新颖性

创新是对没有解决的问题实现有效处理。创新不是模仿，是通过继承实现新突破，因此所得成果是前所未有的，是新颖的，包含以往没有的新因素。

### 2. 未来性

创新所解决的问题是以往没有解决的，是面向未来的，重心放在未来。在管理活动中，创新者需要围绕未来发展制订计划、设计方案，推动企业在未来更好地发展。

### 3. 价值性

创新成果具有普遍的社会价值，主要包含经济价值、学术价值、实用价值、艺术价值等。管理者通过制定与实施管理措施，对以往没有解决的问题实现有效处理，就具备了一定的创新管理价值。

### 4. 先进性

先进性的存在需要与旧事物相比较获得。缺少先进性的创新成果仅具有新颖性与价值性，仍无法成为旧事物的替代物。就产品而言，不具备先进技术就无法在激烈的市场竞争中占据一席之地。

## （三）创新性思维的发展过程

创新性思维具有一定的复杂性。管理者充分掌握创新思维的特点能够有效促进成果出现。创新性思维的发展过程一般分为四个阶段：定向、逼近、成型与深化。

### 1. 定向阶段

在该阶段创新者主要是收集信息，对问题展开初步研究，包括问题的性质与多方面特点。创新者通过联想，从以往工作经验中获得启发，成为创新的重要依据。

### 2. 逼近阶段

创新者需要动员自身最大的能量，释放与运用所有能量和才能，对所追踪的目标进行研究、思考和冲击。逼近阶段属于整个过程中最为紧张的阶段。

### 3. 形成阶段

创新者需要灵感推动，灵感是经过深思熟虑获得的，在此状态下，创新者才思敏捷，产生新的观点，形成对应结论。灵感的出现可能十分突然，但是新观点与结论需要经过长期的积累才能形成。

### 4. 深化阶段

创新所得的观点与结论并非完善的，需要经过反复验证，经过丰富与完善，才能更好地建立。

创新性思维发展的四个阶段相互渗透与影响。一般情况下各阶段的次序不会颠倒，前一阶段的实施是后一阶段的基础，后一阶段包含着先前阶段的成果。例如，逼近阶段是对发展方向的调整，深化阶段会有新灵感与顿悟产生。有时前一阶段与后一阶段无法截然分割，甚至融为一体。创新性思维持续时间长短不一，主要取决于创新的复杂程度与思维能力的不同。创新性思维具有一定的复杂性，属于辩证思维活动，是对多种思维方法的综合运用，因此无法复制。

## （四）创新性思维的基本形式

创新性思维属于思维模式的一种，包含基本的思维形式，主要分为以下几个方面：

### 1. 理论思维

一般而言，理论属于原理体系，理论思维是理性认知经过系统化所形成的思维形式。理论思维具有一定的科学性与真理性。一旦理论思维出现混乱，或与客观规律不相符，运用的结果很可能是失败。

理论思维在实践中有广泛的应用。例如，通过系统理论思维在系统工程中的运用，对系统内与之相关的问题进行有效处理的现代管理方法。系统工程属于科学方法的一种，借助系统工程可以实现对组织系统的更好规划，创造更为有效的方法。

### 2. 直观思维

直观思维通常是指人们在实践中大脑在外界事物刺激下所产生的感觉，其特点主要是生动性、具体性与直接性，是创造性思维的基础。直观思维一般是由人们的观察力、想象力与记忆力决定的。人们进行创造性活动通常是基于知识的积累，知识积累越多，其创造力越会有深厚的基础。

### 3. 倾向思维

倾向思维也是思维的一种基本形式，即人们在展开思维活动时具有一定的目的性与倾向性。在创新思维活动中经常会运用倾向性思维。一般情况下，创新者接触某一事物会在大脑中产生一定的感觉，并以此为倾向，在思考问题的过程中会不经意间突然产生灵感或者顿悟，最终创造或开拓新的思路、模式或方法。

人们对事物的认知并非完全呈直线形态，通常会有曲折，甚至会有多次反复才可以获得对事物的正确认识和理解。不论过程如何，认知过程中都会有一定的改变，灵感与顿悟也会在无意中出现。

### 4. 联想思维

客观事物之间存在一定的联系，联系具有相互性，事物之间的联系会在人们大脑中产生不同的反应，并成为不同联想产生的依据。联想思维是指通过对某一件事物的认知引发关于另一事物的相关认识的心理过程。在思维过程中，运用联想思维十分频繁。比如看到一件物品联想到与其相关的人、事、物，或者通过一件事情联想到与其相关的其他若干事情。联想思维在创造发明、对人的创造力的开发方面具有非常积极的意义。

### 5. 逻辑思维

逻辑思维是通过将科学方式与抽象概念相结合，对事物的本质进行解释，对现实结果进行认知表达。逻辑思维存在于人们的认知过程中，通过概念对现实的反映进行判断与推理。逻辑思维属于严密性较强的科学思维形式，要求与客观规律相符合。在反映现实的过程中，这种思维能力的强弱一定程度上是与主体知识的丰富性相关的。它不仅会影响创造的成功与否，还关乎创造时间的长短。随着电子计算机技术的应用，逻辑思维在各个领域的影响越来越显著。

创新并非创新者主观臆想的结果，其产生过程需要经过大量观察与反复思考、分析，并根据事先搜集的依据进行判断，展开推理。创新过程要求不断接受客观规律的检验，

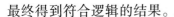

最终得到符合逻辑的结果。

逻辑思维在管理工作中被广泛应用。随着管理创新活动广泛开展，企业管理者主动培养员工的创新、创造能力。在对企业未来的发展展开研究预测的过程中，逻辑思维能力的高下成为关键影响因素，也是提高管理水平的关键，因此对企业管理者而言是极为重要的管理工具。

### 6. 发散性思维

发散性思维是从不同的方向、不同的途径对管理中所获得的信息展开思考与重组，并以此为构建新管理模式的基础。在管理实践活动中，问题解决方案通常是由具备较强发散性思维能力的人提出的，发散性思维在处理实际问题时常常能另辟蹊径，实现对问题的完美解决。

## 二、过程创新

过程创新是为了推动管理活动中成本、品质、服务等多方面基准的有效调整与改善，是立足于管理的基本原则，对传统理论的完善。在过程创新理论中，需要具备两个以上的要素，企业生产经营活动的展开由多个过程综合而得，包括管理过程与工作过程等。每个过程都需要由两个以上的环节或要素组成。例如企业订货管理的组成过程为订单接受、产品开发、按需制造、发货等。创新企业管理就是对管理过程中不合理的部分加以改善，通过以更为科学合理的方式取代传统过程，促进企业管理效率和经营效益的提升。

### （一）过程创新要与企业规范变相结合

过程创新需要立足新的发展角度，对过去的工作方法与管理方法进行重新设计，本质是对企业传统管理理念的突破。企业在发展过程中逐渐形成一定的工作方法与管理惯例，随着这些方法和惯例应用时间的增长，其中的做法和程序成为一定的固有模式，或最终成为企业规范。过程创新实际上就是打破原有规范的制约，重新建立与企业经营现状相适应的新的规范。

### （二）过程创新要重视学习

打破旧观念接受新观念，摒弃熟悉的方法适应新方法，需要人们学习更多新知识、新理念、新方法。学习能够帮助人们正确认识革新的必要性、紧迫性，有助于旧规范的改变，有利于推动新管理方式在企业的应用。日本企业在发展中十分重视应用过程创新理论，如成立学习小组，组长由总经理亲自担任。小组成员需要根据企业提出的创新发展目标广泛搜集、学习新的理论和知识。学习过程与企业管理创新过程紧密结合，在小组成员中通过交流、讨论、思想碰撞等最终形成企业管理创新方案。

### （三）重视培养新型人才

过程创新需要人才支撑，开发人才是促进过程创新的重要一环。人是企业发展的原动力与主体，在过程创新理论观念中，与技术开发相比，人才开发更为重要。为了促进人才培养，企业需要营造良好的崇尚学习、尊重人才的氛围，给人才以更多的表现机会。企业过程创新不能过多纠结成败，要为创新营造一个宽松的环境。在过程创新中，试验、失败、再试验、再失败，直至最后成功是自然规律。

### （四）领导者是过程创新的推动者

过程创新与企业根本变化相关联，因此，企业实施过程创新需要最高决策者的全力支持。实际上，企业实施过程创新大部分是由最高决策者发起的，但是过程创新的实施中，会涉及较多十分具体且针对性较强的工作内容，这就需要中层与基层责任者共同承担。在过程创新实践中，最高决策者所扮演的角色主要是思想家与教育者，具体的创新活动由下属员工展开。因此，领导者需要对下属授予更多权力，以促进其更好地发挥主动性。在一些情况中，过程创新甚至需要企业全员参与。

### （五）加强研究开发是过程创新的保证

过程创新应用还能强化企业的研究开发能力，为企业的创新发展营造良好氛围。当然，研究开发不只是技术开发，还有工作方式的创新与管理工作内容的开发等多方面内容。过程创新的工作内容十分复杂，但这一理论的基本思想在企业组织中的运用取得了良好效果。因此在未来企业发展中，过程创新理论会获得更大的发展与应用空间。

## 三、系统观念

系统理论是一门关于系统构成、系统发展、系统演化的科学。系统理论的形成与构建对当代科学技术的发展产生了极大的影响。系统理论以自然科学为研究基础，通过将自然科学与社会科学、人文科学与技术结合到一起，实现对不同学科的完善与整合，推动现代科学知识体系的形成与发展。系统科学理论在现代管理实践中扮演着重要角色。系统理论以系统特征与系统概念为基础，指导企业管理系统的优化与整合。

系统是为达到特定共同目标形成的一种具有多要素的发展体系。系统的组成要素又被称为"子系统"或者"分系统"，是系统中的系统，也是系统理论研究的对象。不同的子系统构成的系统具有不同的特征。

### （一）系统特征

从系统理论看，一般系统主要具备六个方面的特征，即集合性、整体性、关联性、目的性、有序性与适应性。

1. 系统的集合性

系统的集合性主要表现在系统组织构造方面。系统是一个有组织的整体。从事物的形成过程来看，事物的一切组成部分是构成系统的基本要素，系统是各要素之间的集合。因此，系统的要素又被称为系统的子系统。

2. 系统的整体性

通常情况下，系统由两个或者两个以上的子系统构成，具有较强的综合性与整体性。

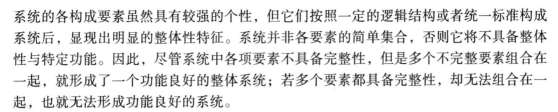

系统的各构成要素虽然具有较强的个性，但它们按照一定的逻辑结构或者统一标准构成系统后，显现出明显的整体性特征。系统并非各要素的简单集合，否则它将不具备整体性与特定功能。因此，尽管系统中各项要素不具备完整性，但是多个不完整要素组合在一起，就形成了一个功能良好的整体系统；若多个要素都具备完整性，却无法组合在一起，也就无法形成功能良好的系统。

3. 系统的关联性

一般系统内各要素之间具有密切的联系，且各项要素之间能够相互作用，在系统中具有一定的依赖关系。因此，系统各个要素之间呈现既相互独立又彼此关联的状态。

4. 系统的目的性

系统在构建过程中具有一定的目的性，为达到某种目的而具备特定功能。譬如，企业为开展经营活动而设计、构建经营管理系统，就是利用企业现有资源充分发挥各子系统的功能，实现对产品数量、成本、质量、利润指标的控制与管理。

5. 系统的有序性

系统的有序性是指系统在特定运行状态与结构形式下展现出的发展规律与秩序。系统按照一定的数量关系与组织规律，对系统结构、状态、运行方式、发展方向进行整合与处理，为企业发展提供一个有序的管理环境，使员工对系统有一个清晰、明确的认识与理解，从而有序地执行生产任务，完成经营目标。

6. 系统的适应性

系统的构建要有一定的层次性，以使复杂的内容变得清晰、简单、明了。系统是由多个子系统组建而成的，还可与另外一个系统构成更大的系统。子系统在系统内部形成一种相互联系、彼此依赖的共生关系，在系统外部形成一种相互作用的互补关系，使系统能够积极顺应市场变化，保障稳定运行。例如，企业管理系统具有较强的复杂性、开放性，能够实现能源输入、劳动力输入、信息输入、原材料输入等，并做好服务输出、产品输出。如果系统设计生产出来的产品无法适应市场需求，则要通过各项检查与试验，对生产计划和流程进行优化调整，实现对产品与服务的再造。

## （二）管理系统

在组织管理活动中，组织调度系统主要由行政管理与职能管理两部分组成。通常情况下，将组织系统中涉及的行政管理部门、职能管理部门、业务管理部门统称为组织的管理系统。在整个组织系统中，管理系统是核心，具备决策、计划、组织、协调以及控制职能，能够将多个要素组合在一起，使其形成一个完整的体系，从而保障企业的日常运转。

管理系统各部分之间的关系、各部分之间的相互联系组成了整个系统的结构框架。可从管理层次与管理职能出发，对管理系统结构进行分类。从管理层次视角看，管理系统可分成基础管理系统、中级管理系统与高级管理系统三个层次；从管理职能视角看，可将管理系统分成决策管理系统、计划管理系统、组织管理系统、协调管理系统以及控制管理系统五个层次。

### 1. 基础管理系统

在组织管理系统中，基础管理系统是最基础、最根本、最原始的一种管理系统，主要涉及各项应用技术，因此也可称为技术管理系统或者操作管理系统。该系统为系统总目标的实现奠定基础。

### 2. 中级管理系统

以基础管理系统为基础，通过组织、规划、管理，实现对基础管理系统的延伸与拓展，形成中级管理系统。该系统又被称为经营管理系统或者组织管理系统，为系统目标的实现带来动力，是高级管理系统的中间决策环节。

### 3. 最高管理系统

系统的最高目标需要依靠最高管理系统组织和推动实现，该系统又被称为战略管理系统，属于管理系统的最高层次。其职能是以系统所具备的整体性为突破口，对系统发展建设中存在的战略性问题进行处理，为系统的运行与发展创造有利条件，充分发挥系统价值。

# 第四节　人本管理思想在企业管理中的运用

## 一、人本管理思想文献论证

随着知识经济时代的到来，全球经济一体化趋势明显加深。近年来，世界各国跨国公司都瞄准了中国市场，不断加大投资，给中国企业带来了巨大冲击。过去，我国企业大多采取粗放式管理模式，虽然改革开放后发展迅速，但大多数企业并没有形成自己的核心竞争力，很容易受到外部环境的影响。企业要想获得持续的竞争力，在激烈的市场竞争中求得生存与发展，必须不断加强企业管理。

人本管理即"以人为本"的管理，人本管理理论的形成最早可追溯到20世纪60年代，人本思想更是发源于中国。《易经》中提到"观乎天文，以察时变，观乎人文，以化成天下"，就包含了深刻的人本思想。春秋诸子也提出了以人为本的思想，如管仲之言："夫霸王之所始也，以人为本。本理则国固，本乱则国危。"他认为王者霸业有良好的开端，是因为以人为本。人本管理思想就是将"人"作为管理活动的根本，认为如果脱离了"人"这个主体，任何管理都没有实际意义。

人本管理将人作为管理中心，一切制度和方法都围绕人来制定和执行。传统管理将人作为实现企业目标的工具，人只是一种生产工具。人本管理将人作为目标的实现者，强调企业与员工双赢。将人作为管理中心，突破了以人为实现企业目标"工具"的局限

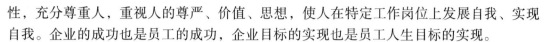

性，充分尊重人，重视人的尊严、价值、思想，使人在特定工作岗位上发展自我、实现自我。企业的成功也是员工的成功，企业目标的实现也是员工人生目标的实现。

当管理者为员工提供使他们的个人目的得以与公司的商务目标相一致的机会时，组织就会永远有效、有力。人本管理不是简单的口号，也不是以物为本的对立面，而是人的思想与管理实践的完美结合，它注重以人为本的管理思想，管理规程和操作规范都基于这个思想前提形成。

人本管理是企业管理未来的发展方向，重视人本管理，将有助于企业管理者设计一套行之有效的管理体系，有助于极大地提高企业管理团队的工作效率，在企业内部形成良好的运行机制，培育一个有内在激励机制的、有价值驱动的工作环境，创立一项值得员工为之承诺付出的事业，进而实现组织目标。

## 二、人本管理的特征及精髓

### （一）人本管理的特征

人本管理不同于此前的其他管理模式，包括我国传统的人本思想，经提炼、概括而成的基本管理思想、原则和方法体系。其有三个主要特征：一是以人为核心的管理模式，把人置于管理中最重要的地位，个人的自我管理是人本管理思想的本质特征；二是它对人的约束是柔性的，尊重人、关心人，以激发全体员工的创造性和能动性；三是追求企业目标和个人目标的共同实现。

### （二）人本管理的精髓

人本管理的核心可以提炼为三句话，即点亮人性的光辉；回归生命的价值；共创繁荣和幸福。

1. 点亮人性的光辉

这里的人不是传统管理理论中的"经济人"，是自然人。而人既有光辉的一面，也有懒散、消极、阴暗的一面，所以问题在于如何诱导人发扬光辉的一面，激发人对真善美的追求。真善美的统一，是人的本性的最高境界，也是人的追求的最高层次，同样也是人本管理首先需要解决的问题。

2. 回归生命的价值

生命的价值即人生的价值，不同的人有不同的理解。而人生的真正价值，可以归纳为以下几个方面：

（1）尊严

尊严被看作人性重要的特征之一，每一个员工，都是具有独立人格的人，理应受到尊重。当一个人被尊重、被肯定时，会产生一种自尊的意识，会尽最大努力去完成自己应尽的职责。

（2）人生定位

社会是由许多人构成的，他们分别扮演着不同的角色，每个角色都是不可缺少的，

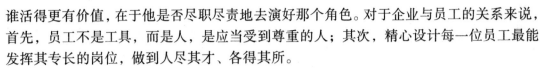
谁活得更有价值，在于他是否尽职尽责地去演好那个角色。对于企业与员工的关系来说，首先，员工不是工具，而是人，是应当受到尊重的人；其次，精心设计每一位员工最能发挥其专长的岗位，做到人尽其才、各得其所。

（3）自身的价值

把自己融于工作与事业中，干出一番成就。有这种追求的人，常常视事业为生命、视工作为乐趣。

（4）积极奉献于社会

人生不仅应追求个人需求，追求自身的生存和发展，而且应积极回报社会，为社会、为他人奉献自己的力量。生命的最高价值在于奉献，生命的最大快乐也在于奉献。

3. 共创繁荣和幸福

企业是由人组成的团体，是由全体人员共同经营的。在一个企业里，把个人生命价值与企业价值融为一体，让员工了解公司的目标和发生的种种问题，使每一位员工和总经理一起，思考并寻求解决问题的途径，让每位员工都有一种"这是自己的公司"的意识，企业经营者把员工看作同舟共济的伙伴并以感恩的心创造和谐，让员工与企业共生共长，让员工能够分享企业的经营成果，真正形成命运共同体，那么，这个企业必定是一个成功的企业，是一个共同创造繁荣和幸福的企业。

综上所述，人本管理的精髓所在即点亮人性的光辉；回归生命的价值；共创繁荣和幸福。

## 三、实践人本管理

### （一）强调主体参与

以人为本的管理就是强调人在管理中的中心地位，通过对人的研究，激发人的主动性、积极性和创造性，从而提高生产效益。企业在生产管理中必须将员工看成管理的主体，实施管理的目的是充分挖掘员工潜能，进而提高企业生产效益和管理效益。

### （二）尊重员工

"尊重"是企业管理者与员工间的情感纽带，只有给予员工充分的尊重与理解，才能将人本管理理念落到实处。俗话说："千里马常有，伯乐不常有。"员工的潜能是无限的，关键是企业管理者是否重视和能否激发员工的潜能。企业管理的核心是管人，把人管好了，才能使企业保持经久不衰的发展动力。

尊重员工，首先要为他们营造良好的工作环境，在心理上给予他们更多支持，充分发挥他们的积极性和创造力；其次，要公平对待每一位员工。

## 四、人本管理与企业建设

在人本管理理念下，企业的终极目标也是员工的终极目标，两者相互促进，是双赢的关系。员工只有在和谐、温馨的工作环境中，才能感受到工作的乐趣，提高工作满意度，进而爆发出工作热情。只有将理念"口号"转化成工作规范，转化成员工的行为习惯，员工才能自觉遵守、主动奉献。当员工的个人目标与企业目标高度融合时，就能实现两者的共赢。

### （一）制订企业愿景规划

为了更好地发展，企业往往会为自己规划极富挑战性的愿景，这是企业生存发展的动力。愿景能够凝聚人心，从而形成"众人拾柴火焰高"的合力，使员工为企业梦想努力奋斗。愿景规划要有一定的科学性，尽量简洁，主要遵循以下几个原则：一是简单明了，统摄企业整体理念；二是切忌浮夸，具体明确，能起到指导员工行动的作用；三是要具有一定挑战性，能激发员工的工作热情；四是具有可行性，员工通过努力可以实现。

### （二）确立核心价值观

企业的核心价值观是企业为了实现所追求的目标而形成的一种价值观念。核心价值观是企业哲学的组成部分，在企业内部出现矛盾时，核心价值观能起到疏解作用，它也是员工普遍认可的观念。

### （三）加大企业文化宣传力度

企业文化是企业核心竞争力的重要组成部分，企业应加大企业文化的宣传力度，使企业文化深入员工内心。宣传方法多种多样，例如，企业可以印制宣传手册、员工手册、书籍等进行宣传；还可以建立企业门户网站，通过网站宣传企业文化。

### （四）提升企业领导执行力

企业文化的形成是企业上下协同的结果，以企业领导为先锋，员工为组织力量，形成一种默契的氛围。在企业文化养成过程中，领导非常重要，特别是有实力的企业家，他的一言一行、一举一动展现出的人格魅力在企业文化建设中将发挥重要作用。因此，企业领导者在企业文化建设中起到非常重要的作用。

### （五）规范劳动合同

企业应根据实际需要规范劳动合同，如对某些岗位实行"终生雇用制"，这样可以培养一支技术高超、稳定、成熟的员工队伍，他们是企业的核心资产之一。对一些技术含量较低、流动性较强的岗位实行"短期合同制"，合同一般不超过3年，到期续订合同。一部分特殊岗位需要期限较长，可签订中期合同。利用长、中、短不同期限的合同方式，将优秀人才保留下来，同时不断在劳动市场中寻找新的人力资源，形成新老员工的合理比例，增强员工效能。

在激烈的市场竞争环境下，企业要不断增强自身竞争力。一个具有发展潜力的企业必然是一个学习型企业，通过学习不断增强自身实力，通过学习不断创新科技成果，使企业竞争力得到提升。优秀的员工也必然是创新型员工，企业应该尽最大努力支持他们，使他们发挥技术专长，让他们感受到自己的价值和企业对自己的重视。

以人为本不是以某个人为本，而是以企业全体员工为本。人本管理方法也不止一种，而应通过各种方法的组合，达到最好的激励效果。

# 第五节　新经济背景下企业人力资源

## 一、新经济时代

### （一）内涵

所谓新经济时代是指 20 世纪 90 年代后出现的、经济快速增长的大发展时代。新经济时代有三大标志：一是知识经济崛起，知识的重要性越来越突出，各国更加关注文化教育事业，提出了终身学习和终身教育的理念。二是虚拟经济，经济的虚拟特征凸显，可以在虚拟数据支持下完成实体交易。三是网络经济，网络信息技术与经济领域的融合不断加深，催生了电子商务等新的经济模式。

新经济与传统经济相对，体现了历史的进步和社会的发展。改革开放以来，我国市场经济持续发展，全球化辐射效应更加明显。新经济以知识经济为基础，是经济全球化的重要表现方式。人们通过日常生活的变化时时处处能感受到新经济时代发展的威力，而企业在新经济时代则面临机遇与风险并存的局面。

### （二）特点

新经济时代主要有如下几个特征：第一，网络信息技术飞速发展。网络经济是新经济时代的标志，在互联网的作用下，社会朝着信息化方向迈进，足不出户也可以遍知天下事。信息社会呈现出信息爆炸的趋势，企业需要分析整理的数据越来越多。第二，一体化趋势更加明显。各国经济互通，需求市场向全世界开放。在资源配置过程中，不论是国家还是企业必须扩大视野，更加注重其他企业、其他行业甚至他国资源的开发。新经济时代强调竞争的国际化，我国企业必须提升自身竞争实力，才能在更大的市场竞争中站稳脚跟。第三，经济发展速度加快。经济全球化势必加速经济发展。以我国为例，国内市场对国际开放，与他国经济合作逐渐增多，企业获得更大的发展空间，人才需求不断增加，技术创新步伐也不断加快。

## 二、新经济时代企业人力资源管理理论创新

### （一）企业组织理论创新

首先，要建设学习型组织理论，企业要想加强人力资源管理，必须从提高员工基本

素养做起，通过不断学习，达成一致的企业愿景，员工和管理人员能够自我管理自我监督，共同为实现企业利益而奋斗。其次，要实现流程再造，将企业分散资源重新组合，形成一套更加完备的理论体系，树立企业再造的核心意识，不断适应企业外部环境变化，提高企业运行效率，在遵纪守法的基础上降低企业收益成本。流程再造还包括选择和培养再造工程的管理者和领导者，以实现合理的资源配置。

### （二）人本管理回归

无论在企业还是其他组织，人永远是主体，企业的经营和发展都要本着以人为本的原则，为产生更好的社会形态和社会组织结构提出了更高的要求，通过对自然界的开发和利用，推动了人类社会生存和发展，形成了人们追求物质和财富的一种生物规律。人既是资源也是资本，尤其是新经济时代背景下，企业人力资源管理不仅需要把人作为财力、物力、生态等资源，还要把人投入经济、信息、知识、物质、能力等方面作为潜在的资本在社会竞争中进行合理配置，以实现企业人力资源最佳效果。

### （三）战略人力资源

战略人力资源是把企业人力资源同企业战略管理资源结合起来，将不同目标联系到一起，共同实现企业的利润最大化，通过恰当的方式充分调动企业内部人员的工作积极性，有目的有计划地展开战略实施，如招聘、选拔、人才培训、奖金发放、定期轮岗等。

## 三、新经济时代企业人力资源管理创新的必要性

### （一）推动生产经营向纵深发展

新经济时代对企业提出更高的要求，如何提高管理水平，以管理机制带动经济发展，成为每个企业关注的重点问题。对企业个体而言，三大资源至为重要：一是人力资源，二是物力资源，三是财力资源。其中人力资源最为重要，物力资源和财力资源都以人力资源为支撑。新经济时代强调资源的优化配置，企业需要平衡劳动力和劳动资料之间的关系，不断尝试降低人力成本，将劳动力资源转化为经济效益。在传统人力资源管理中，企业以制度约束为主要甚至唯一手段，打压了员工的积极性，阻碍了企业的可持续发展。推动人力资源管理创新，首先要使劳动力、劳动对象相适应，弥补制度约束管理模式的不足，让每个员工都能实现各司其职，人尽其能。

### （二）提高运作效率

人力要素是企业中最具活力的要素，每个个体都是独立存在的，都有自己的思维方式、独特情感，也有自己的个性尊严。企业担负着促进员工成长的重要职责，必须为每个员工创设良好的工作环境，激发员工潜能，发挥每个员工的聪明才智。新经济时代知识人才不可或缺，企业引进专业人才，可以创造更多智力成果，为企业赢得更大的经济效益。

新经济时代人力资源管理创新包括机制创新、理念创新、方法创新等多个组成部分。

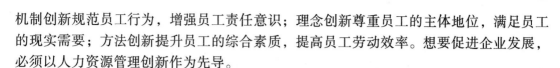

机制创新规范员工行为，增强员工责任意识；理念创新尊重员工的主体地位，满足员工的现实需要；方法创新提升员工的综合素质，提高员工劳动效率。想要促进企业发展，必须以人力资源管理创新作为先导。

### （三）打造现代企业

新时代经济提出构建现代企业，首先要建立现代企业制度，优化企业管理内容和手段。人力资源管理是企业管理的重中之重，企业所拥有的人才质量越高，创造的产品越多元、竞争力越强。每个员工都承担着不同的工作职责。如企业领导者对企业的发展运营直接负责，需要提升企业的经济实力，制订严密的企业发展规划；基层劳动员工是人力资源管理的主体，需要在工作中全力以赴，完成工作任务。对人力资源管理体系进行创新，需要明确每位员工的工作职责，通过多种手段增强员工的向心力和凝聚力。

## 四、新经济时代背景下企业人力资源管理创新

### （一）创新要素

新经济时代，大多数企业已经认识到人力资源管理的重要性，并提出人力资源管理的现代化举措。

在人力资源管理创新过程中，应该关注以下几方面工作：一是培训，二是绩效考核。以培训为例，培训教育直接关系到员工的个人发展，培训教育水平越高，员工的个人发展前景越好。很多企业在人力资源管理中忽视对员工的培训，不利于员工的个人发展。网络信息技术更新加速，人力资源管理也必须更新管理方法。企业可利用信息科技手段，记录员工的个人信息，形成员工档案，并在档案中记录每一次员工培训的内容和成绩，不断推动员工个人发展。以绩效考核为例，企业以实现经营效益的最大化为目标，员工个人绩效越高，企业创造的经营利润越多。一些企业只关注眼前利益，忽略了员工薪资待遇，挫伤了员工的工作热情，最终阻碍了企业的可持续发展。在人力资源管理中，企业应将绩效考核成绩与员工薪资联系在一起。这不仅能调动员工的积极性，还能提升员工对企业的向心力、凝聚力。以绩效评定薪资，还有助于挖掘员工潜力，以员工的自我发展带动企业的整体发展。

### （二）创新举措

首先，企业应该注重理念创新。理念是行动的先导，可以指导员工的具体行为。在新经济时代，人本意识不断增强，以人为本的管理理念深入人心。企业领导层担当着企业发展的重任，需要不断更新管理理念，将员工放在企业管理的核心位置。不同员工有不同层次的需求：经济条件较好的员工比较注重精神满足；经济条件较差的员工则更关注温饱及生活水平的提升。企业领导层应该与员工建立良好的互动关系，把握员工现实需求，解决员工的后顾之忧。

为了让员工有一个良好的工作环境，企业应该不断创新内部文化。一方面，企业可

以定期举办文艺演出、年会等活动，鼓励员工参与，增强企业凝聚力；另一方面，企业要加大对企业文化的宣传力度，弘扬社会主义核心价值观。

其次，在人力资源管理创新的同时，企业应重视战略创新。人力资源管理具有战略性意义，企业应该及早设立战略管理目标，以业绩管理为主要手段。员工业绩是工作绩效的重要表现形式，也是发放薪资、奖励的依据。企业应合理设置各部门的工作任务，部门负责人再对工作任务进行细分，落实每位员工的权责。如果员工顺利完成工作任务，且业绩水平较高，企业应为这些员工提供物质奖励；如果员工没有完成自己的工作任务，业绩水平较低，企业应该对这些员工进行处罚。

为了加强员工管理，企业应该制订战略规划，确定绩效考核标准，并发挥模范员工的示范作用，鼓励其他员工模仿学习。为了壮大人才队伍，企业可聘请行业顶尖人才，为这些人才提供高薪酬和高福利待遇，支持有发展潜力的人才继续深造学习，从而吸引人才，为企业发展提供智力支持。

在全球化背景下，国与国之间的经济联系更加紧密，对企业发展也提出了更高要求。而企业发展的关键是人力资源管理。为了实现自身可持续发展，企业应把握新经济时代特征，大力推动人力资源管理创新。

# 第九章 企业经济可持续发展

## 第一节 企业可持续发展概况

### 一、企业可持续发展基础理论

#### （一）概述

企业可持续发展的基本含义就是既要考虑当前发展的需要，又要考虑未来发展的需要，不要以牺牲后代人的利益为代价来满足当代人的利益。作为一种全新的发展观，它是对将发展单纯地理解为经济增长的旧观念的否定，它在时间上体现了当前利益与未来利益的统一，在空间上体现了整体利益与局部利益的统一。它要求实现由数量增长向质量效能的转变，在经济增长方式上体现为粗放型向集约型转换，由满足当前发展成果的积累向注重持续发展、关注未来发展转变。

企业可持续发展战略是指企业在追求自我生存和永续发展的过程中，既要考虑企业经营目标的实现和提高企业市场地位，又要保持企业在已领先的竞争领域和未来扩张的经营环境中始终保持持续的营利增长和能力的提高，保证企业在相当长的时间内长盛不衰。

企业可持续发展在国际上也获得了共识。如全球报告举措，主要强调信息管理、投资者、顾客、拥护者、供方和员工不断地进行对话，连接企业离散和孤立职能的媒介——

金融、市场、研究和开发，为供应链、规章的沟通以及声誉和品牌管理可能产生纠纷的地区以及不可预计的机会提供了信标、可持续发展能力报告，帮助管理者增强评估其对自然、人和社会资本贡献的能力，降低公开商业企业共享价格的可变性和不确定性，并降低其资本费用等。而且可持续发展报告能为企业提供新的机遇并能提高企业的国际竞争力，是企业通向国际市场的通行证。

企业战略是企业如何运行的指导思想，它是对处于不断变化的竞争环境中的企业的过去运行情况及未来运行情况的一种总体表述。

### （二）可持续发展

可持续发展是20世纪80年代随着人们对全球环境与发展问题的广泛讨论而提出的一个全新概念，是人们对传统发展模式进行长期深刻反思的结晶。随着可持续发展的提出，人们对可持续发展的关注越来越密切，而且从环境领域渗透到各个领域中。而企业是可持续发展理论诞生得比较晚，但发展相对迅速的一个领域。随着社会环境的变化，企业面对着变化迅速的环境很难适应，而且随着众多企业失败现象的出现，如何使企业保持目前状态，并且使企业在未来依然取得良好的发展势头，越来越引起企业的重视。

### （三）战略类型

企业可持续发展战略主要有创新可持续发展战略、文化可持续发展战略、制度可持续发展战略、核心竞争力可持续发展战略、要素可持续发展战略。

1. 创新可持续发展战略

所谓创新可持续发展战略，即企业可持续发展的核心是创新。企业的核心问题是有效益，有效益不仅要有体制上的保证，而且必须不断创新。只有不断创新的企业，才能保证其效益的持续性，也即企业的可持续发展。

2. 文化可持续发展战略

所谓文化可持续发展战略，即企业发展的核心是企业文化。面对纷繁变化的内外部环境，企业发展是靠企业文化的主导。

3. 制度可持续发展战略

所谓制度可持续发展战略是指企业获得可持续发展主要源于企业制度。

4. 核心竞争力可持续发展战略

企业核心竞争力是指企业区别于其他企业而具有本企业特性的相对竞争能力。而企业核心竞争力可持续发展战略是指企业可持续发展主要是培育企业核心竞争力。

5. 要素可持续发展战略

要素可持续发展战略认为企业发展取决于以下几种要素：人力、知识、信息、技术、领导、资金、营销。

## 二、企业可持续发展问题探讨

企业的危机来自经营环境的不断变化。进入 21 世纪，变化成了日常行为，而且变化毫无规律、难以预测，21 世纪唯一不变的就是变化。市场的全球化，以及资本经营的出现打破了行业限制，使得竞争对手的范围扩大了，国际化竞争的市场移到了家门口，竞争的程度更加剧烈，致使价格降低，支出增加，效益下降。同时，随着科学、信息技术的广泛运用，以前不可能实现的事情都变为可能。

面对着环境的种种变化，如果还停留在原来成功的经验基础上，不能有效地解决伴随企业成长出现的问题，因循守旧，观念滞后，人才短缺，体制僵化，基础管理涣散，势必使企业从成功走向衰败。要切记，企业今天的辉煌不等于明天也成功。

### （一）发展战略是企业可持续发展的动力源泉

我国的许多企业，在创立期也就是原始积累阶段，企业规模迅速膨胀，完成了人才、技术、资金、市场的一些初步积累。但在企业的成长期特别是成熟期，管理相对滞后，面临着多种机遇及发展方向的选择，此时企业的发展速度反而下降或停滞。这时候就需要制定明确的企业发展战略和发展目标，才有可能进入企业的持续发展期。

持续发展期会进行持续的创新，会培养可持续发展的竞争能力，也要不断地修正前进的航向，以适应市场发展的需要，重新明确企业宗旨与核心价值观等的重大发展任务。

制定发展战略是中国企业为适应市场成熟的必然选择。因为竞争对手持续进步，每天都在进步，每天都有新的竞争者进入，这就给中国企业带来很大的压力，不进则退。同时潜在的竞争对手、潜在的替代品也会不断出现，而且更新的周期也越来越短，市场也进一步规范。同时，顾客的消费行为也越来越理性化。竞争战略的主要目的是能比竞争对手更好地满足顾客的需求。企业经营目标唯一有效的定义就是顾客。一个企业要获得竞争优势，可以有两种基本的战略选择：一是提供更低的认知价格，二是提供更高的认知价值。具体应该采取何种战略，还必须以企业拥有的资源和能力为依据，而且要把战略和能力有效地结合。

企业的战略目标应该是一个宏伟的远景目标，这是支持企业发展的首要因素。宏伟的远景目标对企业能形成重大的挑战，使企业的领导不满足于现状，从而确保企业不断地增长。同时起到鼓舞人心、吸引人才、激发活力的作用，使员工觉得前景广阔。因为一名高素质的员工不愿意在一个没有希望、没有前途、没有美好前景的公司工作。给人以美梦，这是最激励人的手段，善于运用胆大超前的目标，也是那些百年企业长寿的秘诀之一。

公司远景目标的三要素：一是要针对未来，即任何一个战略远景目标都要基于对未来环境的判断，也就是对国家宏观环境、产业政策以及微观环境、竞争环境的展望。二是要考虑清楚公司将参加的业务范围、地理范围、竞争对手以及竞争优势的来源。三是公司整体战略，这是非常重要的，公司制定整体战略是为了增加可持续发展能力。企业的发展战略有近期和长期规划，这样才构成一个完整的远景目标。

### （二）创新是企业可持续发展的核心

伴随着知识经济时代的不断发展，知识创新、技术创新、管理创新、市场创新等已成为企业发展的动力，没有创新企业就无法在竞争中取得优势，也无法保持企业发展的能力。所以，企业可持续发展重点强调的是发展而不是增长。无论是企业的生产规模还是企业的市场规模，都存在着一个增长的有限性。增长是量的变化，发展是质的变化。一个企业不一定变得更大，但一定要变得更好。企业可持续发展追求的是企业竞争能力的提高、不断地创新，而不只是一般意义上的生存。

### （三）竞争优势是企业可持续发展的保障

企业可持续发展与社会、生态系统可持续发展的不同之处是社会、生态可持续发展要实现的是一种平衡，而企业可持续发展要实现的是在非平衡中求得竞争的优势。企业可持续发展的过程中，必须不断地提高自身的竞争能力和水平，才能实现永续发展的目标。

在市场经济条件下，同一种产品的生产与销售通常是由多家企业完成的。企业面对的是竞争性的市场，所以首先需要分析企业已经形成的核心能力及其利用情况。在竞争市场上，企业为了及时实现自己的产品并不断扩大自己的市场占有份额，必须形成并充分利用某种或某些竞争优势。竞争优势是竞争性市场中企业绩效的核心，是企业相对于竞争对手而言难以甚至无法模仿的某种特点。由于形成和利用竞争优势的目的是不断争取更多的市场用户，因此，企业在经营上的这种特点必须是对用户有意义的，竞争优势归根结底产生于企业所能为客户创造的价值。

形成企业的某种竞争优势取决于企业的核心能力。所谓核心能力是组织中的积累性学识，特别是关于如何协调不同的生产技能和有机结合多种技术流派的学识。这种能力不局限于个别产品，而是对一系列产品或服务的竞争优势都有促进作用。从这个意义上说，核心能力不仅超越任何产品或服务，而且有可能超越公司内任何业务部门。核心能力的生命力要比任何产品或服务都长。

由于核心能力可以促进一系列产品或服务的竞争优势，所以能否建立比竞争对手领先的核心能力会对企业的长期发展产生根本性的影响。只有建立并维护核心能力，才能保证公司的长期存续。因为核心能力是未来产品开发的源泉，是竞争能力的根。

所以说，利润重要，市场份额更重要；市场份额重要，竞争优势更重要；竞争优势重要，企业核心能力更重要。有了企业核心能力才能创造竞争优势的可持续发展，有了竞争优势的可持续发展才能扩大市场份额，才能使企业基业长青。因此，企业核心能力是竞争优势、市场份额和企业利润的真正来源。

如果企业所处的环境基本保持不变或相对稳定，那么企业只要选择和进入富有市场吸引力的产业，并且具备战略资源、核心能力、企业战略能力、企业家能力和优秀的企业文化以及相对于竞争者来说更富效率的内在要素以占据有利的市场地位，就可以创造企业的持续竞争优势。然而，企业现在所处的环境由于各种因素的作用和变化而处于不断的变动之中，甚至可以说已经达到动态或剧变的程度。环境的动态化严重削弱了企业经营决策与行为可能性预见的基础。由此就使得企业的每一种既定形式的竞争优势都不可能长久地维持，最终都将消散，只是时间的长短不同而已。所以，在动态的环境中，企业要想获得持续竞争优势，就不能只是凭借其战略资源、核心能力等被动地适应环境，而是要求企业能够深刻预见或洞察环境的变化并迅速地做出反应。通过持续性创新，不断超越自己，从其既有的竞争优势迅速地转换到新的竞争优势，超过竞争对手的企业，从而获得基于其整体发展的持续竞争优势。也就是说，企业持续竞争优势源自持续性的创新。

### （四）企业文化是企业可持续发展的内因

企业文化作为企业发展战略或企业家能力发展过程中的一种力量或动力，随着知识经济的发展，它将对企业的兴衰发挥越来越重要的作用，甚至是关键性的作用。一个企业在产品质量达到一定程度时，对产品的市场地位和由地位决定的价位，以及产品的市场销售量，发挥重要或决定作用的仍然是产品自身的文化内涵。经济活动往往是经济、文化一体化的运作，经济的发展比任何时候都需要文化的支持。任何一家企业想成功，都必须充分认识到企业文化的必要性和不可估量的巨大作用，在市场竞争中依靠文化来带动生产力，从而提高竞争力。

一个企业本身特定的管理文化，即企业文化，是当代社会影响企业本身业绩的深层重要原因。企业的生存和发展离不开企业文化的哺育，谁拥有文化优势，谁就拥有竞争优势、效益优势和发展优势。世界 500 强企业出类拔萃的技术创新、体制创新和管理创新的背后，优秀而独到的企业文化，是企业发展壮大、立于不败之地的沃土。

企业文化是企业员工普遍认同的价值观念和行为准则的总和，这些观念和准则的特点可以透过企业及其员工的日常行为而得到表现。文化对企业经营业绩以及战略发展的影响主要体现在它的三个基本功能上：导向功能、激励功能以及协调功能。文化的导向功能是共同接受的价值观念引导着企业员工，特别是企业的战略管理者自觉地选择符合企业长期利益的决策，并在决策的组织实施过程中自觉地表现出符合企业利益的日常行为；文化的协调功能主要是在相同的价值观和行为准则的引导下，企业各层次和部门员工选择的行为不仅是符合企业的长期或短期利益的，而且必然是相互协调的；文化的激励功能主要指员工在日常经营活动中自觉地根据企业文化所倡导的价值观念和行为准则的要求调整自己的行为。

企业文化的上述功能影响着企业员工，特别是影响着企业高层管理者的战略选择，从而影响着企业战略性资源的选择、企业能力的培养与各种资产、技能、资源与能力的整合。正是由于这种影响，与企业战略制定或资源的整合、能力的培养过程中需要采用的其他工具相比，文化的上述作用的实现不仅是高效率的，而且可能是成本最低、持续效果最长的。从这个意义上说，文化是企业竞争优势可持续发展的最为经济的有效手段。

同时还要培育良好的企业文化，企业文化说简单点就是企业的人格。良好的企业文化是企业发展战略中必须具有的素质。因为与战略相适应的核心价值观、与战略相配套的企业制度准则，都在直接地影响着战略的管理和实施。一个只拥有传统企业文化、价值观的企业，让它转型为高科技企业，如果它对高科技企业的人力、资源制度和激励制度等都不能理解，涉及企业文化也一样。良好的企业文化将对战略管理起到事半功倍的效果。只有拥有良好的企业文化，人才不会流失，才能够低成本地运作，才能创造出很好的效益。

### （五）强化管理是企业可持续发展的基础

企业内部管理基础要扎实。如果一个好的企业战略没有强有力的企业基础管理作保证，不可能达到贯彻执行。可想而知，如果企业战略制定了，管理却很松散，也就是组织机构得不到保证，战略就得不到很好地贯彻执行。

对于企业进行业务流程的重组，建立与之相适应的组织机构，改变信息的横向、纵向传输速度慢、管理效率低、决策慢的状况。重构企业的职权体系，明确各个部门和每个岗位的职责、权限，制定各项工作的操作规范，按规章行事，提高员工的业务素质。建立完善的考核体系和合理的报酬体系，以绩效为目标，使得考核有依据、奖惩有办法，促进员工的成长、企业的进步。

一个企业的可持续发展，一定要有前期的积累和投入，还要有长远的战略发展眼光，给自己做清晰的定位，然后要有执着的精神，一步一个脚印地修炼企业内功，最终形成一个创新型企业。愿所有的企业都能成为一个可持续发展的百年企业。

# 第二节　"新常态"下企业可持续发展战略

## 一、"新常态"下企业可持续发展战略

中国经济呈现出新常态，包括速度、结构和动力三个方面的特点：从高速增长转为中高速增长、经济结构不断优化升级和从要素驱动、投资驱动转向创新驱动。

增速放缓会影响很多企业对规模增长的信心，使企业更多关注防御策略与风险管理；结构优化和升级则会加快一批不可持续发展的行业的洗牌，在可持续发展空间上实现"腾笼换鸟"，给新兴产业带来发展机遇；而可持续发展战略恰好可以给"创新驱动"提供一个新的维度。可以预见，在经济新常态中，更利于那些具备更好可持续发展能力的企业崛起，可持续发展战略对商业价值的影响客观上正在变得异常显著。

### （一）防御性策略的优势选择

成功的大企业往往拥有数量庞大的利益相关方和深刻的影响力。同时，作为某一领域中的佼佼者，防御策略必然长期占据主导，各种战略都必然服务于维持自身领先地位的任务。在经济新常态中，可持续发展可以成为企业的优势防御策略。

一方面，可持续性方面的风险最终往往会转化为企业的商业风险。在增速放缓、结构调整的周期中，这种风险的转化往往会加速。可持续性方面的管理，能为公司内部建

立有效的长期商业风险的评估与管理机制。可持续发展战略讲求透明与广泛参与，这也有助于最高决策层与基层的员工、企业供应链以及客户一起协同来应对这些风险。

另一方面，公司规模越大、存在时间越久，无形资产在企业价值中的权重越高，企业软实力对企业价值的影响也就越显著。无形价值依靠企业软实力来支撑。企业在可持续发展方面的能力与作为，也是衡量企业领导力、透明度、知识产权和人力资源等软实力要素的一个评价标准。可持续发展战略很适合为增强内部活力、增加企业价值的新内涵提供具体的指导方向。

可持续发展的空间与效率对于企业的"长期价值资产负债表"的影响在增加，大型企业在可持续发展领域的努力，也越来越多地为实现"防止被颠覆"的目标服务。

### （二）"成长"的新支点

目前人们已经在为生态威胁、环境问题和社会福祉而担忧，也越发感受到发展空间的局限。针对这一全社会的"痛点"进行有效创新，是在未来获得高速成长的一个有效路径。可以期待在新能源、新材料、新服务模式中出现一批能够极大提升"可持续发展空间利用效率"的新企业出现。尤其是在借助互联网模式下，未来可持续发展战略的实现将越来越多地借助互联网手段、借助公众参与完成。即便是初创企业，也可以将一些创新型可持续发展的项目以众筹的模式，在实现公众参与的同时，实现筹智、筹资、筹力。

商业竞争中，企业竞争基本可以概括为两个维度：成本和差异。

#### 1. 关于成本领先优势

在大部分情况下，环境效率与成本效率都是正相关的 —— 环境效率越高，成本效率越高。

从企业追求成本领先的角度看，可持续发展战略会是对原有"规模效应"法则的一个必要修正。无论是减少企业的环境影响、降低能源消耗强度、增加资源循环利用比例还是提高能源独立水平，都能有效帮助企业应对可变成本上涨的压力。企业在有效降低单位产品的"环境足迹"后，往往会发现其成本竞争力也增强了。通过可持续发展报告披露这一努力，与财务报告配合，向投资人和相关方面展示企业在可持续发展领域努力的价值。

#### 2. 关于差异化优势

长期来看，经济可持续发展需要在长期利益和短期价值中实现平衡，仅仅依靠现有模式可能无法解决所有问题。因此可持续空间的局限会带来新的细分市场，直接推动了差异化的创新发展。

市场需求的广泛转变无疑会带来差异化竞争的机会，这会在可持续发展空间利用效率上有所体现。可见，可持续发展战略能够"内外兼修"地为企业经营目标服务，从商业角度看，可持续发展正在融入成功企业和高成长性企业的战略中。

## 二、企业可持续发展战略实证分析

企业可持续发展战略非常繁杂，但是众多理论都是从企业内部某一方面的特性来论述的。如文化说，要素说，核心竞争力说和制度说，等等。

### （一）背景

中国政府也非常重视可持续发展的观点，并提出了自己的科学发展观。

近年来随着第一批"政策型、暴发型"企业发展的日趋平静，而且很多企业都成了"流星"，现存的公司利润很难再有大的发展，企业发展面临新的"瓶颈"期。中国企业所面临的一个基本问题是持续性发展问题。从某种意义上讲，这些"流星"企业都是产品成功型企业，也就是凭借企业家的胆略和敏锐，抓住中国经济发展过程中的某个机遇、某个产品、某个项目、某种稀缺资源使企业迅速做大，但这种成功并不等于企业的成功，更谈不上企业的持续成功。而目前一些"如日中天"的企业是否在激荡的环境中仍然保持自己的发展速度，是不是也会迎来自己的"滑铁卢"呢？企业如何使自己获得可持续性的发展问题摆在了所有企业的面前。

而且随着各国对环境的关注，对全球可持续发展的重视，很多行业将面临新的竞争要素，如环境保护等势必对公司的发展产生一定的影响。公司目前的管理体系、薪酬制度、人力资源体系、市场营销开发等对公司的发展起着非常大的制约作用，影响着公司的可持续性发展。

### （二）企业可持续发展论述

#### 1. 企业可持续发展的含义

可持续发展是指既要考虑当前发展的需要，又要考虑未来发展的需要；不能以牺牲后期的利益为代价来换取现在的发展，满足现在的利益。同时可持续发展也包括面对不可预期的环境震荡，而持续保持发展趋势的一种发展观。

#### 2. 企业可持续发展的基本表现

企业可持续发展表现为企业活动若干要素的发展。从所有人的角度讲，企业应当持续盈利；从雇员的角度讲，企业应当保持和扩大雇用的规模；从供应商的角度讲，企业应当不断提出新的订单；从政府的角度讲，企业应当不断地纳税；而从顾客的角度讲，企业应当持续地供应符合市场数量需求和价格需求的产品。在所有上述表现中，最为基本的，应当是企业源源不断地提供适应市场需要和变化的产品。

企业某些要素的增长，更多地表现为要素数量的变化；企业的发展，更多地表现为企业整体上转化资源、增加价值的能力的提高，这种能力的提高，既有量的变化，又有质的变化。企业可持续发展，并不要求所有要素实现量的增加。实际中较为常见的企业的可持续发展是按照"调整"的方式实现的。在调整过程中，企业的资源、工艺、组织结构等因素的变化，都应当是为产品的变化服务的。而产品的变化，又是以企业盈利能力的提高、企业的未来利益最大化作为指导的。企业可持续性发展虽然更多地表现为"破坏性"地重组，但是也存在"渐进式"的改革战略，而且这种"渐进式"的战略在目前企业中有其现实的接受性、可操作性。

企业可持续发展战略的提出应当是一个系统性的工程，并涉及企业的方方面面，可以说企业可持续性发展战略的实施是一场革命，不管是"破坏性"的还是"渐进式"的。企业可持续性发展战略涉及企业发展运行中的每一个环节，主要体现在以下两个方面。

（1）外部环境

外部环境又可分为社会环境和任务环境两个部分。企业的社会环境是指那些对企业活动没有直接作用而又经常对企业决策产生潜在影响的一些要素，主要包括与整个企业环境相联系的技术、经济、文化、政治法律等方面。这些方面影响着企业的可持续性发展战略具体确定和实施情况。任务环境是指直接影响企业主要活动或企业主要运行活动影响的要素及权利要求者，如股东、客户、供应商、竞争对手、金融机构等。企业任务环境直接影响到企业的可持续性发展战略，如行业发展前景和行业竞争状况将直接影响企业的可持续性发展战略。

（2）内部环境

内部环境包括企业的各项职能，是企业可持续性发展战略制定的基础，包括管理职能、营销职能、理财职能、生产运行职能、研究开发职能等。各种职能相互作用构成企业可持续性发展的基础和骨架。

### 3. 企业可持续发展战略的关键战略要素

一般认为，企业发展包括两层含义：一是"量"的扩大，即经营资源单纯地增加，表现为资产的增值、销售额的增加、盈利的提高、人员的增加等；二是"质"的变革与创新，指经营资源的性质变化、结构的重构、支配主体的革新等，如企业创新能力的增强，对环境适应能力的增强等。企业发展不仅表现为企业变得更大，而且更重要的是变得更强、更新。一般认为任何一个企业要实现可持续发展，必须具备"管理因素、管理新变化因素、环境因素、战略的系统性和协调性"四大因素。实现企业发展是每个企业的唯一使命，实现企业的可持续发展更是每个企业面临激荡变化环境的追求。

（1）管理因素

产权制度：企业设立必须有明确的出资者，必须有法定的资本金。出资者享有企业的产权，企业拥有企业法人财产权。产权关系不明确，产权责任就不明确，产权约束就无法落实，管理的过程中就会遇到多头领导，导致企业效率的下降。

法人制度：《中华人民共和国民法通则》规定法人设立的四个条件是依法设立；必要的经费和财产；有自己的名称、组织机构和场所；能够独立承担民事责任。只有产权关系理顺了，法人财产权的概念搞清楚了，企业该做什么也就明确了。

组织形式：现代企业有多种类型，主要有公司制企业和合作制企业。公司制企业的两种主要形式是有限责任公司和股份有限公司。

会计制度：现代企业采用符合国际惯例的中国会计制度，资本金是出资者行使权利和承担责任的物质保障，资本金注入企业后不得抽回，但可依法转让。当国家作为出资者时，其权益的增加体现了国有资产的保值增值。

管理制度：企业的最高权力机构是出资者大会，它通过选举产生董事和监事。董事会为出资者的代理机构和企业决策机构，它聘请企业经理人员并决定经营管理机构。现

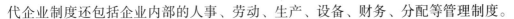

代企业制度还包括企业内部的人事、劳动、生产、设备、财务、分配等管理制度。

社会监督机构：现代企业制度不同于传统企业制度之处在于企业不仅受出资人和政府监管机构的监督，而且受企业的客户、中介机构、社会公众和舆论的监督。企业必须在不损害社会整体利益的前提下追求自身经济效益的最大化。

（2）管理新变化因素

管理决策从经验化到知识化：在产品过剩、资本过剩的时代，对大多数企业来说，制约企业发展的主要因素已经不是资金和生产能力，而是企业的技术创新和管理能力，是企业技术知识和管理知识对企业的贡献大小。

企业经营虚拟化：为了增强企业的灵活性和应变性，企业将不再贪大求全，而是集中发展具有核心能力的产品、技术和服务，将其他相关业务外包，进行虚拟经营。

企业组织结构的灵活化：为了降低管理费用、提高管理效率、调动员工的积极性、创造性，企业的组织结构出现前所未有的变化——一方面是组织结构从金字塔式改为扁平化，另一方面企业部门要根据形式的变化而不断增减。

企业更加注重人力资源的开发和管理：人是企业经营的第一要素，因此人力资源管理成为企业管理的重中之重，主要集中在企业的薪酬设计、绩效考核、工作分析、素质模型、激励约束、竞争淘汰、招聘引进、培训开发等方面，主要目的是充分调动员工的积极性、凝聚力和向心力。

企业管理更加多样化：随着科学和技术的发展，学科的重新定义组合，产生了许多新的管理技术，如 JIT、FM、CE、SCM、LP、AM，等等。而且企业管理以信息流管理为基础，将以上多样化的管理技术进行综合集成。

财务管理的战略化、集成化：财务管理从静态的核算向动态的、参与经营过程的财务管理方向发展；财务管理从战术性、事物性向战略性、全局性的经营理财方向发展；财务管理从内部的、独立的职能向开放的、三流合一的集成管理方向发展；从手工操作、手工分析向计算机、智能分析方面发展；目的是从传统的利润向企业未来价值的方向发展；事业从国内向国际范围的发展。

管理责任的社会化：主要表现为企业和消费者的"绿色"和环保意识的增强。

（3）环境因素

企业面临的可持续发展环境实际上是企业如何在政治、自然、经济、技术以及经营五个方面控制污染和利用能源的问题。其中，每一个环境因素都会从可持续发展的角度对企业的行为形成影响、制约和冲突。

（4）战略的系统性和协调性

可持续发展战略的突出特点是其战略的系统性和协调性。实现企业的可持续性发展不是解决一两个问题，或者全部改变就可以实现的。如何实现企业经营目标和提升自己的竞争力，并保持自己始终盈利的问题，不是靠一个方面就能解决的，而是靠企业内部、外部相互协调系统发展的战略组合。

### （三）如何实现企业可持续发展战略

企业可持续发展战略的制定取决于对企业本身和所处环境的分析，一般战略管理普遍采用的SWOT分析方法，利用SWOT方法对企业内部资源和外部环境进行分析，找出企业自身的优势和劣势，找出外部环境对本企业的机会和威胁。通过外部环境和内部资源的分析，找出本企业的独特竞争优势，并确定企业目前在行业中的位置，并根据对未来环境的预测变化和本企业的目标战略的结合，消除劣势，发挥优势，利用机会，避免威胁，制定出本企业的可持续发展战略。通过SWOT分析，对企业的管理、组织结构、市场营销、人力资源和组织文化进行分析整理，并针对企业外部环境进行综合，找出企业的可持续发展战略。即SHEMMC理论。

### （四）中国石油天然气管道第四工程公司可持续发展战略实证分析

1. 中国石油天然气管道第四工程公司简介

中国石油天然气管道第四工程公司（简称四公司）建于20世纪80年代，坐落于京津两大直辖市交界处的河北省廊坊市，交通便利，是国内承担化工石油天然气管道的专业建设队伍之一，是具有综合承包能力的现代化大型国家一级施工企业，年施工能力达5亿元。公司施工技术具有国际先进水平，工程施工严格执行ISO 9002标准和压力管道安装GA类、GB类、GC类标准及HSE和OHS管理体系，有能力按API、ASME、ASNI等世界先进通用标准施工，重视管道的科技发展和新工艺、新技术的采用，拥有多项国内领先的管道施工技术。公司主营工业工程、专业土木工程建筑，设备、管道安装，通信工程施工，室内外装饰工程的设计和施工，220kV以下送变电线路和同等级变电站建筑安装，防腐保温工程，焊接技术培训，焊接工艺实验及评定，焊材检验。兼营汽车货运，电力维护，建设项目机械化施工，管道检测、封堵、清管、打压。经营方式有建筑、安装、运输和培训。

2. 中国石油天然气管道第四工程公司可持续发展战略

采用SWOT分析战略对四公司进行分析，通过对四公司外部环境和内部资源的分析发现四公司可持续发展战略所依据基础。通过制定符合本身特色和环境相符的结合，找出企业可持续发展SHEMMC理论要素，制定可持续发展战略。

（1）公司的外部环境分析

由于中国石油天然气管道第四工程公司是管道局的下属企业，管道四公司属于中国石油天然气管道局的核心业务单位，属于中国石油天然气管道局的事业部制结构中的一个独立的事业部制。而且四公司的市场业务获得主要是靠管道局的分配所得。管道局以一整体形式进行市场招标。因此，四公司所面临的可持续发展环境的政治环境属于"二次分配"的方式。四公司在和相关政治部门发生关系时实际上是以管道局和四公司两种方式进行的。

（2）关键战略要素选择

管道工业介绍：长输管道运输已经列入五大运输行业之一，这五大运输行业通常是指铁路运输、公路运输、水路运输、航空运输及管道运输。与铁路运输、公路运输、水路运输等其他常用的运输方式相比，管道运输具有以下特点：运输量大；管道大部分埋设于地下，占地少，受地形地物的限制少，可以缩短运输距离；密闭安全，能够长期连续稳定运行；便于管理，易于实现远程集中监控；能耗少、运费低。其缺点为：只适于大量、单向、定点运输石油等流体货物，不如车、船等运输灵活、多样。

我国管道工业历史：管道运输已与铁路、公路、水运、航空一起构成了我国五大运输行业体系。而且石油产品及天然气的管道输送已经发展成为石油天然气运输的主要支柱。随着我国经济建设飞速发展及对能源需求的加大，今后一段时期内，我国将要进口部分原油和石油产品。因此需要优化调度和管理，通过科学运筹，充分利用并提高现有管网的灵活性，合理调整管输原油的流向，完成国内及进口原油的输送任务。

管道工业现状：正是由于长输管道在输送流体介质时具有上述的诸多优越性，因此，近年来长输管道的应用已不再局限于石油及其产品、化工产品和天然气等介质的输送，而是应用在了更为广泛的领域，如煤浆、矿浆和其他介质的输送，等等。

行业竞争环境：今后一个时期，国际石油、天然气投资建设持续保持较高的发展态势，国内能源需求持续增长。较高的利润率和潜在利润率迫使行业内竞争、国际大公司竞争以及潜在对手的竞争会从不同方面、不同环节、不同地域和环境区域对四公司造成威胁。

新竞争要素：随着各国对环境保护的关注，对全球可持续发展的重视，管道行业将面临新的竞争要素。保护环境、保护野生动植物及维持生态平衡等问题均需要给以足够的重视。

技术因素：包括关于长输管道钢材等级提高的技术、管道内涂层的技术、直缝钢管与螺旋焊缝钢管的技术、管道外防腐覆盖层的研究与应用技术、管道延性断裂的研究技术、将卫星遥感技术和 GIS 技术应用于管道设计、施工与运营。未来的管道建设将更注重安全与环保的增强，将发明新的泄漏检测技术。

管理要素：由于管道行业的公司大都是"大象"，都具有一定的竞争力，而且通过公司间的对比发现大多数公司在市场中所占位置都是具有非常深的细分化，也即竞争性的同质公司很少。但是随着利润率的提高和国外同质大公司的进入，各公司都面临十分艰难的市场状况，四公司也不例外，其基础管理工作的非正规化和薄弱性、市场意识的相对落后性、竞争意识的缺乏性制约着公司的可持续发展。

3. 市场业务开发状况

由市场信息开发中心主抓市场开发。公司抽调精干专业人员成立的市场信息开发中心，下设市场部、商务部、技术部，便于快速适应市场变化，收集信息和积累经验，可以很好地配合市场开发部、支持帮助公司各单位和项目进行市场开发，近两年中心协助局市场部做了很多市场开发的工作，同时使公司目前的市场开发形成了体系和网络化管理。

四公司在闯市场的实践中形成了"以先进的技术争得市场""以可靠的质量巩固市

场""以灵活的策略抢占市场""以良好的信誉赢得市场"等进入市场的经验。

从企业市场开发情况可以看出，四公司的市场开发过程由单一到多元，由被动到主动，由封闭到开放。工程量随着业务的发展也随之增大，而且业务种类也从单一到多元。

4. 人力资源分析

（1）人力资源状况

通过调整人才引进政策，补充人力资源。近三年来，公司为了缓解快速发展与人才短缺的矛盾，积极通过各种渠道引进人才，用政策吸引人才。

一是积极接收大学毕业生，提高大专以上学历人员在职工总数中的比例。

二是紧紧抓住企业重组、业务调整、人才交流之机，根据公司发展的需要，先后引进多名管理、专业技术人才，他们中的大部分人被公司委以重任，成为公司的骨干和中坚力量。

三是从管道职教中心、华北航天学院等院校招聘了几百名中专以上学历的技术工人，公司和他们签订短期合同，进行焊接、设备操作、盾构、试压等技术培训，有效地解决了公司长期以来技术工人短缺的问题。由于有了这些经过培训技术过硬的技术工人，使得公司的实力和施工能力大大增强。

（2）公司人才培养机制

第一，通过重点工程锻炼人、培养人。近年来，公司通过工程实践的锻炼，从只能干小管线到参加长输管道建设、国家重点工程建设及至迈出国门参加国际工程建设，为公司锻炼、培养了一批高素质的施工、技术、管理人才，提高了职工素质和队伍管理水平，使公司真正实现了质的飞跃。

第二，通过组织多层次、多技能培训提高职工素质。为了逐步提高职工队伍的整体素质，公司每年都积极开展多层次、多渠道、多形式、全方位的培训工作，同时创造条件，鼓励职工参加各类学历教育。

第三，成立工程项目管理中心，科学合理地调配人才。公司把成熟的工程技术、管理等人员全部集中到项目管理中心，由项目管理中心根据各工程项目的需要，对人力资源进行合理的调配，做到人尽其才、才尽其用。

初步建立人力资源管理体系。通过几年来的改革实践，不断总结经验，进一步完善了人事、用工、分配、考核等配套制度，初步建立了符合现代企业制度的人力资源管理体系。

（3）公司薪酬体系分析

四公司目前薪酬体系还处于一种"模糊"阶段。四公司从一个事业性质较浓的单位转变到面向市场的现代性营利企业，虽然在产权、观念等方面意识到企业现代性质的重要性，但是在薪酬制度方面却依然存在着旧的体系。分配制度改革是当前国有企业改革和制度改革的热点和难点，是企业人力资源开发的"瓶颈"问题。

四公司也在努力探索相关的方法来形成较为科学化、正规化的薪酬激励制度这将对企业发展产生很大的影响。而要留住、用好管道局学术、技术带头人和公司各类的成熟

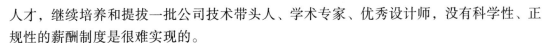

人才，继续培养和提拔一批公司技术带头人、学术专家、优秀设计师，没有科学性、正规性的薪酬制度是很难实现的。

（4）人才储备开发问题

四公司所处的位置和目前产权管理权不清的问题直接影响到企业的发展。而且各大企业纷纷高薪挖掘人才，人才流失危机加剧。目前专业技术队伍日趋年轻化，由于人才培养和成长需要一定周期，短期内难以形成稳定的人才队伍，不利于整体技术优势的发挥，并且高级专业技术人员严重不足，难以满足市场开发的需求。由于市场和经营压力加大，公司职工工作负担加重，经常加班加点，其健康状况不容乐观。

5. 企业文化

企业文化是以企业精神为核心，把具有特色的企业传统、行为方式、道德规范、经营作风和思想意识凝聚在一起，体现一个企业的职工素质、文化底蕴、经济实力和精神风貌，是企业在长期的生产经营活动中所创造的、具有自身特点的物质文化和精神文化的综合。企业文化体现在精神层、物质层、制度层三个方面。

（1）精神层面

企业精神是企业文化的核心和灵魂，是企业发展的精神支柱、动力和源泉。一是四公司在广泛征求意见的基础上，确立"务实求效，争创一流"的企业精神。二是发扬企业传统，搞好重点工程。其中"务实求效，争创一流"是公司弘扬的企业精神，而"迎难而上，敢打敢拼，敢打硬仗"则是多年以来公司在施工中形成、保持和发扬的企业光荣传统。事实证明，优良的企业传统可以使企业在激烈的市场竞争中攻无不克、战无不胜，发挥重要的积极作用。

（2）物质层面

加大投入力度，塑造企业形象。企业形象是企业在人们心目中产生的形象，是企业得到社会认同的企业文化的综合反映和外部表现。主要工作有配齐计算机；三院连通；建立公司宣传栏。

（3）制度层面

一是制定并全面实施公司"精神文明建设实施纲要"。把精神文明建设和塑造企业良好形象的各项任务进行了细化、量化。

二是加大宣传力度，树立企业形象和信誉。良好的企业形象的塑造离不开宣传工作的密切配合。为此，多年来公司紧紧围绕整体形象、重点工程建设情况、管理经营状况、思想政治工作、企业文化建设、改革举措、典型事例、人物风采等方面进行了全方位的宣传报道，而且在国际互联网上策划制作了公司的网页。

三是健全规章制度，内塑企业形象。几年来，公司在财务管理、经营管理、资产管理、工程施工管理、质量管理、安全管理、基础管理等方面加大了管理力度，除了完善原有的规章制度外，还结合实际制定了几十项规章制度。同时，狠抓制度落实，使公司的各项工作逐步走上制度化、法治化的轨道。

### 6. 财务状况

（1）财务管理方面

第一，制定财务管理的各项规章制度，并狠抓落实，严格按国家法律法规和各项规章制度办事。

第二，采取收支两条线，保证了公司整体经营指标的完成。

第三，为确保生产和发展所需资金，对资金实行集中管理，统一调配资金，提高了公司资金的使用效益。

第四，加强财税政策研究，使公司荣获了"廊坊市 A 级诚信纳税企业"称号。

（2）生产技术状况

主要资质："管道建设安装专业一级资质证书"和"管道防腐专业一级资质证书"（建设部发）。项目管理工作逐步展开，基本形成了一套符合国际惯例的、科学的项目管理体系，并在日常的生产项目管理工作中逐步推行与实施。

### 7. 管道工程第四公司的可持续发展战略

四公司目前处于行业中的中上游水平，但是随着行业竞争的加剧，竞争者的增加，市场份额逐渐减少。同时，由于市场的国际化和纵深化扩展，如何在激烈的环境中持续发展，既要实现企业经营目标和提高企业市场地位，又要保持企业在已领先的竞争领域和未来扩张的经营环境中始终保持持续的盈利增长和能力的提高，保证企业在相当长的时间内长盛不衰，是企业可持续发展战略的关键。管道四公司的可持续发展战略的核心是创立一种创新机制，并将创新机制具体落实到企业的总体战略目标中，寻求自身独有的竞争整合优势。在非平衡中取得发展，重点是找出综合 SHEMMC 理论所需的各要素，并制订出相应对策。

### 8. 可持续发展的总体战略分为观念创新和战略创新两个部分

（1）观念创新

观念创新是按照新的外部环境调整价值尺度、思维方式、行为方式和感情方式等诸多方面的文化心理，创新意识的建立是一种否定自我、超越自我的过程，是企业创新的先导。价值观念主要是指企业经营的价值观念，包括消费者价值观、利润价值观和社会价值观等。价值观念的创新是指要随着形势的发展而不断改变自己的价值观。观念的创新决定着决策的创新、管理的创新，决定着企业行为的创新。所以创新应该反映在企业的各个方面，包括技术创新、管理创新、体制创新、经营创新等等。所有这些创新，最后都会在企业的经营活动中反映出来，会落实在企业的产品创新上。

消费者价值观：管道四公司的主要业务应该是以运输服务为基础的，而并非只是进行简单的安装建筑公司。应该以消费者为出发点重新设立自己的价值观，即形成以服务为核心、以管道铺设为手段的新的消费者价值观。

利润价值观：利润是企业生存的基础，但是利润的获得不是靠自己规划得来的，而且企业利润的获得也不是靠一次次的狠抓实干完成的。可持续发展的公司利润追求的是一种长期利润而非短期利润，可持续发展强调公司本期及末期的共同发展，而且在总体利润没有受损的前提下，也不排斥以近期的亏损获得末期的利润，保证了企业发展的长期性。

社会价值观：管道公司特殊的行业性质，使得其本身的企业性质不同于一般企业。管道工程的宏大性、长期性、服务性决定了管道型公司的独特性质。公司应该树立一种可持续发展的社会价值观，公司存在的价值并非简单地顾及和本企业相关的社会团体和单位，而是涉及一切相关的社会、文化、环境资源等。公司应该树立一种服务资源动脉，保证本企业发展，保护自然环境，促进协调发展的社会价值观。最为重要的是观念的创新应该随着社会环境的变化而变化，使其更适应社会的发展。

（2）战略创新

战略创新应该围绕两个方面进行。首先，抛弃传统的经营理念，培养现代经营理念。其次，按照 SHEMMC 理论找出可持续发展所需要素状况。战略的制定是以企业自身资源和外部环境为基础，以企业发展为目标的。

9. 组织结构

（1）直线职能型组织结构

目前的直线职能型组织结构属于较正规的一种，但是随着企业的发展和环境的变化也产生了一系列的问题。主要存在以下两个方面的问题：

第一，根据管道行业特色，直线职能型组织结构不是最优设计，由于管道行业以工程为中心的特点，职能部门很难发挥其作用，随着施工量的增大，成本势必增大，并最终影响施工质量。按照职能结构组织，企业通常具有较长的纵向信息沟通与命令传递通道，在上情下达以及下情上传的及时性和准确性方面存在着一定的障碍，而且管道工程的突发性和意外性概率非常之高，更是很难在第一时间取得最优效果。使企业在适应环境变化上显得缺乏灵活性，使很大的成本花在职能部门的管理人员与各分公司之间的协调工作上。

第二，四公司对所有工程项目都实行项目经理负责制，实施矩阵式管理模式，对工程实行单体核算，从管理角度明确了责、权、利，对工程项目进行预算分解，加大事前、事中管理的力度，降低了成本，增加了利润。为了加强对分包工程的管理，制定了"公司分包工程管理办法"，使公司分包工程得到了有效控制。在工程项目实施中采用矩阵式管理模式即矩阵结构，即实际组织结构和实际运行机构发生分歧，存在明显的背离现象。

根据以上分析，管道四公司的组织结构虽然在发展初期乃至现在具有一定的优势，但是随着环境的变化的、企业业务量的发展，要使企业获得可持续性发展，必须改变现在的组织结构，降低成本，适应变化。

（2）矩阵组织结构

四公司应该改变现有的公司结构，建立一种机动的矩阵组织结构。矩阵组织结构是由专门的从事某项工作的工作小组形式发展而来的一种组织结构。工作小组适用于不同专长的人在一起才能完成任务以及具有许多事先不能确定的复杂因素的工作。

矩阵型结构是职能型组织结构与项目型组织结构的混合，在这个结构中的项目负责人既是项目经理又是部门经理,在领导项目时,对项目的结果负责,同时又对职能部门的业务负责。这种结构有效地利用了公司的资源,减少了部门间工作的冲突,增加了横向沟通,降低了每个项目的执行成本,使部门经理有机会通过领导和参与各种项目,获得更多领域的知识和技能,丰富多部门、多专业管理的经验和阅历,使他们的个人价值提高从而能够胜任未来的高层职务,获得职业上的发展。企业为了鼓励中层经理的职业发展,在对他们的评价和考核中除了对他们原先的部门工作的业绩指标考核外,也加入了对他们所组织领导的项目的考核。通过公司的各项激励机制,保证在项目工作中的成员有充分的积极性和成就感。

而且矩阵型组织结构对管道行业来说更具有现实的意义,有利于工程项目的顺利实施。考虑到行业安全性方面,加强了工程施工的质量保证,责任落实到个人即项目经理。

## 10. 人力资源开发管理

科学的人力资源开发管理体系由人力资源战略规划体系、招聘录用体系、绩效考评体系、薪酬福利体系、调配安置体系和教育培训体系组成。建立起人力资源战略规划体系。人力资源规划是对公司人力需求与供给做出分析、预测和评估,是公司发展战略规划体系中的重要组成部分,它着眼于为实现公司经营战略目标预先准备所需人才和提供强有力的人才作为保障,并为公司人力资源管理活动提供指导。它包括:核查现有人力资源,关键在于弄清现有人力资源的数量、质量、结构及分布状况;分析现有人才开发使用情况及存在的问题;预测未来人力资源需求,确定人员需求量;制定匹配政策,确保需求与供给的一致;确定具体行动计划或措施;搞好反馈调整。

### (1)建立人员招聘录用体系

人员招聘录用是根据公司发展需要,通过工作分析,确定公司用人的数量、类别、工作条件、任职资格、拟定工作说明、工作规范和用人程序,在人力资源规划指导下把优秀、合适的人才招纳进来,并把合适的人放在合适的岗位,是企业制胜的关键因素之一。做好人员招聘工作是不容易的,涉及企业招聘政策的制定,招聘渠道的选择、求职申请表的设计以及招聘程序的规范。招聘录用体系包括:人才甄选技术设计;工作分析、职务设计和工作规范;招聘录用程序;人才测评程序。

### (2)建立开放式的全员绩效考评体系

员工薪酬确定、晋升与降级、奖励与惩处、资格的认定、能力的确认等都需要对员工有一个客观公正、科学合理的考核评价。绩效考评是企业人力资源开发管理工作中的难点和重点,必须认真对待、高度重视,制订一套符合实际、具有较强可操作性的绩效考评实施方案,并在公司内部大力推进实施。绩效考评是对其品德、才能、素质、潜力、长处、短处、个性、抱负等多个方面进行全面而客观的考察与测评,从而得出被考评者对某一既定职位的胜任能力如何以及是否需要训练的结论。绩效考评分为管理干部、工程技术人员、营销人员、生产管理人员、操作工等各类人员的评价标准和考评程序。绩效考评的目的:一是帮助员工认识自己的潜在能力,并在工作实际中充分发挥这种能力,以达到改进员工工作目的和促进员工的训练发展;二是可以作为工资、奖金、职务晋升、

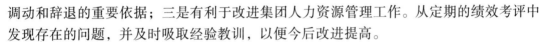

调动和辞退的重要依据；三是有利于改进集团人力资源管理工作。从定期的绩效考评中发现存在的问题，并及时吸取经验教训，以便今后改进提高。

（3）建立全员教育训练体系

全员教育训练作为人力资源开发的主要手段，是开发人的潜能、提高人的综合能力和素质的有力保障。全员教育训练体系应考虑以下几个方面：终身教育制度；由单纯的技术培训发展为以知识培训、技能培训和态度培训三个方面为核心的全员教育培训体系；建立由外部训练师资、内部专业培训机构和岗位培训相结合的培训队伍；开展以在职培训、半脱产培训为主，多层次、多渠道、多形式的培训网络。其中案例分析、模拟训练、研讨班等情景培训方法在近年得到广泛应用，值得借鉴。企业教育培训方向是多样化的，一般分为决策层、管理层、专业层和操作层，形成一个具有特色、全方位、立体式的训练网络体系，以适应和服务市场竞争的需要。全员教育训练体系应包括培训效果评价、跟踪反馈和修正提高系统。四公司的培训体系具有一定的优势。应该建立科学的以员工职业生涯和企业发展相适应的全员教育训练体系。

（4）建立调配安置管理体系

调配安置管理是指将企业活动中一个必要的职务，分配给应当担任此职务的从业人员。如何合理、科学和有效地进行配置是集团未来发展面临的一个重大问题，不可掉以轻心。通过以配置管理所需的职务分析，心理素质、专业知识和综合能力的测评，能够较为准确地掌握从业人员的能力、性格和特长，从而便于量材使用，减少人才的浪费，即实现合适的人在合适的岗位之目的。这里包括：专业人员轮岗制度、中层干部轮岗实施办法、干部晋升条例、职能资格制度、专门职务制度、内部人才市场暂行管理办法、员工职业生涯制度、失职面谈制度等内容。

（5）建立富有竞争力和吸引力的薪酬福利体系

建立健全一套完整的工资、奖励制度和福利待遇保障体系，是现代企业人力资源管理的一项基本又紧迫的工作。因为公平、合理和规范的激励机制是吸引人才、留住人才，发挥广大员工工作主动性、积极性和创造性，为集团再创辉煌出谋划策或贡献才智的动力源泉。它包括：工资管理制度；医疗保险制度；社会养老退休制度；住房、子女教育、年休假、出国旅游、职工持股、年底分红等其他福利保障体系，真正建立起全新的"事业留人、感情留人、利益留人"的机制。

## 11. 四公司独特的企业文化

公司的企业文化应该是企业战略的重要组成部分，不仅是停留在纸面上的，还必须和一定的制度相互联系，体现在工作过程当中。其从三个层面进行改革，包括精神层、制度层和物质层。第一，重新审视价值观念，确定以服务为中心、施工为手段，全面协调发展的核心价值观念。并且根据可持续发展战略重新洗牌，对公司的管理体制、组织结构、运行方式、营销理念、财务体系、薪酬管理重新分析、定位。使企业相关业务同企业总体可持续发展战略相适应。第二，制定相关关联制度，保障企业文化的顺利实施。针对企业文化和企业管理的其他相关要素，制定相应的管理制度，使得各项工作有标准、准确地进行。制定全体员工行为规则、领导行为规则、中层管理人员行为规则、生产人员行为准则、营销人员行为规则。第三，物质层方面的内容不是简单的买来买去的关系，而是能体现公司特色的企业标志，应制作适合不同地点不同场合的独特的标志、海报、宣传，使公司无时无刻不在宣传自己的企业文化，处于一种自我的文化氛围中。

企业文化的实施，随着适应企业可持续发展战略企业文化的制定，文化实施是一个重要的方面。建立组织与制度；系统培训和研讨；文化传播；活动育人。从四公司市场获取途径的方法中可以看出，四公司的业务主要靠管道局的业务分配的，是存在被动的。

企业可持续发展、企业创新的具体落实首先在于企业的战略目标上。首先，企业要在对企业未来发展环境的分析和预测基础上，为企业提出总体的战略目标，企业的一切目标服从于或服务于这个战略目标。其次，企业可持续发展在于环境的应变性上。成功的企业都有较强的适应环境变化的能力，这些能力是企业对市场信号显示的反应。对周围环境的敏感代表了公司创新与适应的能力，这是长寿公司成功要素之一。企业的适应性还表现在对生态资源利用的适应性，企业如果忽视对生态资源的保护和利用，就很难实现可持续发展的目标。最后，企业可持续发展表现在竞争的优势性上。

# 第三节　企业可持续发展与财务

## 一、公司溢价能力

当产品和服务有溢价能力时，公司发展才具有可持续性。可持续发展公司有着相同的经营特质：溢价能力高、市场占有率高和品牌知名度高。如可口可乐的差异性和沃尔玛的成本领先都是溢价能力的杰出代表。在销售成长中，持续稳定的销售毛利率是衡量公司溢价能力最典型的财务指标。

## 二、公司成长性

成长性为公司溢价能力提升了话语权，为可持续发展增加了抵御风险的筹码。资产价值是公司经营规模及其多样性的财务表现。拥有亿万资产的公司也是从小到大发展起来的，经历过无数的经济周期和危机的洗礼，在风雨中成长，在沉沦起伏中把管理做得更加规范，把抵抗风险能力锤炼得更加坚强。经营规模小、投资机会少、抵御风险能力弱。经营规模大、收入来源多，可以减轻公司财务对经济周期的依赖性，度过经济萧条的严冬。资产增长为公司产品服务成长保驾护航，是产品服务增长的必要条件，而不是充分条件。尽管资产增长不一定能够带来产品服务增长的可持续性，但如果没有资产增长，产品服务可持续增长就不可能实现。

营业收入可持续增长是公司竞争优势的财务表现。如果没有金融危机，格力电器的营业收入将呈现可持续的高速增长。格力采取了积极的扩张战略，资产增长呈周期性波动，再现了格力电器产能扩张、消化、吸收和利用。避免产能过剩的经营谋略，资产周转率就是这方面的最好印证。净利润是公司投资的"再生能源"，是公司可持续成长的基础。净利润增长是净资产增长的内在动力，增发股票是外在力量。格力净利润增长始终保持在 21% 以上，即便是在金融危机时期，净利润增长也达到了 38%，这是格力坚持以技术质量取胜，走自主研发道路，不断推出新产品，通过创新提高公司核心竞争力的回报。

## 三、资产管理水平

在评价流程管理效率方面，资产周转率是综合反映资产利用效率的财务指标，其他资金周转指标只不过反映了局部的资产使用效率。公司在追求高的存货周转率时，很可能导致低的应收账款周转率的出现。按下葫芦浮起瓢，各种资产组合效果最终要靠资产周转率担当。在正常经营环境下，资产周转率的波动性是考验公司管理流程稳定性的财务指标。只有稳定的管理流程，公司发展才具有可持续性。

在无数小决策下，公司资源和能力才能得到充分挖掘和利用。在可持续性发展方面，小决策胜于大决策，树大招风，大决策容易被竞争对手识别和模仿，无数小决策及其组合拳是竞争对手难以模仿的，是买不走、学不会、偷不去的。沃尔玛资产周转率始终保持在四次以上，竞争对手顶多只有两次。沃尔玛的大决策昭然若揭，而小决策鲜为人知，却为沃尔玛的可持续发展添砖加瓦。格力电器的资产周转率呈稳步上升的态势，显示格力资产管理水平在不断改善和稳步提高，具有可持续发展的特征。

## 四、公司资本收益

高的净资产收益率为每股收益可持续上升提供了动力。净资产收益率是衡量公司为股东创造财富的指标。其缺点是没有将借入资本与股权资本同等看待，后果是高的净资产收益率可能隐藏着巨大的财务风险。净资产收益率与财务杠杆之间讳莫如深的关系，掩盖了公司真实的获利能力。打通债务资本与股权资本界限，消除资本结构对评价公司盈利能力的影响，要用到资本收益率。资产净利率把不需要付息的流动负债纳入囊中。因流动负债的波动将直接触发资产净利率的波动，同样模糊了人们对公司盈利能力的评价。从融资角度来看，可持续发展表现为公司能够从资本市场上不断地筹集发展所需要的资本，保持高的资本收益率是公司可持续融资的市场要求。

格力电器净资产收益率一直保持在比较高的水平上，呈波动性上升趋势。与净资产收益率相比，格力的资本收益率显得不是那么高。这主要是资本收益率消除了非经营性资产收益和财务杠杆效用，集中体现了公司核心资产的经营绩效。从家电行业的发展前景来看，10% 以上的资本收益率不仅高于同期存贷利率，也高于同期 GDP 水平和资本成本，为格力经济增加值提供了安全保障。

## 五、债务能力

在评价公司债务能力上，资产负债率因忽略无形资产（如品牌）的价值而存在缺陷。就可持续发展财务而言，处于相同的生命周期，同行业的公司资本结构都应具有相似性。只有这样，财务才不会在可持续发展上给公司的发展添乱。衡量公司债务能力比较到位的指标是已获利息倍数和市值资产负债率。债务能力与公司盈利及其稳定性藕断丝连，已获利息倍数实质上是与盈利相关的财务指标，通过盈利超过利息倍数表达公司债务能力，并通过提高倍数消除盈利的波动性影响，维护公司可持续发展形象。市值资产负债率是市场对公司未来盈利预期的结果，隐性地表达了公司无形资产的价值。市值资产负债率低，是资本市场基于公司未来发展对其偿债能力的强力支持，在可持续发展的道路上，债务能力至少不会给公司经营添堵。

格力的资产负债率高达 75%，这样的债务水平不可谓不高，市值资产负债率相对低很多。从格力历年的债务结构来看，长期负债很少，公司债务与银行少有瓜葛，这一点可从已获利息倍数看出。格力已获利息倍数相当高，这是公司经营模式和大量采用商业票据运作所形成的。

流动比率不足之处在于没有将公司运营模式、成长阶段和行业特点表现出来。格力运营模式是自建营销渠道，与经销商建立长期战略同盟关系。资金调动大量采用商业票据，用票据抵押开出票据的手法，消除公司流动资金缺口，实现公司平稳经营。格力流动比率在 1 附近波动，速动资产占流动资产 50% 以上。从财务角度看，这是非常激进的流动资产管理模式。但是格力一直是这么做的，从过去到现在，没有出现不可持续的迹象。如果换个角度来思考，格力依靠品牌优势，大量占用了供应商和经销商的资金。一个愿打，一个愿挨。只要供应商不断补货，经销商不断预付款，流动比率比较低也不会影响公司正常经营。格力正是利用了商业信用优势，降低了融资成本，提高了公司盈利能力。

## 六、品牌形象

溢价能力与品牌形象相关。品牌形象要么使公司处于市场领先地位，提升市场占有率，要么维持顾客对品牌的忠诚，让顾客支付高价钱，避免恶性价格竞争。品牌形象要靠广告媒介吆喝，要有营销渠道支持。在公司财务上，品牌形象可以通过销售费用与营业收入的比较来表达。将品牌形象从产品服务层面延伸至公司层面，要有可持续研发费用的支持和营销战略的投入。财务上能够反映公司整体品牌形象的指标是托宾的 Q。托宾的 Q 是用来反映企业市场价值与重置资产账面价值关系的指标，投资者用来测量公司未来盈利潜力。只有托宾的 Q 是大于 1 的增长，公司投资才能为公司股东创造财富，这样的增长才是真实的，公司发展才具有可持续性。

格力将销售费用与营业收入之比稳定在 10.43% ~ 13.61%，建立了比较稳健的市场品牌营销战略，占据了空调市场第一的位置，为巩固市场话语权和保持持久竞争优势奠定了基础。由于格力电器没有公布研发费用，无从分析研发费用占营业收入的比重。但从无形资产与营业收入之比的趋势来看，随着销售收入的增长，无形资产也在不断增长，这验证了格力研发费用的投入。格力电器托宾的 Q 分别为 1.56、0.77 和 1.09，这是市场对格力未来发展的评价，其他年份托宾的 Q 因股权分置影响变得没有意义。

格力电器能够从小到大、从弱到强地成长起来，其成长路线图本身就蕴藏着可持续发展的因子。稳定的销售毛利率和逐步提升的资产周转率是格力电器可持续发展比较鲜明的财务特征，也是公司配置资源的着力点。以史为鉴，就可持续发展财务而言，公司要以能够体现可持续发展属性的财务要素为突破口，管理好公司的资源，格力电器如此，沃尔玛也是如此。

# 第四节　低碳经济下的企业可持续发展

## 一、低碳经济下的企业可持续发展

随着全球气候问题日趋严峻，"发展低碳经济，向低碳社会转型"是国际社会为应对全球气候变化而做出的战略选择。在全球节能减排、实行低碳经济的大环境下，如何应对潜在的政策和商业风险，甚至借此创造竞争优势成为企业高管目前面临的一大挑战。

### （一）"低碳"是企业在未来持续发展的保证

近年来，企业已经越来越清楚地意识到，如果不尽快采取包括低碳在内的可持续发展战略，它在未来所需付出的代价将高于今天为可持续发展战略所需投入的成本。随着全球有限资源的逐步消耗，企业正在或即将面临来自各利益相关方的压力，要求企业采取实际行动证明它们对其赖以生存的环境和社会负责。总之，可持续发展战略为企业能够顺利在当前环境下运营，并能在未来环境下持续生存与发展提供了保证。

### （二）企业碳管理战略需要完善的财务管理支持

越早行动的企业，越能尽早获得竞争优势。在碳经济时代，一个产品要附加上它的碳排放量成本，才是产品最终的成本，因此碳排放量的成本越低，产品越有竞争力。企业应从三个方面着手制定碳管理战略。首先，要了解企业目前的碳排放情况，明确管理方向，比如是以提高能效的方式还是以碳交易的形式来减排，如何平衡投入和收益。其次是碳排放量的管理，比如确定碳排放测量的界限以及重要排放来源。最后，建立一个相对健全的报告系统。这三个方面都需要企业完善的财务管理作为支持。

### （三）低碳经济下，财务专业人士起重要作用

在针对碳排放的企业结构转型的过程中，财务管理人员扮演着对内风险管理和整合数据，对外关注动态和通报信息的重要沟通枢纽角色。企业须整合并披露所有影响公司未来财务业绩以及公司风险评级活动的环境、社会及治理因素。财务人员作为报告的撰写者势必要加深对环境和社会对经济发展的影响，才能发挥更好的作用。财务专业人士在评估企业风险，保证碳排放数据的准确性和完整性，平衡成本与效益以及有效支持管理层决策等方面，必将发挥重要作用。

### （四）低碳人才也将成为"抢手货"

实施可持续发展战略需要企业管理层和各级员工的通力合作。与此同时，根据产业及企业的个别情况而定，战略实施的不同阶段还需要某些特定的知识和技能。例如，在收集数据查明企业使用碳的过程中，需要结合企业所在行业的特性采取特定的计量方法。目前，具备相关技能的人才明显较为短缺。这意味着那些能够适应低碳经济发展、及时汲取相关经验和拓展技能的人才将成为新兴绿色经济体中抢手的人才。

### （五）节能减排需要完整系统支持

如果整个市场都能有节能减排的意识，企业就能够通过工业化降低节能成本、提高效率。这不仅要靠公司的努力，还要有一整套的系统支持，有完善的政府能源审计部门的参与，这样的节能才是真正有效的。这需要一个过程，但首先要有决心和信心做好节能减排的工作，而企业积极参与的动力之一，就是节能确实能够转化为巨大的收益。

### （六）"低碳先行"，优化考纲与实践分享并重

关于企业可持续发展的重要性及其对企业管理和战略的影响，ACCA 不仅将其纳入资格考试的相关科目中，在后续教育活动中也不断地将企业可持续发展方面的最新动态呈现给 ACCA 会员，以确保会员相关知识的持续更新。如今年举办的系列可持续发展圆桌会议，目的是希望能提供一个互动的平台，让企业高管，尤其是财务高管，对碳排放和可持续发展方面为企业带来的影响、风险及机遇，提高认识，交流经验，从而做好准备，投入行动，赢得先机。

## 二、可持续发展战略的生态维度

可持续发展战略的提出在人类生态伦理观的发展史上具有重要的意义。可持续发展战略的生态维度不仅在于它完成了人类中心主义的生成与解构，而且在于它蕴含着协调、永续发展的生态思想。

面对当今世界全球性的生态危机，国际社会众说纷纭，纷纷提出了各自解决问题的答案。在众多的方案中，可持续发展战略因其思想的深刻性和解决问题的实践可操作性，颇为引人注目。不可否认，可持续发展战略已成为人类社会跨世纪发展的战略抉择。要坚持和落实这一战略，就必须重新审视人类中心主义，在思想观念上对人类重新定位，

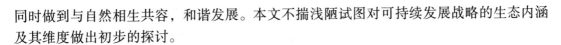

同时做到与自然相生共容，和谐发展。本文不揣浅陋试图对可持续发展战略的生态内涵及其维度做出初步的探讨。

### （一）人类中心主义的生成与解构

过去生态伦理学中的人类中心主义，确实有着各种各样的局限性和缺点，但其中主要的局限性并不在于它主张以人类的道德关系作为它的对象，也不在于它主张以人类为中心，而是因为它不能够从人类的长远的、根本的、可持续发展的观点和视角来看待生态环境的问题。而对自然中心主义也要采取辩证的态度，它在生态危机日益严重的情况下，提出环境保护和生态平衡，可谓切中要害。为人类谋福利，它强调动物的解放或权利，凸显出它并没有看到生态问题的症结所在。生态问题的症结不在于动物和植物有没有权利，而在于人类滥用自然、竭泽而渔的方式损害了文明可持续发展的权利。不管是人类中心主义，还是非人类中心主义，必须时时记住统治自然界，决不像征服者统治异族人那样像站在自然界之外的人似的。

随着时代变迁而发展的人类中心主义，将人类从征服自然的信条下解放出来，这是一大历史性的进步。身处生态危机中的人类反思传统的自然观，经过了艰辛的探索，人类终于对人与自然的关系产生了全新的认识。在此基础上，人类形成了一种新的观点——可持续发展。毋庸置疑，正视现实，在人与自然的关系上，在人对自然的掠夺过程中没有谁是胜利者，人虽然暂时会取得一点胜利，但是自然会加倍地报复人类。传统的自然观造成了人与自然的对立，并且以人类征服自然的合理性为最高形式，从而导致了人与自然的双向异化，自然被人分割，人类被自然左右。

因此，解救人类困境的钥匙在人类自身上。人类首先要从思想上转变认识，即把自然当成人类的朋友，建立起人与自然的协调发展的新型关系，寻求一个人与自然和谐相处的理想世界，从而消除人与自然的对立和冲突。人类必须对自然采取全新的态度，它必须建立在协调关系上而不是征服关系上。

### （二）新生态伦理观

可持续发展战略的基本维度"可持续发展"是这样一种观念，即既要满足人的需要，又不能以破坏环境为代价；既要满足当代人的需要，又不能损害后代人的长远利益。同时，它既强调现实的发展，也注重未来的发展。可持续发展是一种从环境和自然资源角度提出的关于人类长期发展的战略和模式，它不是一般意义上所指的一个发展进程要在时间上连续运行，而是特别指出环境和自然的长期承载能力对发展进程的重要性以及发展对改善生活质量的重要性。可持续发展的概念从理论上结束了长期以来把发展经济同保护环境与自然相互对立起来的错误观点，并明确指出了他们应当相互联系和互为因果。人类的发展有赖于自然界的发展，自然界的发展也有赖于人类的发展，它所追求的是促进人类内部的和谐以及人与自然之间的和谐。既可以把可持续发展伦理观看作当代生态伦理学的应用和实践，也可以把它看成当代生态伦理学的发展。它的最大特点是融合了各个学派的基本点或共同点，把它实际应用到解决人类发展问题上。

第一，必须对人与自然关系采取一种整体主义的立场，把人与自然看作相互依存、相互支持的整体即共同体。可持续发展理论所强调的可持续性是建立在自然资源有限性的基础上的，或者说人与自然和谐具体体现在人类发展的可持续性与自然资源有限性的和谐上，这就构成了人与自然的共同体。

在构成现实世界的世间万物中，只有人才具有理性，具有从根本上改变环境的能力，能够破坏环境，也能改善环境，因此人有正当理由介入到自然中去，可持续发展伦理观认为，人类为了可持续地生存和发展，必须更有理性地介入到自然中去，调整人与自然的关系，做到人与自然的和谐。应当看到，人类中心主义作为文化的主流观念在探讨当代环境问题根源和承认自然界价值以及主张人类必须承担保护自然的义务方面有过突出的建树，但它以人的利益为价值判断的传统观念并没有实质性的改变。也应当承认，非人类中心主义对于纠正人们长期以来习惯的人类利益高于一切，人类需要绝对合理的思维模式具有积极意义，但它忽视了人类文明的合理性，也没有看到人类调整自己行为的理性力量。可持续发展理论虽然也被看作从人类中心主义出发的发展模式，但可持续发展伦理观更强调人类可以有理性地约束自己的行为，去努力做到人与自然的和谐，所以它成为被全世界普遍接受的人类迈向新文明的一种现实选择。

第二，在处理人与自然的关系上，人与自然的关系是相互作用的。人是从自然中分化出来的，是具有自我意识的一部分。脱离自然界的人同脱离人的自然界一样，都是空洞的抽象，现实、事物、感性都是人与自然相互作用的产物。自然与人应该是在平等的地位上，人类之所以能统治自然界，是因为能够认识和正确运用规律，而不是去奴役它。人作用于自然，自然也反作用于人。人依赖于自然而生存，自然为人类提供必要的生活资料和劳动资料。人类从自己的主观能动性出发改造自然，自然也会给人以反作用。如果人类不遵循自然规律，任意破坏自然界的生态平衡，自然也会予以报复。

可持续发展伦理观认为，人和自然既有相互依存的工具价值，又具有各自独立的自身价值。自然对人的工具价值在于它的可利用性，人与自然是互为尺度的关系。衡量这种价值的尺度，不在人与自然自身之内，而在于人与自然的共同体，这才是唯一的价值主体。由此可以明确人对自然的权利和义务。一方面，人有权利利用自然，满足自身的需求，但这种需求必须以不改变自然的连续性为限度；另一方面，人又有义务在利用自然的同时向自然提供相应的补偿。"可持续发展理论强调，必须调整人对自然权利和义务的界限，以恢复自然的正常状态"，这就是可持续发展伦理观对生态伦理学的贡献。

由于现代科学技术的飞速发展，人类文明已经达到前所未有的高度。而人类的这种空前强大的力量使得人们在人与自然的相互作用中显示出了对环境和资源的巨大支配力。但在另一方面，与这种支配力相伴而行的是对环境和资源的巨大破坏力。这种破坏力是如此强大，以至于在人类征服自然的过程中，在某些领域使环境的破坏成为不可逆转的，使某些资源成为不能再生的，使自然界本身自我修复、自我再生的能力有根本丧失的危险。在这生死存亡的历史关头，人们不能不重新审视人与自然的关系，改变观念和端正态度已成为历史发展的必然要求。这就是改变过去那种人与自然的对立斗争以及一味征服的旧观念，而代之以符合时代特点的新观念，建立人与自然之间的和谐、统一的新关系，走可持续发展的道路。正是这一点构成了可持续发展战略的基本的生态伦理维度。

# 参考文献

[1] 连波，杜林慧. 现代企业管理基础与实务的创新研究 [M]. 北京：中国原子能出版传媒有限公司，2021.

[2] 张玮. 现代建筑企业财务管理 [M]. 长春：吉林人民出版社，2021.

[3] 杨启浩，张菊. 现代企业财务管理与管理会计的融合发展 [M]. 长春：吉林科学技术出版社有限责任公司，2021.

[4] 李健. 现代企业管理 [M]. 哈尔滨：哈尔滨工业大学出版社，2021.

[5] 李鹰，李宗妮. 现代企业管理 [M].3 版. 北京：冶金工业出版社，2021.

[6] 李明明，何家霖，汝玲. 现代企业管理教程 [M]. 大连：东北财经大学出版社有限责任公司，2021.

[7] 刘珂. 现代企业管理 [M].2 版. 北京：经济科学出版社，2021.

[8] 何荣宣. 现代企业管理 [M].2 版. 北京：北京理工大学出版社，2021.

[9] 梅晓丹. 现代企业管理与创新实践研究 [M]. 长春：吉林教育出版社，2021.

[10] 杨帆. 现代企业管理与创新模式研究 [M]. 北京：北京工业大学出版社，2021.

[11] 陆晓禾. 企业和经济发展中的伦理、创新与福祉 [M]. 上海：上海社会科学院出版社，2021.

[12] 齐景华，童雨. 建筑企业财务管理 [M].3 版. 北京：北京理工大学出版社，2021.

[13] 王世秋. 企业经营管理理论 [M]. 吉林人民出版社，2021.

[14] 纪莉莉，魏来. 企业创新管理 [M]. 北京：中国纺织出版社，2021.

[15] 康芳，马婧. 现代管理创新与企业经济发展 [M]. 长春：吉林出版集团股份有限公司，2020.

[16] 麦文桢，陈高峰. 现代企业经济管理及信息化发展路径研究 [M]. 北京：中国财富出版社，2020.

[17] 黄燕萍，王玫，黄庆华. 现代企业管理 [M]. 北京：清华大学出版社，2020.

[18] 张德良，晁玉方. 现代企业管理 [M].2 版. 北京：清华大学出版社，2020.

[19] 张荣胜，林少群. 现代企业管理知识 [M].2 版. 北京：高等教育出版社，2020.

[20] 赵高斌，康峰. 经济发展要素与企业管理 [M]. 长春：吉林人民出版社，2020.

[21] 刘丽，苏锦坤. 现代企业经济发展与管理研究 [M]. 北京：中国商务出版社，2020.

[22] 王道平, 李春梅, 房德山. 企业经济管理与会计实践创新 [M]. 长春: 吉林人民出版社, 2020.

[23] 薛丽红, 李晓宁. 现代企业管理 [M]. 北京: 北京理工大学出版社, 2019.

[24] 刘素军. 现代企业管理 [M]. 青岛: 中国海洋大学出版社, 2019.

[25] 彭艳, 马娅, 李丽. 现代企业管理 [M]. 南昌: 江西高校出版社, 2019.

[26] 杨国春. 现代企业管理 [M]. 成都: 电子科技大学出版社, 2019.

[27] 郭懿. 现代企业管理实务 [M]. 天津: 天津大学出版社, 2019.

[28] 宁凌, 唐楚生. 现代企业管理 [M].2 版. 北京: 机械工业出版社, 2019.

[29] 李雪. 现代企业管理创新与实践探究 [M]. 长春: 吉林人民出版社, 2019.

[30] 付姝宏, 赵玉虹. 现代企业管理 [M]. 西安: 西安交通大学出版社, 2018.

[31] 陈杰. 现代企业管理 [M]. 北京: 北京理工大学出版社, 2018.

[32] 王喆. 新经济环境下现代企业战略管理研究 [M]. 北京: 中国商业出版社, 2018.

[33] 刘晓莉. 企业经济发展与管理创新研究 [M]. 北京: 中央民族大学出版社, 2018.

[34] 王晓平, 尚猛, 李瑶. 企业管理的创新模式 [M]. 北京: 煤炭工业出版社, 2018.